JN028922

[インボイス対応版] ひとり

経費かどうか

きるかな?」
や、
トを使おう!

キリトリ

[インボイス対応版] ひとり社長の経理の

特別資料

勘定科目	内容
旅費交通費	通勤交通費、移動交通費、出張旅費、出張手当、宿泊費、駐車場代、ガソリン代
租税公課	印紙、謄本、行政手数料、自動車税、消費税(税込で経理している場合)
法定福利費	社会保険料(健康保険・厚生年金)の会社負担分
通信費	携帯電話代、固定電話代、スマートフォン利用料、ルーター使用料、秘書電話サービス、切手、郵便、宅配便
地代家賃	オフィス家賃、社宅家賃、レンタルオフィス利用料、自宅家賃のうち経費に入れる部分
減価償却費	30万円以上の資産を経費化するもの
保険料	生命保険料、損害保険料、セーフティ共済掛金
車両費	車両関連費、ガソリン代、保険料
支払手数料	振込手数料、Dropbox、Evernote等の使用料、コンサルティングフィー、カード決済手数料、セミナー会場利用料、レンタルサーバー代、メルマガ発行システム代、ドメイン利用料、バーチャルオフィス利用料、税理士・司法書士報酬、仲介手数料
新聞図書費	新聞、雑誌購読料、書籍、有料メルマガ購読費、電子書籍
消耗品費	PC、PCソフト、アプリ、PC用品、文具、机、いす、スキャナー、事務用品　※1組30万円未満のもの
交際費	接待費、手土産、香典、祝い金、ゴルフ等
会議費	打ち合わせ費、カフェ
福利厚生費	福利厚生とは従業員に対するものですので、ひとり社長の場合、原則として該当するものはありません
リース料	リース料の支払い
諸会費	所属している会への会費。勉強会などは研修費も可
外注費	外部へ仕事を依頼した場合の報酬
研修費(セミナー費)	セミナー、動画教材、Webセミナー代
広告宣伝費	ちらし、DM、Web広告、Googleアドワーズ、HP作成代

キリトリ

インボイス対応版

ひとり社長の経理の基本

税理士 井ノ上陽一

ダイヤモンド社

はじめに

「経費精算」から「決算」まで！この1冊で全部わかる！

本書は、ひとり社長に特化し、「経費精算」から「決算・申告」までこの1冊でラクラクできると話題を呼んだ『新版　ひとり社長の経理の基本』（2016年8月発売）に大幅加筆を行ったものです。ありがたいことに累計3万人以上の社長から「わかりやすかった」「自分で経理、決算ができるようになった」とご支持をいただきました。

本書は、「インボイス」「電子帳簿保存法」という大きな変化、そして「キャッシュレス」「ペーパーレス」「クラウド会計ソフト」といった世の追い風に対応しております。

□「ひとり社長」の悩み、不安をすべて解決！

ひとり社長であるあなたは、次のような悩みをお持ちかもしれません。

- **経理はやりたくない。でも無駄なお金は払いたくない**
- **自分で経理も決算もできそうだけど、本当にできるか不安**

・うまく節税できているかどうか、わからない
・経理について一度勉強しておきたい
・税理士報酬を節約できたら、だいぶラクなのに
・インボイスって何？　何をすればいいの？
・紙ばかりの経理は嫌だ！　何かいい方法はない？
・「クラウド会計ソフト」を使えば、本当に経理がラクになるの？　詳しく知りたい
・領収書やレシートはスキャン保存できるみたいだけど、どうすればいいの？
・現金を使いたくない。どうすれば？
・経理で使える便利なＩＴがあったら、教えてほしい
・「将来への守り」も考える必要があるけど、何から始めればいいんだろう？

いかがでしょうか。心当たりはありませんか？　そんなひとり社長のあなたのために、経理を極限まで簡略化し、自分で税務申告までできる本を作りました。

□今からでも大丈夫！　インボイスに対応！

本書は、２０２３年10月から始まるインボイス（適格請求書等保存方式。インボイス制度。本書では以下「インボイス」）に対応しております。すでに消費税の申告や納付を行っている課税事業者の場合、登録しないデメリットが大きすぎるので、選択の余地はありません。本書を読み、インボイス登録を行い、経理を徹底的に効率化していってください。

問題は、原則として2期前の課税売上高（消費税対象の売上）が1000万円以下の免税事業者の場合です。**業種・業態・事業規模によっては、「インボイスに登録しないほうがいい」と提案できるケースもあり、戦略的な選択が求められます。**本書では「インボイスに登録しないほうがいいケース9選」「インボイス登録の合法的『様子見』ノウハウ」「インボイスのやめ方」などもやさしく解説します（第1章参照）。

インボイスはすべての事業者に関係のある制度です。**「よくわからない新制度」と敬遠せず、しっかり理解した上で、自分（自社）にとって、最善の選択をしてください。**

□本書から得られる3つのメリット

①3ステップで超簡単！

経理はいまだに「手書きの伝票を使う」といった古い考え方がはびこっています。そこで、手間をかけない新しい経理の方法をお伝えします。

それが、「①集める、②記録する、③チェックする」という3ステップ経理術。できるだけ簡単に、わかりやすく解説します。

②これで安心！　経理がわかる！

経理を理解するには「知識」が必要です。とはいえ、簿記検定の問題を筆頭に、ひとり社長には必要のない知識もたくさんあります。会社に関する「お金・会計・税金」のカラクリをおさえることで、経理に対する不安もなくなります。

③やるべきこと「だけ」を徹底解説！

経理実務を解説する書籍は数多くありますが、そのほとんどは「会社に所属している経理社員向け」のものです。ゆえに、「伝票の書き方」「総勘定元帳」「仕訳」といった小難しいことがたくさん載っています。しかしこうした知識は、「ひとり社長」にはほとんど必要ありません。余計な知識は全部省いて、「ひとり社長なら、ここだけでいい！」というポイントをおさえ、しっかり解説します。

□「経理嫌い」だからこそ、効率化できた

ご紹介が遅れましたが、私は効率化コンサルタント・税理士の井ノ上陽一と申します。ひとり社長向けに経理、税務申告のサポートを単発のコンサルティングで提供しています。その他、時間やお金のノウハウを、日々の発信（ブログ、メルマガ、YouTube）の他、セミナー（オンライン、リアル）、動画教材、書籍などでお伝えしています。

本書の特徴

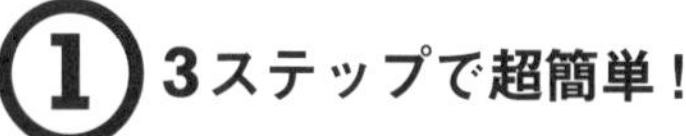
1
3ステップで超簡単！

集める
記録する
チェックする

経理実務を
極限まで簡略化

② これで安心！　経理がわかる！

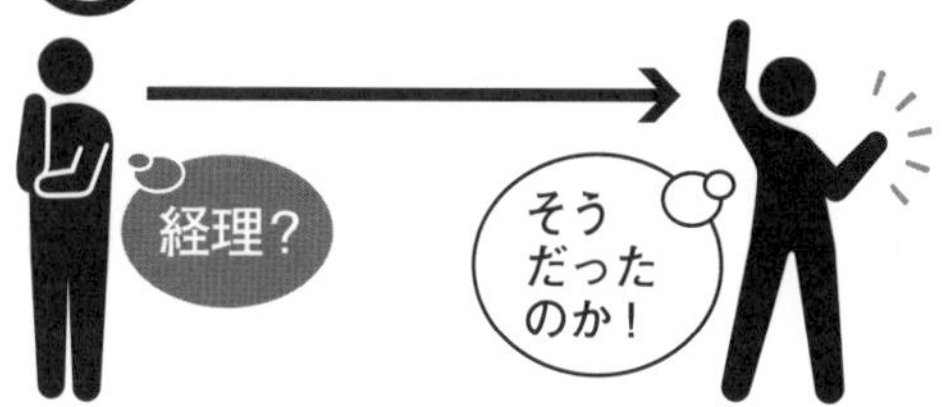
経理？
そう
だった
のか！

「経理のしくみ」
が面白いほど
わかる

③ やるべきこと「だけ」を徹底解説！

えっ？
いらない
の？
手書き
伝票

現金
出納帳

ひとり社長に
必要なもの
だけ！

独立して16年になりますが、あえてひとりで仕事をしています。もちろん、経理、決算は自分でやり、資金繰りや節税も行います。

そんな私も、実は経理が嫌いなのです。

紙が嫌いで、めんどくさいことが嫌いで、電卓が嫌いなのです。

だからこそ、**「何でこんな手間のかかることをやらされるんだ！」「もっとラクができないか？」「ここは効率化できないか？」と考え続けてきました。**

税理士だからこそ、「最低限何をやるべきか」「何をやらなくても問題ないか」「税務署や銀行が何を見ているか」がはっきりわかるのです。

そんな私が、日々改善している効率化のノウハウを本書でお伝えします。

□「経理」に資格はいらない。誰でもできる！

経理のやり方は、普通は誰にも習いませんし、義務教育にもありません。そのため非常に難しく感じるのは当然なのです。簿記検定という試験はありますが、これはあくまで簿記の試験です。また、**簿記検定で1級を持っているからといって、効率的で完璧な経理ができるかと言えば、そうでもありません。**

税理士、公認会計士という国家資格があります。この保有者も、「経理」が得意なわけではありません。むしろ「経理は地道な仕事で、実は苦手」という方もいます。

「税理士がいないと、税務署に怪しまれるんじゃ……」と思われるかもしれませんが、そうでもありません。おおよそ、会社の経理に税理士がかかわっている割合は約9割と言われています。つまり、残りの1割は自分だけで申告をしているわけです。

ひとり社長なら、経理もシンプルですので、その1割に加わることは決して難しくはありません。ひとり社長の場合は、「集める」「記録する」「チェックする」だけでいいのです。やり方さえわかれば、誰でも、必ずできます。

本書は、「経理を勉強したい」方のための教科書です。ただし、読むだけでは経理は身につきません。学校で教科書と問題集があったように、問題を解くことが大事なのです。その問題集とは、みなさんの会社の経理です。丸投げするのではなく、自分で経理をやると、会社のことがよくわかり、数字へのストレスがなくなります。数字を読み解く力は、一生役立ちますので、ぜひ本書を片手に実践してください。

本書では、**日常的に発生する「経費精算」から、年1回の「決算・申告」までをカバー**しています。これ1冊で、「知っておくべきこと」と「やっておくべきこと」がすべてわかるのです。加えて、経理の効率を良くするために「知らなくてもいいこと」と「やらなくてもいいこと」も解説していきます。

本書をきっかけに、ひとりでも多くのひとり社長から「経理ってめんどくさいし、よくわからない」というストレスがなくなればと、願っております。

インボイス対応版　ひとり社長の経理の基本

目次

第1章
インボイス対応！ひとり社長の「経理のホント」

経理のホント

Contents

第2章 3ステップ経理術 ステップ① 集める

集める

第3章

3ステップ経理術 ステップ②
記録する

記録する

第4章

3ステップ経理術　ステップ③

チェックする

チェックする

第5章 超簡単！「決算・申告」はこれでOK！

決算・申告

※本書の内容は、2023年6月1日現在の情報にもとづいています。本書で紹介する各種サービスは、環境によっては、本書通りに動作および実施できない場合がありますので、詳細は各種サービスの公式サイト等をご参照ください。本書ではわかりやすさを優先し、専門用語を極力使わず、また、本書ならではの定義をしている箇所もあります。インボイスについての最新の情報を無料で得るには、国税庁のQ＆A、またはインボイスコールセンター（0120-205-553）をご利用ください。

●カバーデザイン／吉村朋子
●本文デザイン／斎藤 充（クロロス）

経理のホント

第1章

インボイス対応！
ひとり社長の
「経理のホント」

01

経理とは、「経営管理」の略称である

□経理＝「お金、会計、税金のバランスをとる仕事」

経理とは、誰のためにやるものでしょうか？

税務署のため、もしくは銀行のためにやっているのでしょうか？

そうではありません。自分のため、自社のためです。

経理とは、「経営管理」の略称であり、経営の舵とりを手助けするものであり、決して、作業などではありません。

「経理とはお金、会計、税金のバランスをとる仕事」です。お金を貯めるには、支払う税金を減らす、つまり節税が欠かせません。税金を減らすには、会計のしくみを知っていることが必須です。会計のしくみがわかれば、お金の効果的な使い方がわかります。

これら3つのバランスは、社長自身が手綱を握ってこそうまくいくものなのです。

ひとりで仕事をするひとり社長も例外ではありません。むしろ、ひとり社長こそ自分が

経理は会社を支える大切なシステム

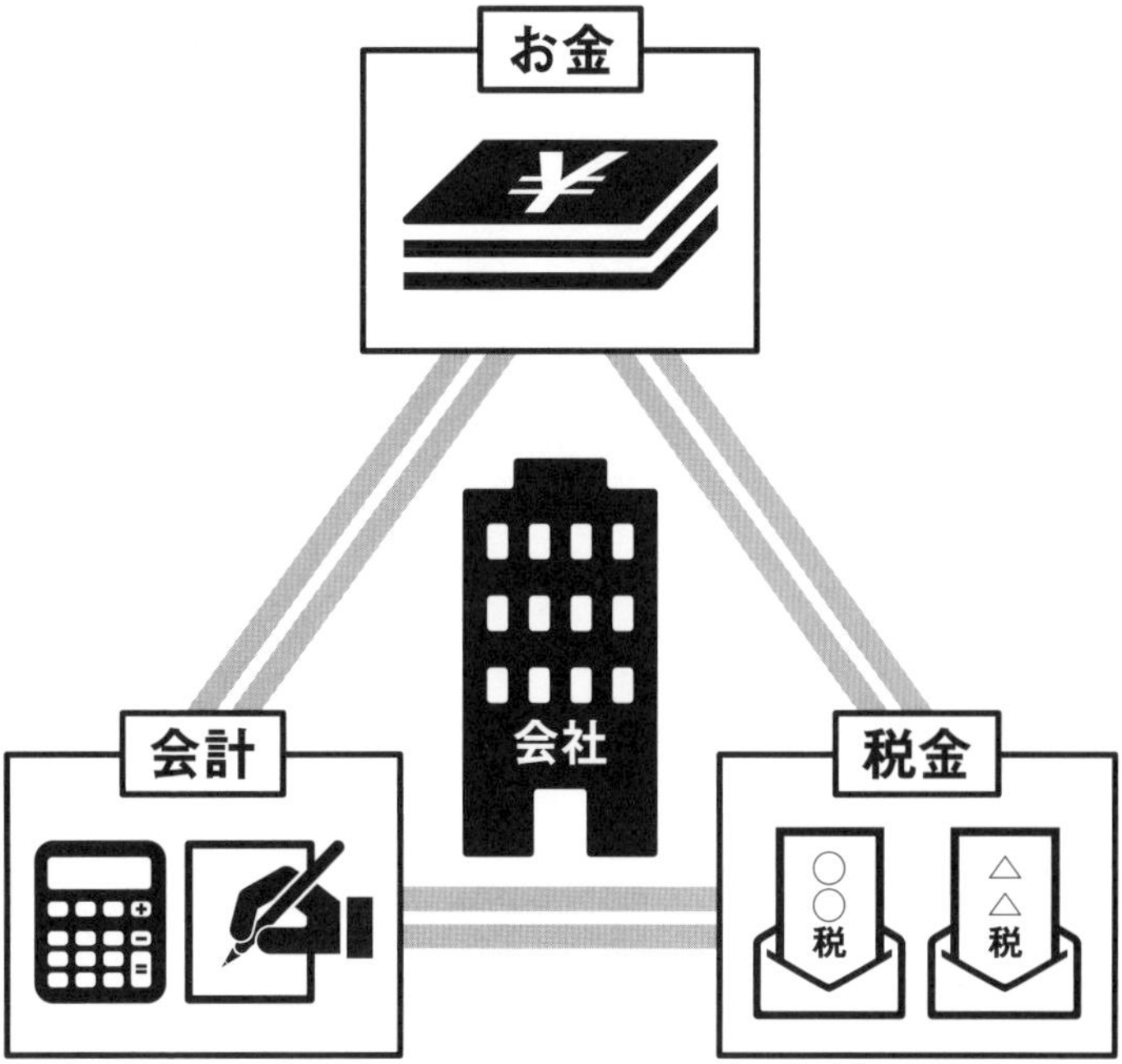

お金

会計

会社

税金

○○税

△△税

「お金・会計・税金」のバランスをとるのは、社長の大事な仕事！

生きていくために経理が欠かせないのです。ひとり社長の場合、経理担当者を雇う必要はありません。そのかわり、できる限り効率化していきましょう。

□経理を、経営に役立てよう

繰り返しますが、経理のゴールとは、経営管理のゴールです。それは、経理を経営に役立てることを意味します。しかし実際は、**「税金を計算しなきゃ」「銀行に提出しなきゃ」と形だけを整えていることがほとんど**です。

めんどくさい経理を、なぜ税務署や銀行のためにやらなければいけないのでしょうか。社長にはもっとやるべきことがあるはずです。しかし、「経理＝経営管理」と考えると、社長が経理をやる意義は非常に大きくなります。例えば、次のようなメリットが出てきます。

・資金繰りの不安をなくし、早めに手を打つことができる
・領収書がたまってイライラすることがなくなる
・業績管理がリアルタイムにでき、次の一手を考えられる
・コスト削減に活かせるなど、経営の土台を固めることができる

本書を活用して、ぜひ経営の土台をしっかり固めてください。

経理は、誰のためにやるもの？

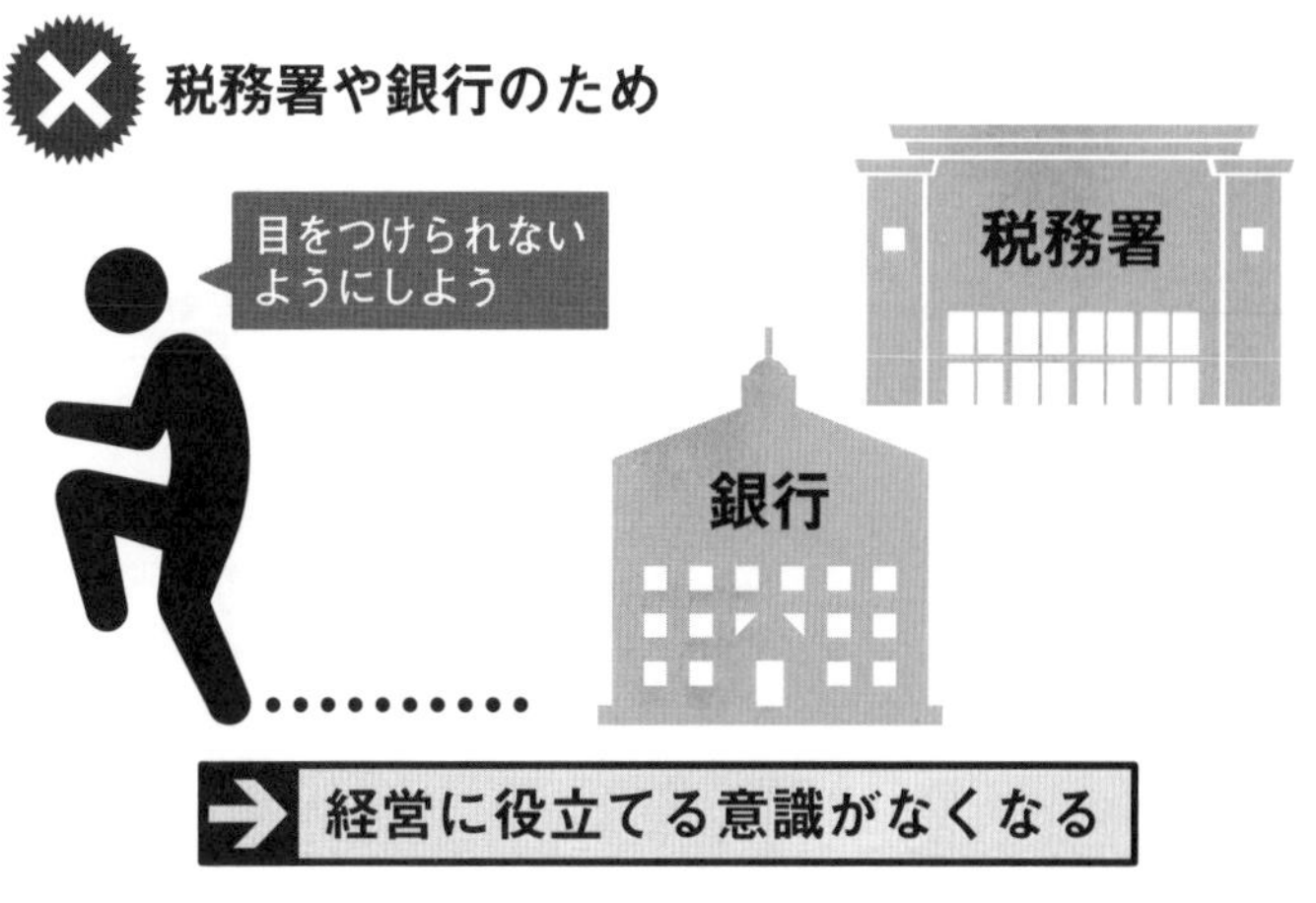
税務署や銀行のため
目をつけられない
ようにしよう
税務署
銀行

経営に役立てる意識がなくなる

自社（自分）のため
昔は苦手
だったけど、
今は完璧
業績管理
資金繰り
コスト
削減

経理を経営に役立てることができる

02 経理がわからないと、会社は潰れる!

□「経理」と「決算・申告」の関係

経理は毎日、毎月行うのに対し、決算は通常、年に1回行うものです。決算書を作り、1年の業績を確定します（みなさんの会社のそれぞれの決算月に応じて、時期は変わります）。その後、税金を計算し、決算の日（事業年度終了の日）の翌日から原則として2カ月以内に、税務署へ申告し、税金を支払います。この一連の流れが「決算・申告」です。

ここで「経理」と「決算・申告」の関係を見ていきましょう。

次ページの図を見てください。経理と決算・申告の関係を表したものです。

図の通り、あくまで土台となるのは経理なのです。経理をないがしろにすると、決算の仕事が大変になりますし、時間に追われてしまいます。毎年、決算で慌ただしく、経理以外の仕事がおろそかになっていないでしょうか。

さらに、**経理の状況がでたらめだと、「この書類はいったいどういうことか」と税務署**

「経理」と「決算・申告」の関係

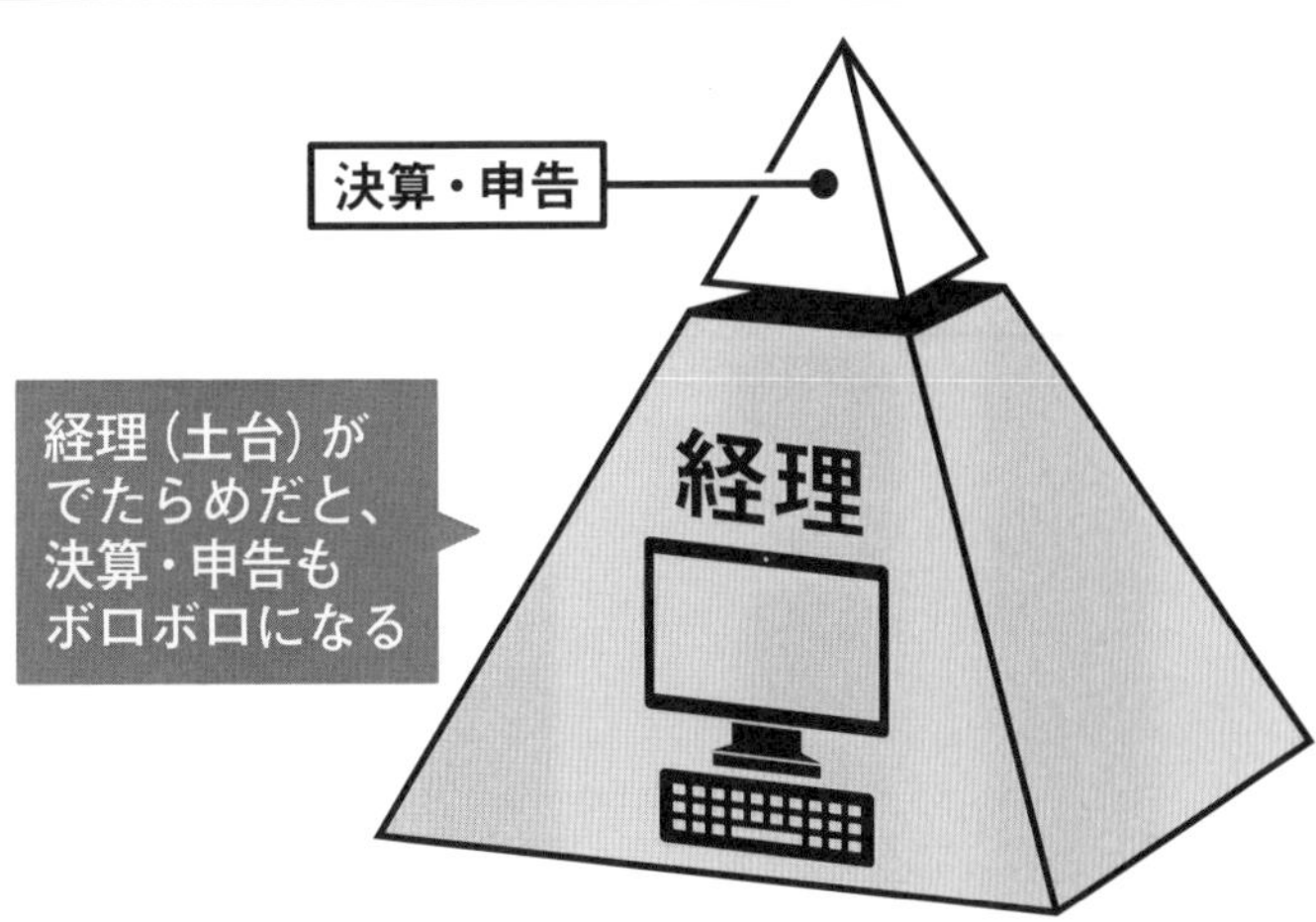
決算・申告
経理（土台）が
でたらめだと、
決算・申告も
ボロボロになる
経理

にも目をつけられます。また、経理が間違っていると、「本来なら払わなくていい税金」を払ってしまうこともあるのです。経理の間違いは、税務署が指摘してくれるわけではありません。

経理をおろそかにしていては、銀行からお金を借りることができず、最悪の場合、会社を潰してしまうかもしれません。

□大事なのは「経理」

世の中、「決算書を読めるようにならないと！」「税金を申告しなきゃ」と決算・申告ばかりを気にしがちですが、**本当に大事なのは経理をきっちりすること**なのです。経理がでたらめだと、決算・申告もボロボロになります。

03 ひとり社長の3ステップ経理術

□「集める・記録する・チェックする」で超簡単！

そもそも、経理とは何をするのでしょうか。「はじめに」で、ひとり社長の経理でやるべきことは「集める・記録する・チェックする」の3つだとお伝えしましたが、各々でやるべきことを見ていきます。

□ステップ①：集める

「集める」は、レシートや領収書、あるいは請求書などを集めるステップだと考えてください。最初のステップであり、実は最も重要なステップでもあります。

この**「集める」作業をおろそかにすると、極端な話、「余計な税金を払う」「税務署から税務調査に入られる」といったことが起こる**のです。

詳細は、第2章でお伝えいたします。

□ステップ②：記録する

「記録する」は、集めたレシートや領収書、請求書などをデータとして記録するステップだと考えてください。

昔は手書きで記録していましたが、今はＰＣで簡単にできます。経理実務を解説した本だと「伝票の書き方」「仕訳帳の作り方」といったことが書かれていますが、ひとり社長には一切必要ありません。詳細は、第3章でお伝えいたします。

□ステップ③：チェックする

「チェックする」は、記録した数字（売上、経費など）に問題がないかを確認するステップだと考えてください。

例えば、「売上は順調か」「経費はどれくらいかかっているのか」「税金はどれくらいかかるのか」といったことをチェックし、問題があれば、修正していきます。

「チェックする」は最低でも毎月１回はやっていきましょう。手間なく効率良く集計して、毎月の業績をできるだけ早く把握するのです（業種によっては、毎月ではなく、毎日把握すべきものもあります）。

毎月のチェックを適当にやっていると、「1年が終わって決算をしてみたら、大きな赤字だった！」「経費を使いすぎた！」ということにもなりかねません。

□最初の「集める」が一番重要！

次ページの図を見ていただくとわかるように、最初の「集める」が一番重要なステップです。料理でも食材が決め手です。調理の技術以前に、いい食材が手に入らないと、おいしい料理はできません。

今はクラウド会計ソフトにより、「集める」と「記録する」が同時にできるようになりました。**きちんと資料を集めて整理していれば、経理はそれほど難しくありません。**

□1日5分の習慣をつけよう

28～29ページの表を見てください。「ひとり社長の経理」の年間スケジュールです。**「毎日やること」「毎月やること」「1年に1回やること」**を頭に入れておいてください。繰り返しになりますが、「集める」が重要なので、書類等をためないように、まずは「1日5分の習慣」をつけていってください。

「集める・記録する・チェックする」の3ステップ経理術

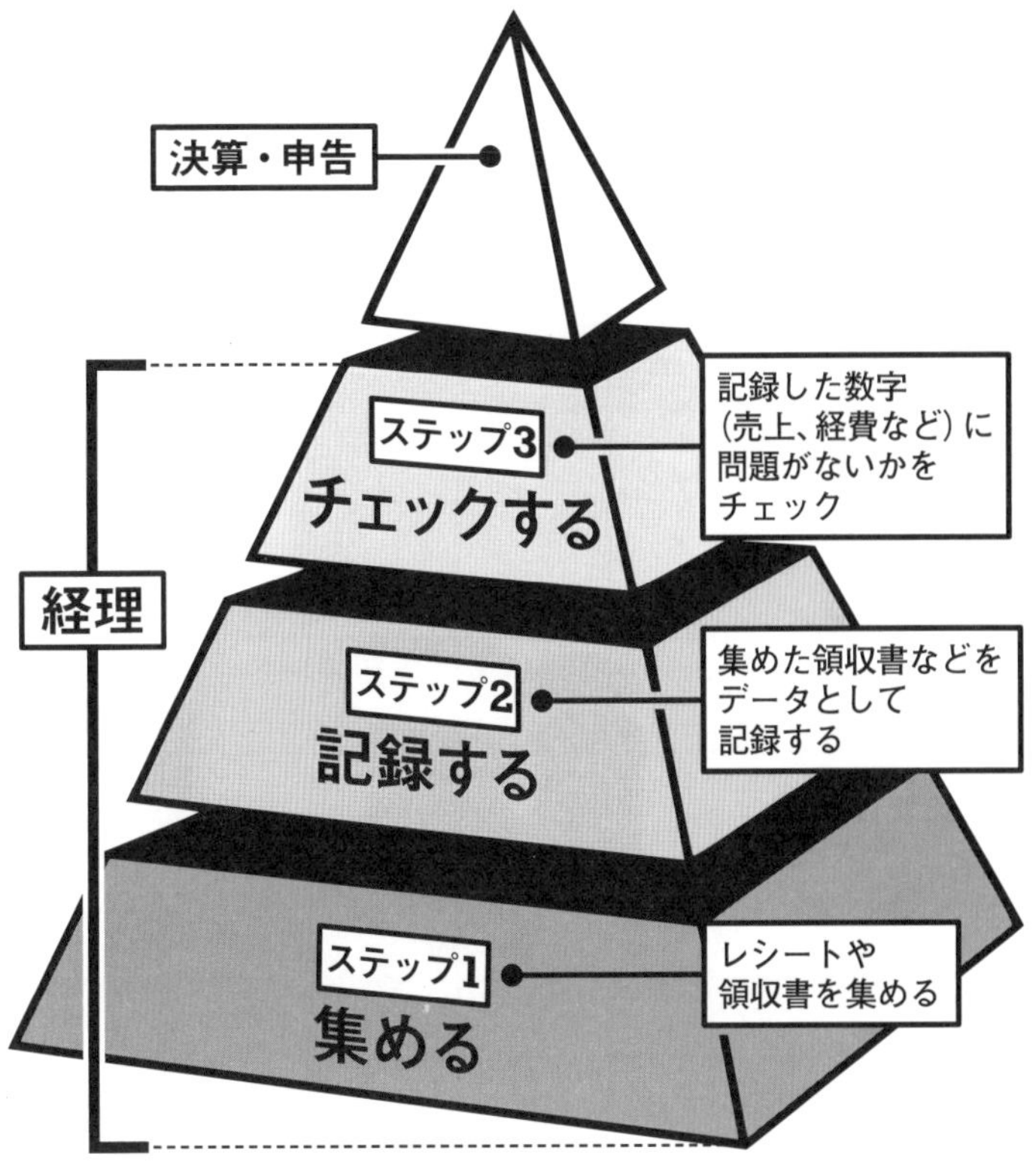
決算・申告
ステップ3
チェックする
記録した数字
(売上、経費など)に
問題がないかを
チェック
経理
ステップ2
記録する
集めた領収書などを
データとして
記録する
ステップ1
集める
レシートや
領収書を集める

これが、ひとり社長の3ステップ経理術

「ひとり社長の経理」の年間スケジュール

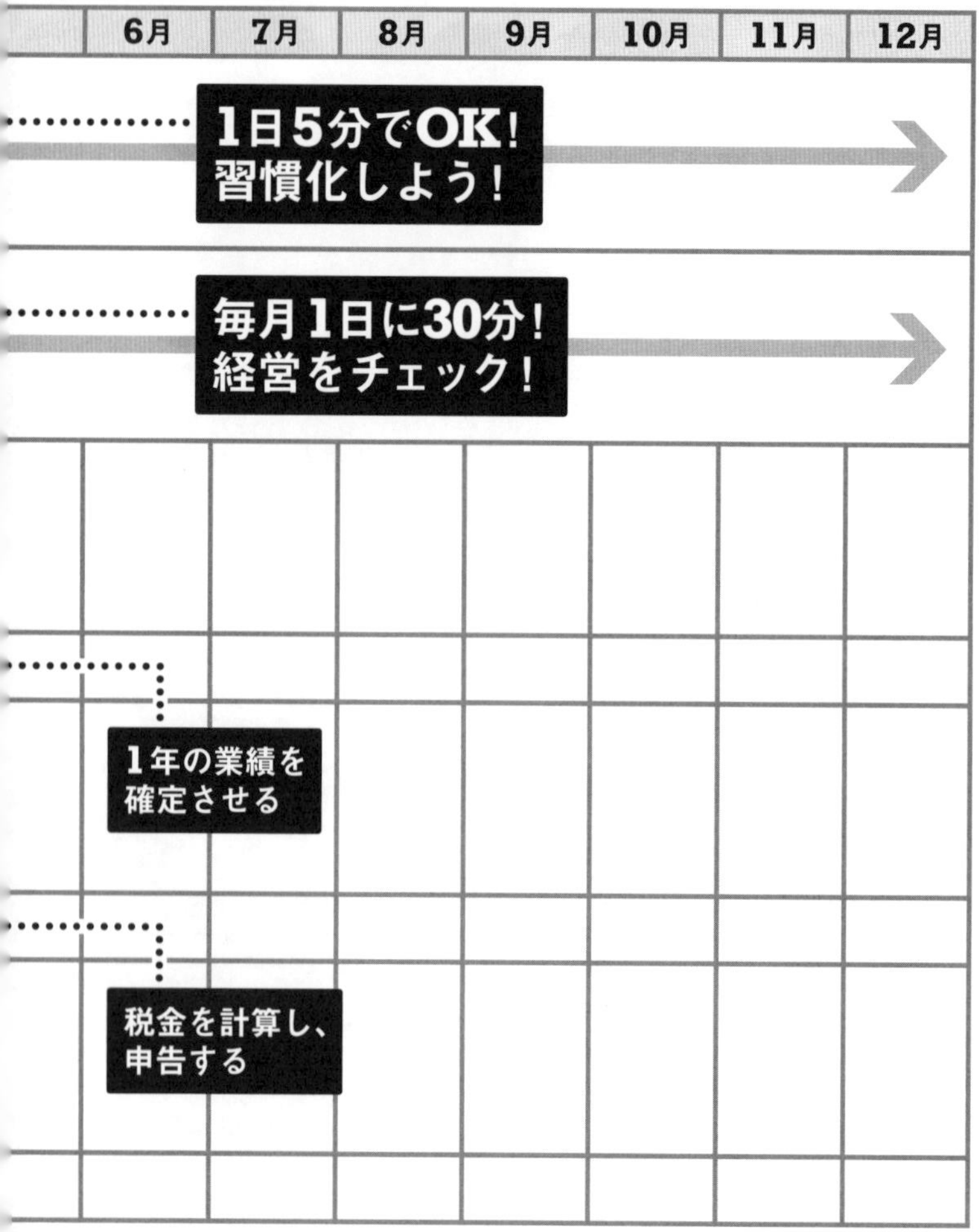

	6月	7月	8月	9月	10月	11月	12月
	1日5分でOK！習慣化しよう！						
	毎月1日に30分！経営をチェック！						
	1年の業績を確定させる						
	税金を計算し、申告する						

3月決算の場合

	1月	2月	3月	4月	5月	
毎日やること	・「集める」（領収書、レシート、請求書） ・「記録する」（立替）……					
毎月やること	・「記録する」（預金、売上・仕入） ・「チェックする」……					
毎年やること（1年に1回やること）			節税対策の最終チェック			
				決算書作成・チェック……		
				勘定科目内訳明細書作成		
				申告書作成・チェック……		
					決算書・申告書提出	
					納税	

モレ、ミスがないかをチェック！

04 ひとり社長でも、「経理の丸投げ」はダメ！

□「丸投げ」による大きなデメリットとは？

ひとり社長の3ステップ経理術を見てきました。もしかしたら、「全部自分でできるかな？」と不安に思われた方もいらっしゃるかと思います。「経理実務をどこまで社長がやるか」については3パターンありますので、見ていきましょう。

□パターン①：丸投げしてしまう

経理の3ステップ及び決算・申告すべてを任せることもできます。税理士事務所へレシートや領収書、その他の資料を渡してやってもらう、いわゆる「丸投げ」です。

資料を集めて渡すだけですので、非常にラクですが、**任せっきりだと、自社の経理がわからなくなります**。**これが一番の問題です**。結果、「経営上の問題点が、数字にどう表現されているのか」「いい数字とはどういうものなのか」「いい数字にするには、経営者としてどう動けばいいのか」がいつまでたってもわかりません。

□「他人ごと」では、一生数字がわからない！

余談になりますが、決算書、数字の読み方を本やセミナーで勉強しても、なかなか身につかないのではないでしょうか？

決算書本の多くは、上場企業の数字をベースにしていますので、「他人ごと」なのです。本で学んだことは「自分ごと」として考えなければ決して身につきません。**社長自身の会社の数字は、決算書を理解する最高の教材**です。

経理や税金を学ぶチャンスを逃してはいけません。

自社の数字を読みこなせるようになれば、他社の数字も読めるようになってきます。まずは自社の数字の理解に専念しましょう。

□パターン②：部分的にやってもらう

経理の3ステップや決算・申告で、どうしてもできないところを、部分的にやってもらうケースです。例えば、「集めるまでやる場合」「記録するまでやる場合」といったパターンがあります。パターンに応じて本書を活用していただくこともできます。

また、任せていても、何をやっているかがわからないと不安です。本書を読めば、**「税**

理士事務所が何をやっているか」を把握できます。

□パターン③：自分ですべてやる

経理の3ステップも決算・申告も、すべてひとり社長がやる場合です。本書は、このケースに対応しています。

□プロのチェックを受けたほうがいい場合

「ひとり社長が本当にすべてをこなせるのか」という疑問もあるかと思います。経理（集める、記録する、チェックする）であれば、十分可能です。しかし、決算・申告は特殊な事例もあり、自分でやるにしても、プロのチェックを受けたほうがいいケースもあります。次のようなことがあったら、相談を検討してもいいでしょう。

・売上が1000万円を超える
・インボイスの登録に迷う
・消費税を納めるようになる
・融資を受けたい
・税務調査の連絡がきた

チェックは早いほうがオススメです。最初に教わり、経理の型を身につけましょう。

経理を「丸投げ」してはいけない

経理をすべて人にやってもらう

理由

1 自分の会社の数字がわからなくなる

➔ 経営上の問題点が、数字として
どう表現されているかがわからなくなる

---

2 節税、お金の知識がつかない

➔ 丸投げを受ける税理士事務所の多くは、
修業中の無資格者を担当させる。
そのため、節税の提案がない場合が多い

05 時間をかけない、お金をかけない

□経理で気をつけるべきこととは？

経理に時間をかけてはいけません。

なぜなら、**経理自体は、直接的な利益にならない**からです。パターン化しやすく、繰り返しの仕事であるため、効率化しやすいという特徴もあります。経理に時間をかける必要はありません。

そして経理は、大きくお金をかけるべきものではありません。**一時的にレッスンを受ける、セミナーを受ける、本を読むといった知識やスキルへの投資は必要**です。しかし、大金をかけるべきものではありません。ひとり社長ならば、経理担当者もいりませんし、税理士も必要ないことが多いからです。

最後に、経理は古い世界です。**紙、ＦＡＸ、税金など古い慣習がはびこっています**。今はＩＴにより、新しい経理ができるのです。いろいろ試していきましょう。

経理で気をつけるべき3つのこと

① 時間をかけないでやる

② お金をかけないでやる

できることは
自分でやろう

③ 新しい方法でやる

いろいろ
試していこう

06 ひとり社長が経理を行う3つのメリット

□圧倒的なアドバンテージを得られる

ひとり社長が経理を行うと、どんなメリットがあるのでしょうか。3つの観点から詳しく見ていきましょう。

□①コストが減る

経理を効率化し、自分でできるようになれば、税理士にアウトソーシングしなくてよくなります。つまりコストが減るのです。

通常、税理士に依頼すると、法人で年間30～100万円程度かかり、経理（レシートの入力等）を税理士に依頼するとお金がさらにかかる場合もあります。もちろん安い場合もありますが、いずれにしても**依頼している限り、コストが半永久的にかかる**わけです。

そして、担当者が変わる可能性、税理士を変更する可能性もありますし、税理士に万が一のこと（ミス等）があることもあります。そういったときに、「自社の経理がまったくわからない」「任せていたから」では困ってしまうでしょう。

□②ブラックボックスがなくなる

「自分の会社のことなのにわからないことがある」「数字の意味がわからない」という状況に、不安やいらだちを感じたことはありませんか？

しかし、本来は社長自身が一番会社のことをよく知っています。商品もサービスも、お客さまも、会社を作ったときの思いも、一番社長がご存じのはずです。**会社のことを知っている社長が数字に詳しくなると、絶大な効果があります。**

経理担当者や税理士事務所に任せきりにする方法も確かにありますが、それではいつまでたっても経営に数字を活かせないままになってしまうでしょう。

経理担当者や税理士事務所のスタッフは経営をやったことがありません。だからこそ机上の空論になってしまうのです。

□ひとり社長になって、初めてわかったこと

私も経理担当者や税理士事務所を経験して独立しましたが、独立してひとり社長になって初めて、自分がいかに空論を語っていたかに気づき、愕然としました。

自分でリスクをとって会社を経営しなければわからないことも多いのです。むしろ、わからないことのほうが多いでしょう。

「経営＝攻め、経理＝守り」と考えると、その比率は1：1ではありません。9：1くらいでしょう。9を知っているみなさんは、残りの1を学べばいいのです。**多くの社長が知らない「1」を学べば、圧倒的なアドバンテージを得ることができます。**

□③経営に活かせる

経理をひとり社長がやらない場合、税理士、または担当者が経理を行います。社長、税理士・担当者、この三者を比べたとき、社長が最も長けているもの、社長しかやっていないことがあります。

それは「経営」です。経営活動の指揮をとっているのは社長だということを忘れてはいけません。「経理＝お金、会計、税金のバランスをとる仕事」とお伝えしましたが、社長として、経営を支える3つの数字を把握しておくべきなのは言うまでもないでしょう。

これまでは、経理がわからなくても会社は潰れなかったかもしれません。しかし、今後5年、10年、もっと先を考えると、そうはいかない可能性も高くなります。景気の変動も激しく、新しいビジネスモデルもどんどん出てくるでしょう。しかし**経理を理解すれば、会社の変化にいち早く気づくことができます**。これが変化に対応する1つの方法です。

効率のいい経理から得られる3つのメリット

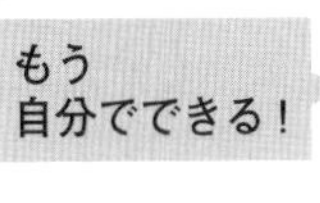

② ブラックボックスがなくなる

会社のことは
何でもわかる！

③ 経営に活かせる

今年も
儲かったぞ！

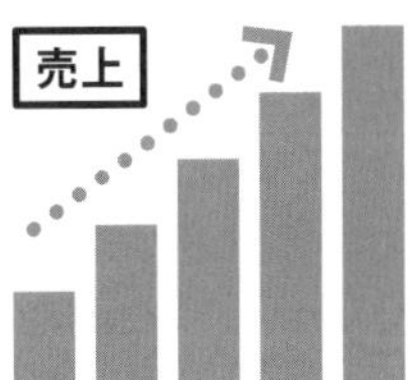

07

「経理ってめんどくさい」、その原因はこれ！

□効率化が進まない理由とは？

工場では効率化が常に進んでいます。一方で、実は経理の効率化はそれほど進んでいません。それには次の3つの理由があるからです。

□①正確さ重視

経理の世界は、正確さ重視です。「絶対に、1円たりとも間違えてはいけない！」、そんな価値観に覆われた世界といっても過言ではありません。

しかし、仮に100%の正確さがあっても、「社長が理解していない」「経営に活かせていない」「社長の知りたい数字を出すのが遅い」というのでは、そもそも経理をやる意味がなくなってしまいます。

また、**「経理＝完璧にできて当たり前、ミスをしたらいけない」というイメージが強い**

のも原因です。ミスを起こさないために、必要以上に保守的になってしまうのは、ある程度は仕方ありません。しかし、ミスばかりを恐れていてはいけないのです。

□②税理士、経理担当者の事情

経理や決算・申告の専門家は、税理士や経理担当者です。実はＩＴの進化により、昔と比べると経理業務は格段にラクになっています。

しかし、税理士、経理担当者にとって、「大変だ」というイメージがなくなってしまうのは好ましくありません。それは、「自分たちの仕事がなくなってしまう」という恐怖心があるからです。ゆえに、**手書き伝票や専用用紙といった「昔ながらの手間のかかる経理」が根強く残っています。**

経理を効率化したあとにも、税理士や経理担当者の仕事は山ほどあるのですが、過去の慣習にとらわれて、効率化できていないケースが多いのです。

資格試験で学ぶことと、実際にやるべきことは違います。試験でやったことの半分も実際は使いませんし、学んだ通りに経理をやるといくら時間があっても足りません。

例えば、資格試験ではＰＣや会計ソフトの使い方は学びません。それどころか、電卓を使って紙に計算結果を書いていきます。

数字の見方、経営への活かし方も習いません。資格試験をくぐり抜けてきた税理士・経理担当者は、このスタイルに慣れてしまっているのです。

□③会計ソフト、税務ソフトの問題

経理をやる会計ソフト、税金を計算する税務ソフトは、効率を上げるという視点がありません。先ほどの「税理士、経理担当者の事情」と同じく、**保守的でミスがないように作られています**。

確かにミスは少ないのですが、非常に使いにくく、デザインも一昔前、考え方も古いソフトが多いのです。これらのソフトに足をひっぱられることも少なくありません。

また、専門ソフトということで、非常に高価です。今や無料ソフトや安価なアプリでも、同じようなことができるほど進化しています。

□いかに効率良くしていくか

こうした問題点がありながらも、「必要だから」という事情で買っているケースも見受けられます。とはいえ、現状は会計ソフトを使わざるを得ません。本書ではその他の部分で効率化できる方法をお伝えします。

経理効率化が進まない3つの理由

1 正確さ重視

2 税理士、経理担当者の事情

3 会計ソフト、税務ソフトの古さ

08 経理効率化の8つのポイント

□これで経理がラクになる！

●紙を退治する

昔ながらの経理は紙だらけでした。今はＰＣ、ＩＴの発達により、データで管理できます。紙のものをいかにデータ化するか、データをいかに加工するかが勝負です。

●人を動かす

効率化には、人がからむことも多いです。「請求書を早期に発行してもらう」「現金支払いではなく、振り込みにしてもらう」などは、ひと言お願いするだけでできて、経理業務の効率化につながります。手間のかかるやり方をしていると、いつまでたっても数字が確定できず、追加・修正の手間もかかります。

●パターンを自分なりにまとめる

経理業務には一定のパターンがあります。そのパターン（ルーティン）を自分なりにまとめて、効率良くこなしていきましょう。ルーティンをどれだけ効率良くこなせるかが勝負ですし、その先にやるべきことはたくさんあります。チェックリストを作るのもいいでしょうし、マニュアルとして自分がやっていることをWordやEvernote、ＰＣのメモ帳に書き出すだけでも十分です。

●スピードアップを意識

効率化、スピードアップのためには小さなミスを許容しなければいけません。もちろん、税務申告書の段階では1円単位でぴったり合っている必要があります。

しかし、毎月の業績を把握し、意思決定をするのなら、10万、１００万円単位（会社の規模によって異なります）で間違えなければいいのです。

「80％の精度で業務把握が翌月1日に終わる」ほうが、「１００％の精度で1カ月遅れで終わる」よりも重要です。

●ミスを気にしない

ミスのコストを考えましょう。1円間違って入れても税金は変わりません。１００万円間違えないこと、桁を間違えないことをまず重点的にやりましょう。

●整理する

経理業務にとって、書類・データの整理は必須です。外部から来るもの、自ら作るものと、さまざまな書類・データがあります。きっちり、整然と整理しておく必要はなく、必要なときに探し出せる程度で大丈夫です。重要なのは「捨てる」こと。古い書類、いらない書類は容赦なく捨てましょう。

●ビジネスをシンプルに

現金でもらわない、在庫を持たない、件数を減らす、固定費をかけない、単発と継続のバランスをとるなど、ビジネスをシンプルにすると経理もシンプルになります。取引条件を複雑にしたり、契約できちんと決めていなかったりすると、経理は複雑になってしまうのです。

例えば、次のことができないかどうか考えてみましょう。

- 当月末締めの翌月○日払いというように支払スパンを決める。言われるがまま払わない
- 振込手数料を負担してもらう。手数料を差し引かれると経理が煩雑になる
- 人を雇わずにいれば、給与計算・給与支払いの仕事がぐっと減る
- 料金表を定めて、特例を作らなければ、売上管理、請求がラクになる
- 支払先、入金先が少なければ少ないほど取引が減り、経理はラクになる

●ＩＴを活用する

日々進歩するＩＴを活用しない手はありません。「ＰＣ、ソフトウエアの活用」「インターネットの活用」「Excel の活用（特に会計ソフトとの連動）」「情報の整理」などがあり、詳細は次項でお話しします。

経理効率化の8つのポイント

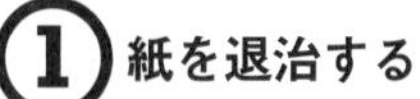

③ パターン化する

④ スピードアップを意識

⑤ ミスを気にしない

次に
気をつければ
いい！

⑥ 整理する

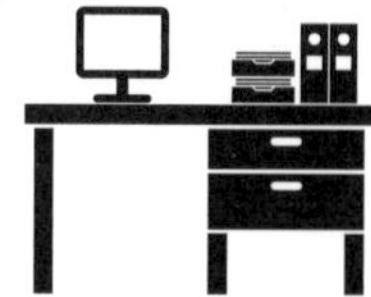

⑦ ビジネスをシンプルに

固定費を
かけない

在庫ゼロ

⑧ IT活用

PC

09 ITを使った経理効率化の具体例

□1つずつ、使いこなしていこう！

●PC

経理業務の環境を整えていきましょう。まずはPCからです。

PCは徐々に消耗していき、処理速度が遅くなります。ソフトやネットサービスの進化にともなって要求される性能も上がりますので、余計に処理が重くなるのです。**2年に1回程度はPCを買い換えましょう**。

「起動に時間がかかる」「ファイルを開くのに時間がかかる」のは時間の無駄です。10万〜15万円ほどのお金を出せば、高性能なPCが買えます。仮に、15万円のPCを買ったとしても、2年使えば1日当たりにかかるお金は312円ほどです（毎日8時間、週5日使ったと仮定して計算）。**スマホ、タブレットだけでは限界があります**。使えるアプリが違うからです。パソコンに投資しましょう。

デスクトップもいいのですが、**ノートパソコンのほうがオススメ**です。どこでも仕事ができるようにしておくと、いざというときのリスクヘッジにもなり、気分転換にもなり、集中できます。天気のいい日にカフェのテラスでやれば、経理も楽しめるものです。

ただし、紙の書類は持っていかないようにしましょう。置き忘れる、なくすリスクがあるからです。自宅やオフィスでスキャンして（スマホのカメラで撮って）、そのデータで経理作業をしたり、データ分析したりしましょう。

●スマホ

スマホは経理をする上で、**「紙のスキャン」「スクリーンショットで証拠保管」「支払い」**などに使っていきましょう。

スマホもバッテリーが消耗するので、少なくとも2年で買い換えたいものです。高い機種はカメラの性能が上がりますが、経理にはあまり関係がありません。**小さくて軽いものでもかまいません**。ただ、後述するように効率化の面ではiPhoneがオススメです。

レシートをスマホでスキャン（スマホで写真を撮って保存）して会計ソフトに取り込むこともできますが、スキャンの手間、精度を考えると、スキャナーによるスキャンよりは劣ります。ただ、一時的なスキャンならオススメです。

例えば、経理に関係ない紙の資料であれば、スキャンした後はすぐ捨てることができます。また、経理に関係あるものでもスマホでスキャンしておけば、見返すときはデータを見ればすぐ確認できるようになります。

経理には支払いも含まれ、効率よく済ませたいものです。スマホでQRコードを使って決済すれば、証拠が残り、経理の効率化にもなりますし、現金を使わなくてすみます。**現金を使わなければ、ATMや銀行の窓口で並ぶ必要もありません。**

□スマホを使うときに気をつけたいこと

スマホは便利ですが、パソコンのほうが早いこともあります。

例えば振り込み。スマホで振り込みもできますが、パソコンのほうが画面は大きく、操作性もいいです。振り込みに限らず、「操作性がいい」「使いやすい」という感覚も大切にしてください。

●タブレット（iPad）

タブレットを経理で使う場面はレジです。レジが必要であれば、タブレットのレジを活用しましょう。売上をデータで記録できるというのが大きなポイントです。

●デュアルディスプレイ

PCにもう1つの画面をつなぐデュアルディスプレイは、経理の効率を劇的にアップしてくれます。

24インチのディスプレイでも1万5000円ほどです。例えば、一方のディスプレイにPDFを表示し、それを見ながら、もう一方のディスプレイでメールを書くといったことができます。

オススメは、34インチのウルトラワイドディスプレイです。21：9という画面比率で横に長く、複数のアプリが使いやすくなります。

経理だから特別というわけではなく、その他の仕事の効率化にもつながる機器をそろえましょう。

□「Excel×会計ソフト」でどんどん効率化！

●Excel、Googleスプレッドシート

自由度の高いExcelを使いこなせば、飛躍的に効率が上がり、コストをおさえることができます。

まずはショートカットキー（55ページに代表的なものを紹介）、XLOOKUP（VLOOKUP）関数、グラフ、ピボットテーブルをマスターしましょう。

Excelでデータ入力と処理を行い、会計ソフトへ取り込むようにすると効率的です。ネット上で使えるGoogleスプレッドシートもあります。こちらのほうが気軽に使えるので、データ入力だけならこちらがオススメです。

経理効率化のためのIT活用法

① PCは2年で買い換える

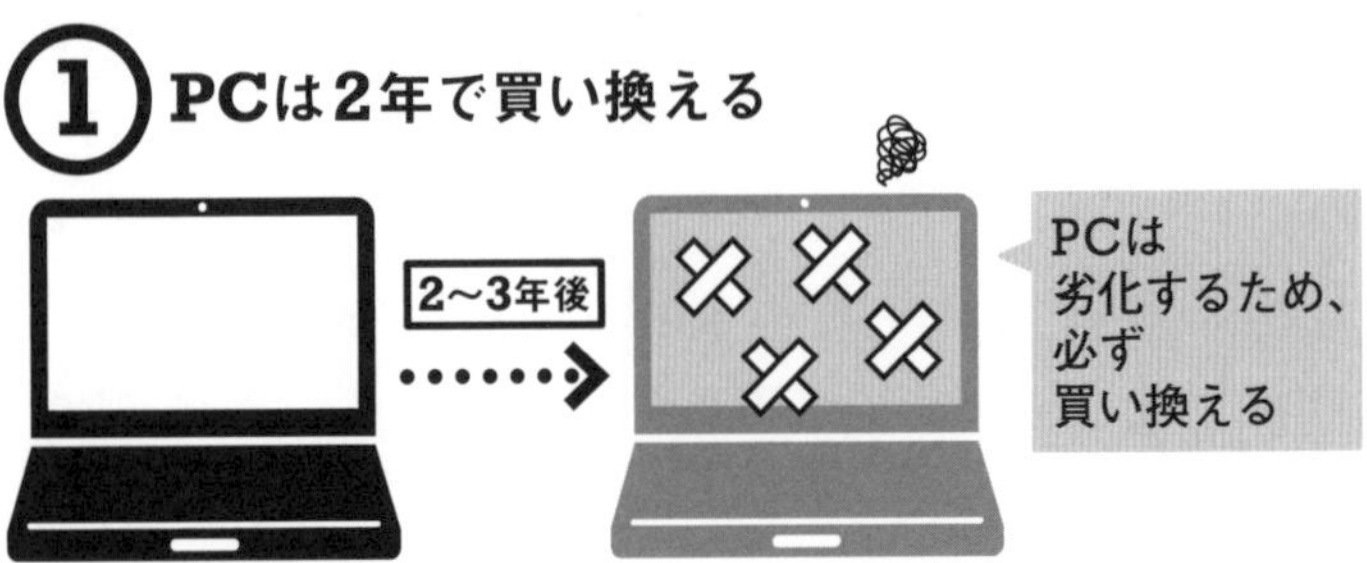
2〜3年後
PCは
劣化するため、
必ず
買い換える

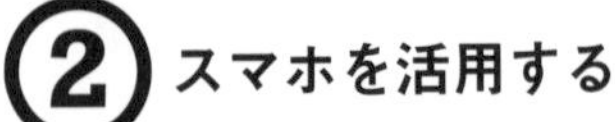
② スマホを活用する

スキャン
スクリーンショット
キャッシュレス

③ Excelを使いこなす

Excelで
できること

①データ入力の効率化
②すばやいデータ処理
③詳細なデータ分析
どんどん
活用していこう

●マウス

ショートカットキーを使うとともに、やはりマウスを使う場面はあります。マウスによって操作性はかなり変わってきますので、ぜひいろいろ試してみてください。縦スクロールを速くできるマウスなら、サイトを見る場合でも効率が違います。

Ｍａｃなら付属のトラックパッド、Windowsなら『ロジクール　Ｍ５７５』がオススメです。

●スマホアプリ（メモ、スキャン）

スマホでのメモやスキャンでは、**FastEver3がオススメ**です。起動も速く、さくっとスキャンとメモができます。Android だと、Evernote ウィジェットの簡易ノートを使いましょう。

●Dropbox

クラウドにデータを保存し、複数のＰＣやスマートフォンなどの間で同じファイルを簡単に共有したり、他人にファイルを公開したりすることができるサービスです。バックアップの機能もありますので、ＰＣの買い換えや故障のときにも助かります。２ＧＢまでなら無料です。

●Evernote

Dropbox と同じく、クラウドにデータを保存し、共有できるサービスです。両者の違いは、**「Dropbox＝データの保存に適している」「Evernote＝メモ書き（文章）の保存に適している」**と考えてください。Ｗｅｂクリッパーというしくみを使えば、ブラウザ上の情報もEvernoteに保存できます。

●スクリーンショット

ＰＣの画面を画像として保存できるスクリーンショット。Windowsなら、ショートカットキーで保存できる「LightShot」が便利です。Ｍａｃなら「Command＋Shift＋４」で保存できます。振込先データを保存したり、会計ソフトの画面を保存したりする場合などに利用します。

●Gmail

メールのやりとりは、検索機能に優れているGmailがオススメです。経理に必要なデータのやりとりにも使えます。

●モバイルSuica

モバイルSuicaだと、交通費の履歴をデータで連動できます。AndroidだとGoogle Payになるのでできません。**効率化の観点から考えるとiPhoneのほうがオススメ**です。

●PayPay

スマホで経費になるものを買うときは、交通系ＩＣよりもＱＲコード決済のほうがオススメです。PayPayだと「どこに払ったか」がすぐわかります。ただ、パソコンでその履

経理で使えるExcelショートカットキー 22

「+」は同時押し、「→」は1つずつ押す

ショートカットキー	Windows版(MacのExcelでは一部異なります)
Ctrl+W→Enter	上書き保存しながらファイルを閉じる
F12→(場所選択・ファイル名入力)→Tab→[P](英数モードで)→Enter	シートをPDFで保存
Ctrl+方向キー	データの端のセルを選択
Shift+方向キー	選択範囲を上、下、左、または右に拡張
Alt→E→L→Enter	シートを削除
Ctrl+PageDown(Ctrl+Pageup)	ブック内で次(前)のシートに移動
Ctrl+Tab(F6) ※Ctrl+Shift+Tabで逆順	複数のブックウィンドウが開いている場合は、次のブックウィンドウに移動
Alt→W→A→Enter	ウィンドウの整列
Alt→W→F→Enter	ウィンドウ枠の固定
Windowsキー+→(←)	Excelのウィンドウを左寄せ(右寄せ)
Ctrl+D	下方向にコピー(Ctrl+Rで右方向)
Ctrl+C→Ctrl→V	コピーして、値のみ貼り付け
Alt→I→R	行の挿入(Alt→I→Cで列)
Ctrl+T→Enter	テーブルに変換
F12	名前を付けて保存
Ctrl+Shif+L	オートフィルターの表示・非表示(押すたびに切り替わる)
Alt+F1	選択範囲から棒グラフ作成
Ctrl+Shift+1(!)	[桁区切り]表示
Tab	数値や文字を入力後、右のセルへ移動
Alt+Shift+-(=)	SUM関数を挿入
F2	セルの編集
Ctrl+Z	やり直し・もとに戻す(Ctrl+Yで1つ進める)

歴を見ることができないのが少し不便です。

●WordPress

WordPressを使えば、ホームページ・ブログをつくることができ、カード決済のしくみもつくることができます。お申し込み→自動返信→決済という流れをつくることができ、そのデータも記録できるのです。

●Airレジ

タブレットレジの代表的なものです。

●Excelマクロ、GAS、Python、RPA

各種プログラミングを使うとより効率化できます。経理は毎日、毎月、毎年の繰り返しですので、プログラミングと相性がいいです。

●Googleフォト

紙やパソコンの画面に表示されたテキストをデータにしたいとき、写真を撮りGoogleフォトに入れると、そのテキストデータをつくることができます。

●ネットバンク

通帳だと記帳の手間、入力の手間がかかります。ネットバンクにしましょう。しかしメガバンクだと、ネットバンクの利用料が高いので、**無料で使えるゆうちょ銀行がオススメ**です。

●Ｗｅｂゆうびん

どうしても郵送しなければいけないときは、Ｗｅｂゆうびんを使いましょう。ブラウザで使えるサービスで、ＰＤＦなどをアップすると先方に紙で届けてくれます。

□ＰＤＦのかんたん整理法

●Adobe Acrobat

ペーパーレスにはＰＤＦの整理が欠かせません。結合、並べ替え、削除などができる**Adobe Acrobat がオススメ**です。費用は月額１５００円ほどかかります。私は Adobe のその他のソフトと一緒に使える Adobe CC で使っています。

Windows の場合、無料でＰＤＦに文字を入れるなら Word を使いましょう。エクスプローラーでＰＤＦファイルを右クリック→プログラムから開く→ Word を選べば編集できます。無料でＰＤＦを結合、並べ替えるには、CubePDF Page がオススメです。

Word や Excel をＰＤＦにするには、プリントアウトの操作（Ctrl ＋ P）をし、ＰＤＦソフトを選ぶ、または、「名前をつけて保存」でＰＤＦを選びましょう。

Ｍａｃの場合は、ＰＤＦへの文字入れ、結合・並べ替え、ＰＤＦ化がすべて標準アプリのプレビューでできます。紙の書類を受け取ったらそれをスキャンしてＰＤＦにして、加工すればラクです。

□意外に使いやすい！　国の納税サービス

●e-Tax

国の税金関係のサービスであるe-Tax（イータックス）。ダウンロードして使うもの（Windows版）とブラウザで使えるものがあり、納税であればどちらでもできます。意外に使いやすく、納税を効率化できます。クレジットカード払いのサイトもあります。

□会計ソフト、申告ソフトはどれがオススメ？

●会計ソフト

会計ソフトは欠かせません。Excelだけでは厳しい部分もあります。ただ、会計ソフトさえあれば、経理が効率化されるわけではありません。実は、かえって足をひっぱる場面もあります。会計ソフトに頼り切らず、**「Excelにデータ入力して会計ソフトに取り込む」「会計ソフトからデータをExcelに変換して集計する（チェックする、グラフをつくる）」**など、工夫していきましょう。

ひとり社長に1つオススメするなら、クラウド会計ソフトfreee（freee会計）です。

税理士、経理担当者以外の方であれば、freeeが使いやすく感じることが多いはずです。良くも悪くも従来の会計ソフトと設計思想が違うからです。私は、どちらかというと

freeeが好みです。本書ではfreeeをご紹介していきます。

申告ソフトは、ひとり社長の場合、「freee申告」をオススメします。freeeと連携して使うことができるので、便利です。

freee以外の会計ソフトであれば、申告ソフトは同じくクラウドで使える「全力法人税」をオススメします。

177ページで取り上げるように、給与計算ソフトもあると便利ですが、ひとり社長のみであれば、割高ですので必須ではありません。

さまざまなツールをご紹介してきました。**会計ソフト、申告ソフト以外は、経理だけではなく、他の仕事にも使えます。仕事全体を効率化していきましょう。**経理は大事ですが、あくまで仕事の一部。サクッとすませたいものです。

本書でお伝えするインボイス、電子帳簿保存法に関して、特別なソフトを入れる必要はありません。本項でご紹介した汎用性があるＩＴを使いこなしましょう。

10 ひとり社長がMacだけで税務申告できるか

□Macの会計・申告ソフトは少ないが、十分できる

ひとり社長でMacをお使いの方もいらっしゃるでしょう。また、Macを使ってみたいという方もいらっしゃるかもしれません。Macで経理、そして税務申告をすることができるのでしょうか。

経理で使う会計ソフト、申告ソフトは、Windows専用のものがほとんどです。

今もMac専門のものは非常に少ないのですが、**本書のコンセプトの1つであるクラウド（freee会計、freee申告）を活用すれば、Macだけで経理ができます。**私自身Macで経理をしていますし、お客様で税務申告までMacで完結されている方も多いです。

□Macのメリット

さらにMacならではのメリットもあります。

・コストパフォーマンスがいい
・トラックパッドが使いやすい
・デザイン性が高い
・標準でＰＤＦ編集、結合ソフト（プレビュー）が使える
・経理効率化ができるiPhoneとの連携がスムーズ

□Macのデメリット

その一方、次のようなデメリットもあります。
・Excelやパワポなどの使い勝手がWindows版よりも劣る（経理への影響は少ない）
・Windows版のみのe-Ｔａｘソフト（ダウンロード版）、ｅＬＴＡＸ（エルタックス）ソフト（ダウンロード版）が使えないので、申請書、届出書をネットで出すことができないものがある→Ｍａｃのみだと PDFに入力してＷｅｂゆうびんで出すのが現実的。
・Ｍａｃユーザーは圧倒的に少ないため、Ｍａｃで使うソフトの使い方やトラブル対処に困ることがある

経理のためだけにWindowsを使い、Ｍａｃをあきらめなければいけないという時代はもう終わっています。そして、Ｍａｃを使わずともクラウドを活用することで経理は効率化できるので、いろいろチャレンジしてみましょう。

11 経理で使わないほうがいいもの6選

□使うと効率が下がる？　要注意ツール

経理に関わる道具で私が使ってないものがあります。むしろ使わないほうが経理は効率化できます。具体的には次のものです。

①テンキー
②電卓
③複合機
④プリンター
⑤スキャナー
⑥ＦＡＸ

テンキーのほうが数字を速く入力できるかもしれませんが、数字をひたすら入力していては、効率は上がりません。**連動やExcelのインポートなどを活用して、データで処理**

することを目指しましょう。

とはいえ、多少なりとも入力するものはあります。自分が立て替えた経費などです。そのときは、テンキーではなく、キーボード上部にある数字キーで打ちましょう。

テンキーのスピードを上げるよりも、数字キーをタッチタイピングできるほうが、全体的な効率は上がります。文章を入力するときにも数字は使います。

テンキーはキーの位置が遠いです。ノートパソコンにつなげているとなおさら遠く、それだけで非効率です。テンキー付きのキーボードは無駄に大きくなりますし、外付けでも無駄に荷物が増えます。

電卓のスピードも必要ありません。**計算・検算をするなら、Excelでやりましょう。**

複合機でコピーをするのは非効率で、スキャナーも同様です。スキャンはスマホでもできます。いわゆる**「念のためコピー」は効率を損ないますので、やめましょう。**

FAXも使わないようにしましょう。今はパソコンで取り込むこともできるのですが、それならメールでいいはずです。

効率化は、人間関係により左右されます。FAXを使う方（会社）とはお付き合いしないというのも1つの考え方です。

12 ペーパーレス・キャッシュレス・クラウドを使いこなす！

□3種の神器を使いこなそう！

時代は変わり、経理にも新しい風が吹いています。

「ペーパーレス」「キャッシュレス」「クラウド」コロナ禍があったことも影響しています。以前よりも経理の敷居は下がっているのです。これをうまく活用しましょう。

□ペーパーレス

紙を使わないペーパーレスを経理に取り入れましょう。

紙でのやりとり、はんこは非効率なものです。プリントアウト、郵送に時間がかかり、持ち運びがしづらく、持ち運ぶこともできません。率先してやめていきましょう。

はんこはそれなりに減りましたが、いまだ残っていることもあります。ときには、はんこを押さずに出してみることも大事です。はんこをスキャンしてデータに貼り付けることもできます。

2024年1月からの電子帳簿保存法の改正は、経理にとっては追い風です。すべて任意の法律ですが、いいとこ取りをしていきましょう。

これまで経理は紙の世界でした。データも原則としてプリントアウトする必要があったのですが、データのまま扱うことができるようになりました。経理を100％ペーパーレスにすることもできる時代です。ただし注意点も多く、詳しくは68ページで取り上げます。

□キャッシュレス

現金をなくすのは、経理効率化の鍵の1つです。なぜなら現金は**「使った記録が残らない（預金は残る）」「数えなければいけない」「その金額を会計ソフトと合わせなければいけない」**からです。

しかしながら、以前は、現金を使わざるを得ないことも多々ありました。

社長が立て替えた＝役員借入金という処理をするとしても、払うときは現金です。そしてその現金をATMでおろす必要があります。支払い、現金の準備も含めて経理であり、レジやATMに並ぶといった部分は手間がかかっていました。

今はキャッシュレスが進んでいます。現金を使わなくてもよい時代になったのです。

紙のレシートが出ないことも増えました。その場合も電子帳簿保存法の改正は追い風です。一定の要件を満たせば、データのままとっておくことができます。キャッシュレスで払ってデータを受け取っておけば、紙のレシートや領収書をもらう必要はありません。詳しくは71ページで取り上げます。

□クラウド

クラウドとは、ネット上にデータを保存したり、ネット上でソフトを利用したりすることです。

パソコンにソフトをインストールし、そのデータのみをクラウドに置く場合は、データを管理するDropboxやOneDriveなどを使います。GmailやGoogleスプレッドシートなどは、データもソフトもクラウド上で使うものです。パソコンにインストールせず、パソコン・スマホ・タブレットなど、どの端末でも使うことができます。Windows、Ｍａｃを問わず、バックアップやセキュリティ面も整っています。使わない手はありません。

いずれにしても、大事なデータをパソコン内のみに保存しないようにしましょう。もしパソコンが壊れたら大変なことになりますし、パソコンを買い換えるときにも手間がかかってしまうのです。

本書では、クラウドを積極的に活用することをオススメしています。経理の3ステップである「集める、記録する、チェックする」、そして、決算・申告でも積極的に活用していきましょう。

クラウドを使えば、「集める」と「記録する」を同時にすることもできます。ネットバンクのデータを集めて、会計ソフトに連動し、記録することができるのです。

また、会計ソフトや申告ソフトも、クラウドで使うことができます。

本書では、会計ソフト、申告ソフト、ともにクラウドのfreeeを取り上げました。

□インボイスで経理の手間が増える！

しかしながら、経理にとっていい変更ばかりではありません。消費税のインボイスが2023年10月1日から始まります。

このインボイスは、すべてのひとり社長に関わることです。

まず、**「インボイスに登録するかどうか」の判断が必要であり、登録すると経理の手間は確実に増えます**。かといって、「経理の手間が増えるからインボイスに登録しなければいい」という単純な話ではありません。

74ページより詳しく解説します。

13 電子帳簿保存法の「いいとこ取り」をしよう！

□電子帳簿保存法とは？

経理・税金は紙の世界であり、その紙をデータで保存しようという法律です。

この法律はちょっとずつ変わってきており、徐々に使いやすくなってきました。その大きな変更が２０２２年から実施される予定でしたが、「準備が追いつかない！」という声もあり、２０２４年に延期されたのです。

電子帳簿保存法の改正にむけて、ＩＴ業界はビジネスチャンスとばかり、いろいろと煽ってきています。冷静に対処しましょう。

□義務ではなく、任意！

電子帳簿保存法という法律は義務ではなく、任意です。２０２３年も２０２４年以降もこれまで通りでもかまいません。任意でありながら、うまく活用したい部分もあります。

うまく活用すれば経理を効率化できるのです。いいとこ取りをしていきましょう。電子帳簿保存法には、3つのポイントがあります。

□ポイント① 会計ソフトのデータをプリントアウトしなくていい

従来は、会計ソフトのデータはプリントアウトしてとっておかなければいけませんでした。プリントアウトするのは総勘定元帳です。税務調査では、プリントアウトした総勘定元帳が必須でした。

電子帳簿保存法では、この総勘定元帳をデータで保存することができます。会計ソフトでその設定をすればいいのです。

ただ、データの履歴も全部保存されてしまいます。データの改ざんもすべてわかってしまうのです。ただ、恐れることはありません。不正をしなければいいだけです。

□優良電子帳簿はやっておくべき

優良電子帳簿（優良な電子帳簿）という制度もあります。

これは、会計ソフトの設定をしておくと、**税務調査のペナルティ（過少申告加算税＝税金が少なかったことによる罰金）が10%から5%になる**というもの。いざというときのために、やっておいても損はありません。

10万円の税金を追加で払うことになった場合、その10％は1万円。優良電子帳簿にしていれば、その1万円が10万円×5％の5000円になります。**罰金が100万円なら50万円**です。優良電子帳簿の要件は次の通りです。

・データの訂正、削除の履歴がわかる
・いつ入力したかがわかる
・データとデータが関連づけられている
・パソコン、ディスプレイ、プリンター、およびこれらの操作マニュアルがある
・データを検索できる（取引日、金額、取引先等）

一見、大変そうに見えますが、会計ソフトを入れておけばこれらの要件を満たします。その**会計ソフトで設定をすればいい**だけです。

優良電子帳簿のデメリットは特に考えられません。

もし優良電子帳簿の要件に不備があった場合は、税務調査の罰金が10％のままになります。これが15％になるわけではないので、設定しておくようにしておきましょう。詳しくは179ページで解説します。

□ポイント②紙のレシートをスキャンしてデータで保存できる

現状、法律の要件を満たせば、紙のレシートをスキャンしてデータとして保存することができます。その後は、捨てることができるのです。

今までは、スキャンしたデータを第三者が確認しなければいけないなど、使い勝手はよくありませんでしたが、大きく改善しました。

ただ、スキャンする手間をどう考えるか、また、スキャンがちゃんとできているかのチェックの手間をどうするかという問題はあります。ひとり社長がご自身でスキャンするかどうかです。

このスキャンをどうするかについては、202ページより解説します。

□ポイント③データ（請求書、領収書等）をデータのまま保存できる

2024年1月からは、経理の証拠の保管はデータでも紙でもよくなります。

これまでは、経理の証拠となるデータ（請求書、領収書等）を受け取ったら、原則としてプリントアウトして紙で保存しなければいけませんでした。税務調査のときは、その紙を確認されます。

データをデータのまま保存するには、厳しい要件のもと、検索できるようにしておく必

電子帳簿保存法の要点

会計ソフトの
データを
プリントアウト
しなくていい

紙のレシートを
スキャンして
データで
保存できる

データで受け取った
請求書、領収書等を
データのまま
保存できる

要がありました。

そのため現実的には、紙で保管せざるを得ない状況だったのです。

ところが**2024年1月からは、検索の要件がゆるくなり、データで受け取った請求書や領収書等をデータで保存しやすくなりました。**

「紙でもいい」ということは変わりません。ただし、データでとっておいたほうが効率的なものはデータでとっておきましょう。

データで受け取ったものをわざわざプリントするのは非効率です。

確認するために一時的にプリントアウトしたい場合もあるかもしれませんが、できる限り画面上で確認できるように日々鍛えておきましょう。

□データでとっておくべきもの

例えば、次のものはデータでとっておいたほうがラクになります。ペーパーレス、紙を使わずにデータで保存できるのです。

・PayPay で買ったもの
・スタバなどのモバイルオーダー
・Amazon
・メールで受け取った明細
・PDFの請求書

詳細は138ページより詳しく解説します。

経理をはじめとする仕事を効率化するには、「データを紙にしない」「紙をデータにしない」のが基本です。これを前述の3つのポイントと関連付けると、こうなります。

①会計ソフトのデータをプリントアウトしなくていい→データを紙にしない→オススメ
②紙のレシートをスキャンしてデータで保存できる→紙をデータにする→オススメしない
③データをデータのまま保存できる→データを紙にしない→オススメ

14 経理の手間が3倍アップ!? インボイスの超基本

□ひとり社長が絶対知るべきこと

２０２３年10月１日から消費税のインボイス（適格請求書保存方式。以下「インボイス」で統一）がはじまります。インボイスのポイントは次の３つです。

①インボイスは任意
②インボイスに登録しないと売上が減る可能性がある
③インボイスに登録すると消費税を納めなければいけなくなる

すべてのひとり社長に関係します。１つずつ見ていきます。

□①インボイスは任意

消費税のインボイスは、登録してもしなくてもかまいません。「登録しないと罰金が発生する」わけではありません。よく考えてから登録しましょう。

□②インボイスに登録しないと売上が減る可能性がある

インボイスに登録すると、登録番号を使えるようになります。法人の場合、法人番号の頭にTがついたものです。**インボイス後、この登録番号が請求書にないと、お客様から値段交渉される可能性があります。**84ページで解説するとおり、インボイスに登録していないと、お客様側の税金が増える可能性があるからです。値下げされるということは、売上が減るということ。インボイスに登録しないと取引停止になる可能性も0ではありません。「そんなことになるならインボイスに登録する」と思うかもしれませんが、インボイスに登録するとデメリットもあるのです。

□③インボイスに登録すると税金が増える

インボイスに登録すると、消費税を納めなければいけません（課税事業者）。今、消費税を納めなくて済んでいる方（免税事業者）も、インボイスに登録すると課税事業者となり、納める税金が増えます。インボイス前は、原則として2期前（基準期間）の課税売上高（消費税対象）が1000万円以下なら消費税を納めなくても済みました。しかし**2023年10月1日以降は、インボイスに登録していると、2期前の売上に関係なく消費税を納めなければいけません**（次ページ図参照）。

「インボイス」と「消費税の納税義務」を確認！

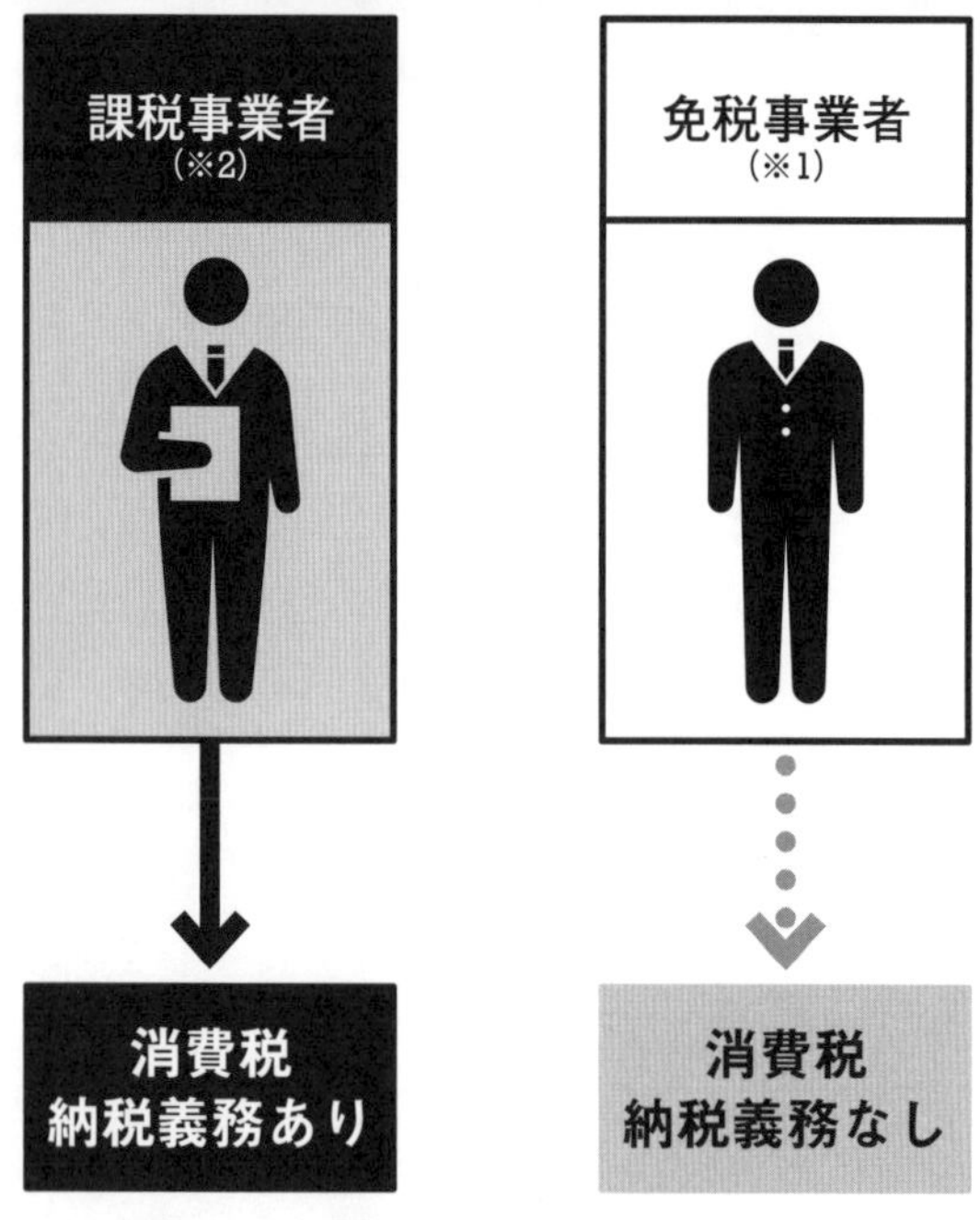

※1 原則として、2期前の課税売上高が1000万円以下
※2 原則として、2期前の課税売上高が1000万円超、期首の資本金が1000万円以上など
※3 インボイス導入前は免税事業者であっても、インボイスに登録すると課税事業者になる

課税事業者は、
インボイス登録の有無にかかわらず
消費税の納税義務があるので、
登録を推奨

その消費税は計算方法によって変わり、全部で3つあります。課税売上高が880万円、経費が550万円（すべて消費税対象）のケースで紹介します。

□消費税の3つの計算方法

●原則課税（本則課税、一般課税）

条件：2期前の課税売上高が5000万円を超える、または、原則課税を選んだ場合（経費の金額が大きくなるなら、原則課税を選んだほうが得な場合もあります）

計算方法：売上と経費

事例：売上880万円の消費税は80万円、経費550万円の消費税は50万円。納税するのは80万円－50万円＝30万円

●簡易課税

条件：2期前の課税売上高が5000万円以下で、簡易課税の届け出をした場合（2期継続する必要あり）

計算方法：売上のみ（業種によって税率が異なる。卸売業10％、小売業20％、製造業30％、その他40％、サービス業50％、不動産業60％）

事例：売上880万円の消費税は80万円、サービス業の場合80万円×50％＝40万円

●2割特例（売上の消費税の20％）

条件：原則として2期前の課税売上高が1000万円以下でインボイスに登録している場合で、2023年10月1日から2026年9月30日の属する期（課税期間）

計算方法：売上の消費税の20％

事例：売上880万円の消費税は80万円、80万円×20％＝16万円

3つの計算方法により納める消費税は、30万円、40万円、16万円と変わってきます。

□どの方法を選ぶ？　注意点は？

2期前の課税売上高が5000万円超だと、原則課税しか選べません。2期前の課税売上高が5000万円以下なら、原則課税と簡易課税を選べます。

ただし、簡易課税を選ぶなら、届出書を出す必要があり、簡易課税は2期連続で続ける必要がある点に気をつけましょう。原則として、簡易課税にしたい課税期間（おおむね事業年度と同様）の初日の前日までに届出書を出さなければいけません。ただし、免税事業者でインボイス登録した場合、2023年10月1日から2029年9月30日の属する期は、その受けようとする期末までに提出すれば簡易課税を選ぶことができます。

□簡易課税のほうが損をするケースを紹介

①小売業で、売上880万円（消費税80万円）、経費1100万円（消費税100万円）の

場合

原則課税　80万円－１００万円＝マイナス20万円（20万円戻ってくる）

簡易課税　80万円×20％＝16万円

②小売業で、売上８８０万円（消費税０円。すべて輸出）、経費１１００万円（消費税１００万円）の場合

原則課税　０円－１００万円＝マイナス１００万円（１００万円戻ってくる）

簡易課税　０万円×20％＝０万円

□「簡易課税」と「2割特例」、どちらを選ぶ？

インボイスに登録すると消費税を納めなければいけなくなり、その場合、２０２３年10月から3年間（２０２６年9月30日が属する課税期間）は、２割特例を選ぶこともできます。

業種により率が変わる「簡易課税」では、「卸売業10％、小売業20％、製造業30％、その他40％、サービス業50％、不動産業60％」となりますので、卸売業、小売業以外は、「２割特例」を選んだほうが得です。

２期前の課税売上高が５０００万円以下で、簡易課税の届け出をしていれば、「簡易課

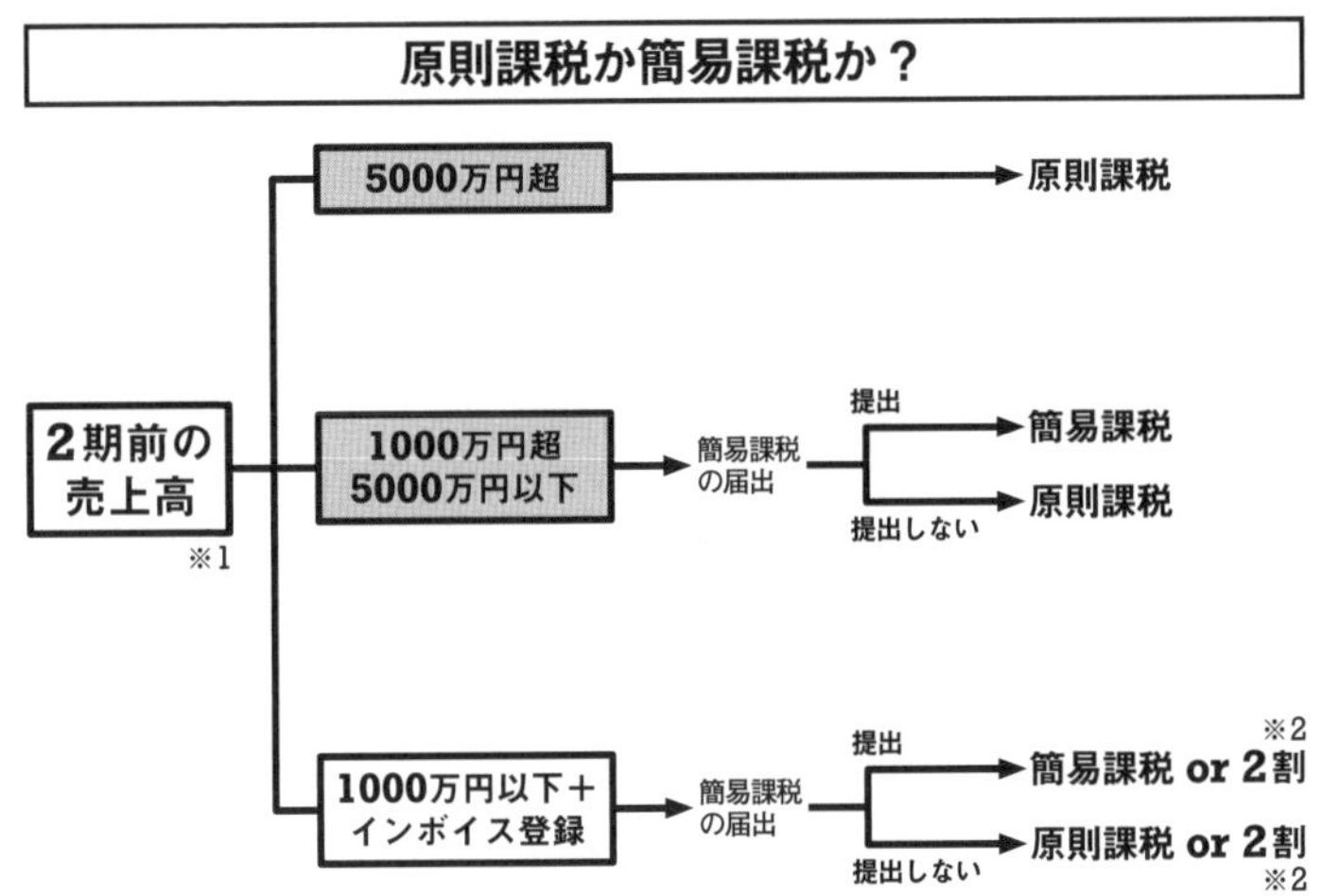

税」と「2割特例」から選び、そうでなければ「原則課税」と「2割特例」から選ぶわけです。**2期前の課税売上高が1000万円を超えたときは「2割特例」を選べなくなります。**

ソフトに2期前（「基準期間」）の課税売上高を入力するようになっており、該当しない場合は2割特例を選べなくなるかと思いますが、**ソフトを過信せずにご自身で確認しましょう。**

「原則課税のほうが明らかに有利なのに簡易課税の届け出をしていた」、あるいは「簡易課税が有利なのに原則課税のまま」ということがないようにしましょう。

15

インボイスに登録したら、原則課税は選ばないほうがいい

□原則課税の大きなデメリット

まず、インボイスに登録すると、すべての人に次のような手間が増えます。

・請求書等をインボイス対応にする（128ページ）
・会計ソフトの設定を変更（消費税課税へ）
・会計ソフトで、売上・雑収入などについて消費税の区分を入れ、チェックする
（消費税10％、軽減税率8％、対象外、免税など）
・消費税の確定申告書をつくる、提出する
・消費税を納める（場合によっては年4回以上）

□地味だけど、非常に手間がかかる作業

そしてインボイスに登録し、かつ、原則課税を選ぶ場合は、先ほどの手間に加え、次の

ような手間がかかります。

①経費の消費税の区分をチェック

②支払先がインボイスに登録しているかをチェック

1つずつ見ていきましょう。

□①経費の消費税の区分をチェック

原則課税の場合、売上の消費税の区分だけではなく、経費の消費税の区分をチェックしなければいけません。これに経費が加わると、

・支払先が海外→消費税の区分は「対象外」

・食品（酒類を除く）、一定の新聞→消費税の区分は「消費税8％（軽減税率）」

・保険料や税金→「対象外」

このように区分けする必要があります。これだけでも、税金で多少損をしても原則課税を選びたくないほどのかなりの手間です。

□②支払先がインボイスに登録しているかをチェック

消費税の区分とともに、支払先がインボイスに登録しているかを確認し、登録状況に応じて会計ソフトの入力を変えなければいけません。

2023年10月から3年間は、「支払先がインボイスに登録→納める消費税の計算上、100%の消費税を引ける」「支払先がインボイスに登録していない→80%の消費税を引ける」というルールです（その後3年間ごとに、引ける消費税の金額は50%、0%と変更される予定です）。

11万円の請求書があり、消費税額が10%の1万円の場合、支払先がインボイスに登録していたら1万円、支払先がインボイスに登録していなかったら8000円を、納める消費税を計算するときに引きます。未登録なら納める消費税が2000円増えるわけです。「消費税10%かつ100%控除」「消費税10%かつ80%控除」「消費税8%かつ100%控除」などといったことを入力する必要があります。

支払先がインボイスに登録していれば、請求書・レシート等にインボイスの登録番号があるはずです。契約書その他の書類にインボイスの契約番号があればそれでかまいません。もしそれがなければ、インボイスに登録しているかの確認をしなければいけません。

ただし、例外が2つあります。

1つは、原則として**自身の2期前の課税売上高が1億円以下の場合、2029年9月30日までは取引の金額が税込1万円未満であれば、納める消費税の計算上、100%の消費税を引くことができる**のです。インボイス登録の確認をする必要はありません（すべての方について、値引きや振込手数料で税込1万円未満ならインボイスが不要です）。

もう1つの例外として、インボイスが免除されるものがあります。**税込3万円未満の交通費（電車、バス、船）、税込3万円未満の自販機・自動サービス、郵便**などです。この場合、会計ソフトにその特例の旨を入力すれば、インボイスがなくても、納める消費税の計算上、消費税を100%引くことができます。

まとめると、原則課税の場合の経理の流れは次のようなものです。

・インボイス免除の対象をチェック（3万円未満か）
・金額をチェック（1万円未満か）
・消費税のコードをチェック（10%、8%、0%＝対象外）
・インボイスに登録しているかをチェック（100%、80%）

□簡易課税、2割特例を推奨

原則課税でよほど得をすることがない限り、簡易課税、2割特例を選んでおきましょう。簡易課税や2割特例だと、原則課税よりも経理は確実にラクになり、税金が減る可能性もあります。なお、簡易課税を選ぶときには、届出書が必要です。**2割特例は、届出書は必要なく、申告のときに選ぶことができます。**なお、申告のときに原則課税と2割特例のいずれか有利な方を選びたい場合は、原則課税を選ぶときと同様の手間をかけなければいけません。

【インボイス】誰が損する？　なぜ損する？

Tシャツメーカーの**A社**は「インボイス登録（原則課税）」で、原料メーカーの**B社**は「インボイス未登録の免税事業者」。この場合、インボイス登録の有無で誰が損をする？

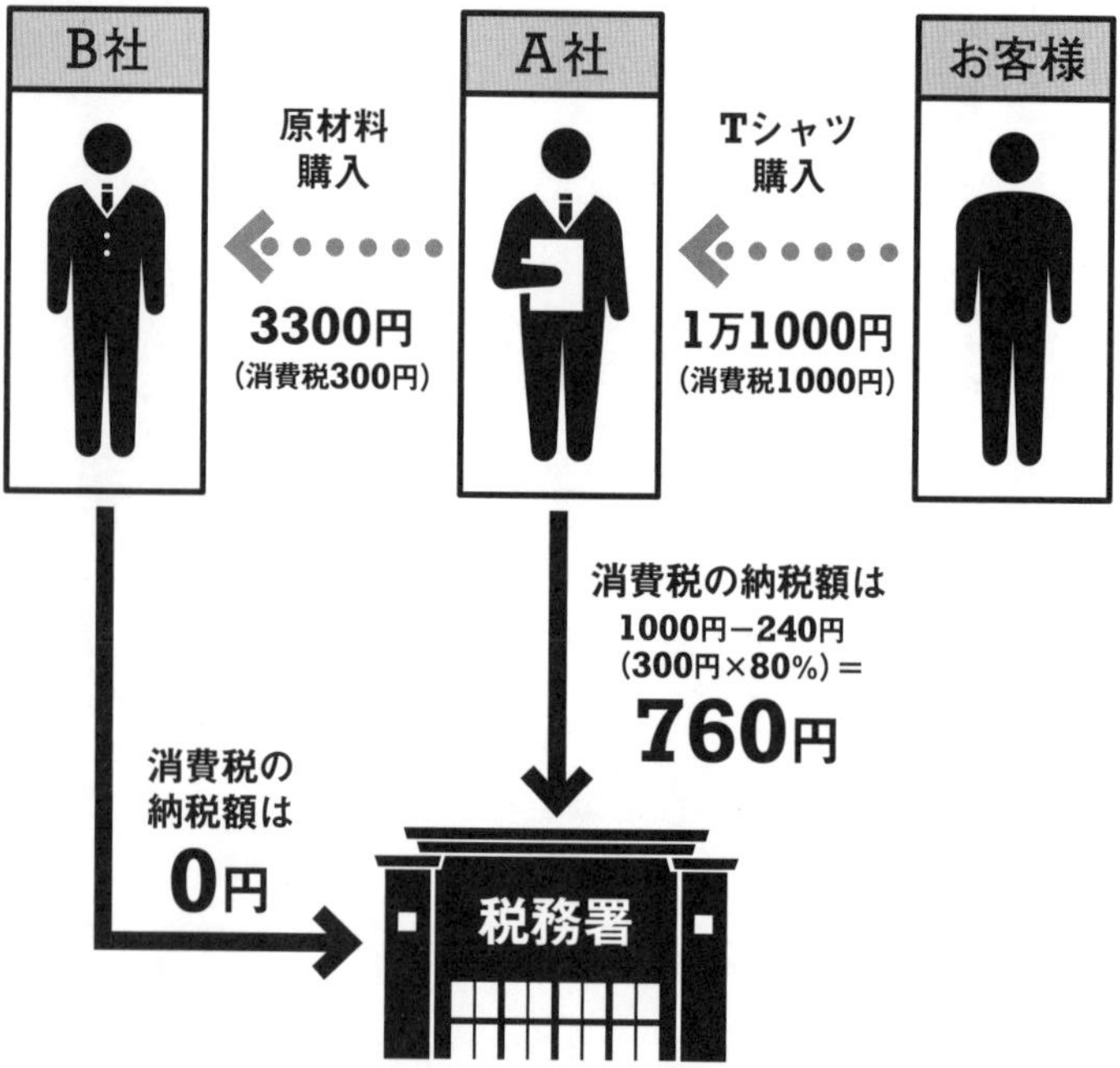

B社

A社

お客様

原材料購入

3300円
（消費税300円）

Tシャツ購入

1万1000円
（消費税1000円）

消費税の納税額は
1000円－240円
（300円×80%）＝
760円

消費税の納税額は
0円

税務署

もしB社がインボイスに登録していたら、支払った消費税の金額の控除ができるので、税務署への納税額は1000円－300円で700円。

A社が60円損する！

※各事例は「2023年10月1日～2026年9月30日」の取引とします（消費税額の80%を引ける）

出版社のA社は「インボイス登録（原則課税）」で、編集プロダクションのB社も「インボイス登録（原則課税）」、ライターのC氏は「インボイス未登録の免税事業者」。この場合、インボイス登録の有無で誰が損をする？

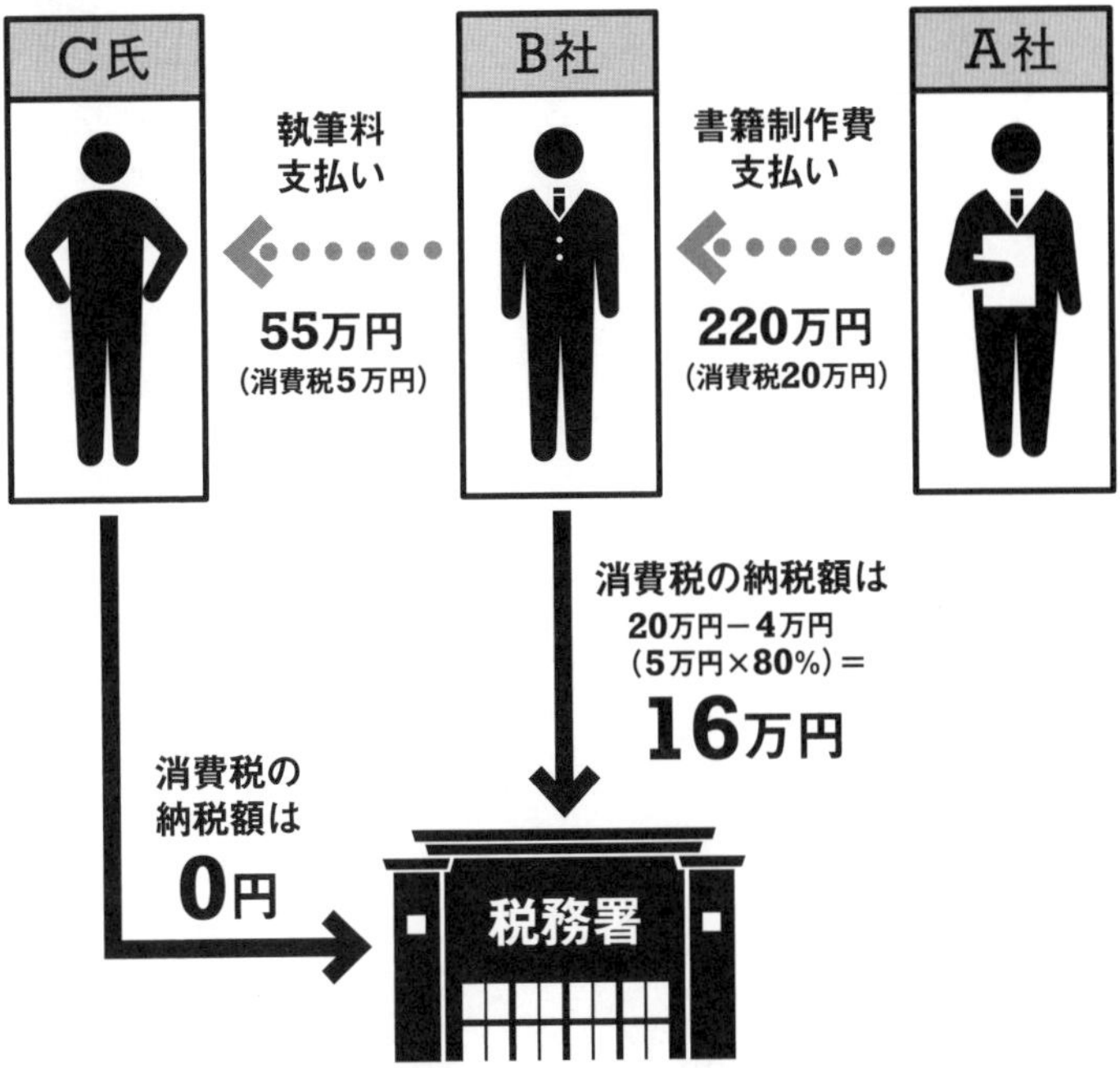

C氏　B社　A社

執筆料
支払い

55万円
（消費税5万円）

書籍制作費
支払い

220万円
（消費税20万円）

消費税の納税額は
20万円－4万円
（5万円×80%）＝
16万円

消費税の
納税額は
0円

税務署

もしC氏がインボイスに登録していたら、支払った消費税の金額の控除ができるので、税務署への納税額は20万円－5万円で15万円。

B社が1万円損する！

※原則課税ではなく、簡易課税、2割特例を選んだ場合は、仕入先が課税事業者でも免税事業者でも同じ扱いになるため、経費の消費税に関しては損をしません。

16 原則課税を選んだら、値引き交渉をしないといけない？

□値引き交渉をしないといけない？

前述のとおり、原則課税を選び、支払先がインボイスに登録してない場合は、11万円（消費税1万円）で、納める消費税の計算上引ける金額は８０００円です（80％）。２０００円の負担が増えます。その２０００円を支払先に別途請求するのは手間の面からも難しいでしょう。金額や件数が多くなれば、無視できない金額になります。２０００円の負担分の値引きをお願いするという方法もあるでしょう。

しかし、**インボイスを理由にして、一方的に値引きをお願いすることは法律で禁じられています**。気をつけたいのは、消費税10％である1万円の値引きをしないこと。２０２３年10月から3年間は、消費税の計算上、80％差し引くことができるので、１万円（１００％）は引きすぎです。

では、インボイスに登録している支払先に変えるべきでしょうか。これも法律では禁じられています。

現実的には**「先方にインボイスに登録するかどうかの確認をする」「先方がインボイスに登録しない場合は、値段交渉をする」**ことになるでしょう（無理な値段交渉をすると、法律違反になるだけではなく、同業他社のもとに行ってしまう可能性もあります）。

また、厳密には2000円の値引きでは負担が残ります。支払先がインボイスに登録している場合、11万円（税込）から消費税の計算上、1万円を引くことができるので、実質負担額は10万円です。支払先がインボイスの登録をしていない場合、11万円（税込）から2000円の値引きをしてもらうと10万8000円（消費税9818円）。引くことができる消費税は、9818円の80％の7854円で、実質負担額は、10万8000円－7854円＝10万146円となり、原則課税の買い手の負担は146円残ります。

□負担を同じにするなら？

厳密に売り手と買い手の負担を同一にするには、値引きして10万7843円にしなければいけません。その結果、売り手と買い手の負担額は2157円ずつとなります。ただ、ここまで厳密に計算する手間も大変です。これは、こちらが売り手のときでも同様です。

まずは、インボイスに登録しない支払先がどのくらいあるかの把握から始めたいものです。原則課税を選ぶ場合は、こういった負担があります。

【まとめ】インボイスの重要キーワード

1 適格請求書等保存方式

納める消費税を計算する場合、5の仕入税額控除をするとき、適格請求書を保存することが2023年10月1日から求められます。本書では、「インボイス」と表現しています。

2 区分記載請求書等保存方式

2023年9月30日までの制度。消費税の税率（10%、軽減税率8%など）に区分した請求書を保存しなければいけません。

3 適格請求書

インボイスのルールに沿った請求書のことです。インボイスに登録している場合のみ、この請求書を出すことができます。128ページの7項目を入れなければいけません。

4 適格請求書発行事業者

インボイスに登録した会社（事業者）のことです。

5 仕入税額控除

納める消費税を計算するには、原則として売上の消費税から仕入・経費の消費税を引きます。その仕入・経費の消費税を引くことを「仕入税額控除」といいます。仕入（経費も含みます）の税額（消費税）を控除する（引く）ということです。

6 原則課税

納める消費税を計算する方法の1つです。売上の消費税から仕入・経費の消費税を引きます。本則課税、一般課税という言い方もありますが、本書では原則課税としました。

7 簡易課税

納める消費税を計算する方法の1つです。2期前の売上5000万円以下であり簡易課税選択届出書を出した場合のみ選ぶことができます。売上と仕入・経費の消費税で計算する原則課税に比べ、売上の消費税だけで計算するため、「簡易」課税という名称なのです。ただし、簡易課税の場合、売上を業種ごとに6つに区分する必要があります。

8 みなし仕入率

簡易課税で、業種別に決められている率です。売上の消費税から経費の消費税を引くのが原則ですが、簡易課税は、売上の消費税から引く経費の消費税を業種別の率で計算します。その率をみなし仕入率といいます。「売上の消費税×みなし仕入率」を仕入税額控除の金額とみなすわけです。

9 課税売上高

消費税の対象となる売上です。国内で事業として行われる販売・売却・レンタル・サービスで、対価があるものが対象です。

10 課税事業者

その年度に消費税を納める事業者（会社）のことです。2期前の課税売上高が1000万円超、または期首の資本金が1000万円以上などといった場合、課税事業者になります。前述の要件に該当しなくても、インボイスに登録すると課税事業者です。

11 免税事業者

2期前の課税売上高が1000万円以下であり、インボイス後は、それに加えてインボイスに登録していない事業者（会社）のことです。

12 基準期間

消費税を納めるかどうかの基準となる期間、原則として2期前の年度をいいます。例外は事業年度が12か月未満の場合などです。

13 課税期間

消費税の計算では、課税期間という単位を使います。事業年度が1年であっても、課税期間を3か月、1か月と区切ることができるのです。

14 帳簿

会計ソフトに入力すれば、そのデータが帳簿となります。

15 経過措置

インボイス導入にあたり、その負担を軽くするために、期間を限定してルールをゆるめていることをいいます。後述する2割特例、少額特例もそうです。

16 2割特例

本来、免税事業者である場合にインボイスに登録したとき、売上の消費税の2割（20%）で計算できるルールです。2026年9月30日の属する課税期間まで使えます。

17 少額特例

原則として2期前の課税売上高が1億円以下の場合、税込1万円未満の取引は、相手先がインボイスに登録しているかどうかを気にしなくていい（経費の消費税を100%引ける）というルールです。2029年9月30日の取引まで使えます。

17 インボイスに登録したほうがいい人3選

□①すでに消費税を納めており消費税を請求している人

課税事業者として、すでに消費税を納めている場合、または今後納める場合は、インボイスに登録しないと請求書に登録番号を載せることができません。登録番号がない請求書ではお客様が困る場合があります（消費税の負担が増える）。どのみち**消費税を納めるのならインボイスに登録しない理由はありません。**

□②お客様が事業者メインで、かつ売上5000万円超の見込みの人

お客様の2期前の課税売上高が5000万円を超えているなら、お客様は消費税を原則課税で計算しなければいけません。

その場合は、こちらがインボイスに登録しないとお客様側にデメリットがあるため、登録を検討したほうがいいでしょう（あえて登録せずに値引きで対応する方法もあります）。

□③消費税の請求額が、納税額より大きくなりそうな人

インボイスに登録すると、消費税を請求し、納めることとなります。

消費税の請求額と納税額を比較してみましょう。メリットが大きいなら、インボイスに登録したほうが差し引きで得となります。**すでに消費税を請求している場合（消費税を納めることと請求することはまた別物です）、インボイスに登録しないと、その消費税の分、売上が減る可能性がある**でしょう。「インボイスに登録していないなら、消費税を払わなくていい」と考える方も多いからです。84ページで解説したとおり、２０２３年10月１日から3年間は、インボイスに登録しないことによるお客様側の負担は請求する売上の消費税額のおおむね20％です。消費税全額を引くのはちょっと違う話です。

なお、講演料や出版、請負の仕事は、お客様側から支払いがあり、こちらが請求書を出すわけではありません。

その場合、インボイスに登録しないと消費税10％を計算せずに払われる、つまりインボイス前よりも10％売上が減るということもありえます。

これらの売上の割合が多いなら、インボイスに登録したほうがいいでしょう。

18 インボイスに登録しないほうがいいケース9選

□要チェック！　意外な条件とは？

続いて、インボイスに登録すると損する可能性がある人を紹介しましょう。

□①今、そして今後、売上が1000万円以下

今、2期前の課税売上高が1000万円以下の場合、消費税を納める必要はありません。しかしインボイスに登録すると、消費税を納めなければいけなくなります（海外への売上は消費税がかからないので、この場合除いて考えてください）。

納める消費税は売上300万円なら年間6万円、売上500万円なら年間10万円、売上800万円なら年間16万円です（2割特例で計算する場合）。

今後、消費税がかかる売上が1000万円以下の見込みの場合、消費税を納める必要はありません。消費税がかからない売上であるYouTube収入が多い場合、輸出が多い場合

なども該当します（あえて消費税を納める選択をしたほうがいい場合もあります）。インボイスに登録すると、消費税をずっと納めなければいけません。

□②お客様の売上が5000万円以下である見込みの人

こちらがインボイスに登録しないとお客様が困る、損をすることもあります。その目安は2期前の課税売上高が5000万円以下かどうかです。

お客様は売上が5000万円以下であれば、消費税の計算方法はおそらく簡易課税を選んでいます。簡易課税の場合、支払先がインボイスに登録しているかどうかは納税額に関係ありません。売上1100万円、経費等440万円の場合で考えてみます。

・原則課税（売上と経費から消費税を計算）
100万円－40万円＝60万円を納税

・簡易課税（売上から消費税を計算。サービス業（50％）とする）
100万円×50％＝50万円を納税

原則課税の場合、仮にすべての経費の支払先がインボイスに登録していないと、100

万円－32万円〈40万円×80％〈経費にかかる消費税のうち80％を差し引ける〉〉＝68万円と税金が増えます。（２０２３年10月から3年間。その後は税金がさらに増えます）

しかし、**お客様が簡易課税ならこのようなことはありません。こちらがインボイスに登録していてもいなくても、50万円の納税で変わらないのです。**もしそうなら、こちらがわざわざインボイスを登録しなくていいでしょう。

しかしながら、お客様が消費税とインボイスのしくみを知っているとは限りません。ある程度の交渉は必要です。また、お客様が「インボイスに登録していないところとは取引しない」と決めることもありえます。現状でも「法人でなければ取引しない」というケースはありますので、そのリスクは想定しておきましょう。

□③お客様の2期前の売上が1億円以下、かつ自社商品が1万円未満

この場合、原則として、こちらへの支払額が税込1万円未満であれば、インボイスに登録しなくても消費税の納税額に影響がありません（２０２９年9月30日までの取引）。提供する商品が税込1万円未満なら、インボイスに登録しないという選択もできます。

□④お客様が個人主体

お客様のメインが個人（事業をしていない人）であれば、こちらがインボイスに登録し

なくても影響ありません。なぜなら消費税を納めることがないからです。

□⑤特定のお客様のみと付き合っている

こちらがインボイスに登録しないと、お客様の負担が増える場合であっても、特定のお客様のみであれば、交渉の余地があります。多数の取引先であれば、その交渉も大変となるのですが、少数であれば個別に対応ができます。

ただし、**消費税分の値下げを要求される可能性も高くなる点には注意**しましょう（法律で禁じられてはいます）。

その場合、88ページで挙げたとおり、値引きする金額には気をつけたいものです。２０２３年10月から3年間は、消費税の20％だけの負担が増えます。10万円で消費税が1万円の場合、1万円×20％＝２０００円がお客様の負担増となる額です。消費税の全額1万円が負担というわけではなく、1万円を値引きする必要はありません。

ただ、これもお客様が把握されているかどうかによります。地道な交渉、打ち合わせが必要な場合もあるでしょう。

□⑥税理士報酬を増やしたくない

消費税のインボイスに登録すると、消費税の計算、申告書作成、チェック、納税などといった仕事が増え、税理士報酬が上がる可能性があります。

もし税理士に依頼していて、その報酬を増やしたくないならば、インボイスに登録しないほうがいいでしょう。納税額も増え、税理士報酬も増えます。しかもそれは、半永久的に継続するのです（もちろん個別に交渉することもできます）。

□⑦手間を増やしたくない

ご自身で経理、そして決算・申告をするならば、**インボイスに登録すると手間は確実に増えます**。値下げや値段交渉に応じてでも、「手間を増やしたくない」「効率化したい」という人はインボイスに登録しないほうがいいでしょう。

□⑧同業他社と比べて強みがある

インボイスに登録しないと、仕事の依頼がなくなる、あるいは減少するとも言われています。しかし本当にそうでしょうか。他の方に取って代わられるような仕事をしているなら、インボイスを理由として（法律では禁じられているのでそれを直接の理由にはしないでしょうが）、依頼が少なくなる可能性はあります。そうでないならば、インボイスに登録しなくても仕事は減りません。

そもそも他に取って代わられる、代替可能な仕事をしていたら、どのみちこの先は危うくなります。むしろこちらから手放し、インボイスを機に覚悟を決め、自分にしかできない仕事をつくっていきましょう。

インボイスに登録しないからといって値引きや取引停止にするお客様とお付き合いするかどうかもよくよく考えたいものです。

□⑨これまで消費税を請求していない

これまで消費税を請求しているかどうかも大切なポイントです。請求書や契約書で、10万円＋1万円（消費税）＝11万円としているならば、インボイスに登録しないと、11万円→10万円となる可能性があります。

もし11万円だけを請求しているなら、インボイス導入後は、11万円＋消費税0円とすることもできるでしょう。

その場合、インボイスに登録するメリットはありません。これが、11万円という消費税が含まれていそうな金額であれ、10万円であれ同じです。ただし、お客様との交渉が必要な場合もあります。11万円は消費税込だったと考える可能性もあるからです。

インボイスに登録しないなら、インボイススタートに向けて、消費税をにおわせる値段（1万1000円、5万5000円、11万円、22万円など）を変えることも考えましょう。

なお、これまで消費税を明確に請求せずに10万円としていた場合、インボイスに登録したから＋1万円できるかどうか。

これも交渉次第でしょう。もしそれができ、10％の売上アップになるならば、インボイスへあえて登録する価値も出てきます。

以上の9つの事例を踏まえつつ、インボイスに登録するかどうかの目安を業種別にまとめてみました。

□業種別　インボイスに登録するかどうかの目安

・対法人が多い業種：ライター、ひとり親方、講師、士業、法人メインの飲食店など→インボイス登録を検討したほうがいい
・対個人が多い業種：カフェ、こども・学生向けのビジネス、病院、整体、美容院、エステサロンなど→インボイスに登録しない、もしくは様子見

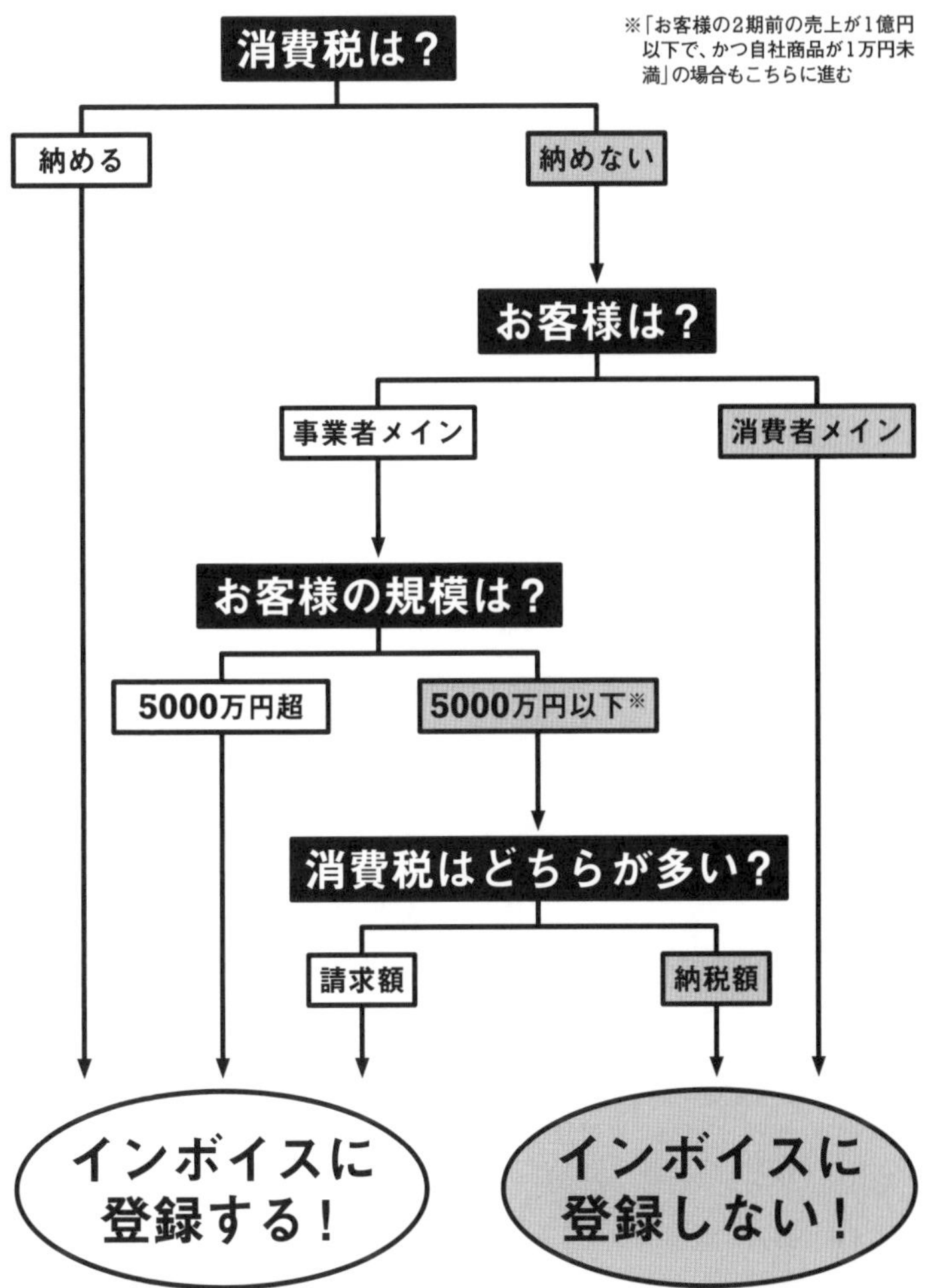
インボイスに登録するかしないかの判断
消費税は？
※「お客様の2期前の売上が1億円以下で、かつ自社商品が1万円未満」の場合もこちらに進む
納める
納めない
お客様は？
事業者メイン
消費者メイン
お客様の規模は？
5000万円超
5000万円以下※
消費税はどちらが多い？
請求額
納税額
インボイスに登録する！
インボイスに登録しない！

19

インボイス登録の合法的「様子見」ノウハウ

□焦らなくてもＯＫ

インボイスは２０２３年10月１日からスタートします。10月１日からインボイスに登録している状態にするには、２０２３年９月30日までに登録しなければいけません。

登録するときに「いつからインボイスの登録をするか」を選ぶことができます。ただし、その選べる日は、登録申請日の15日後以降です（その日に申請がおりるわけではなく、１か月ほどかかる場合もあります）。

２０２３年10月１日以降も、インボイスには登録できます。

つまり、様子を見ることができるのです。

インボイスに登録せずにいて、もし必要になれば登録ということもできます。10月１日に向けて、ＴＶ、新聞、ネットなどでインボイスの話題が加熱していくでしょう。ご自身のことですので、冷静に判断したいものです。

インボイス登録の是非を調べる方法

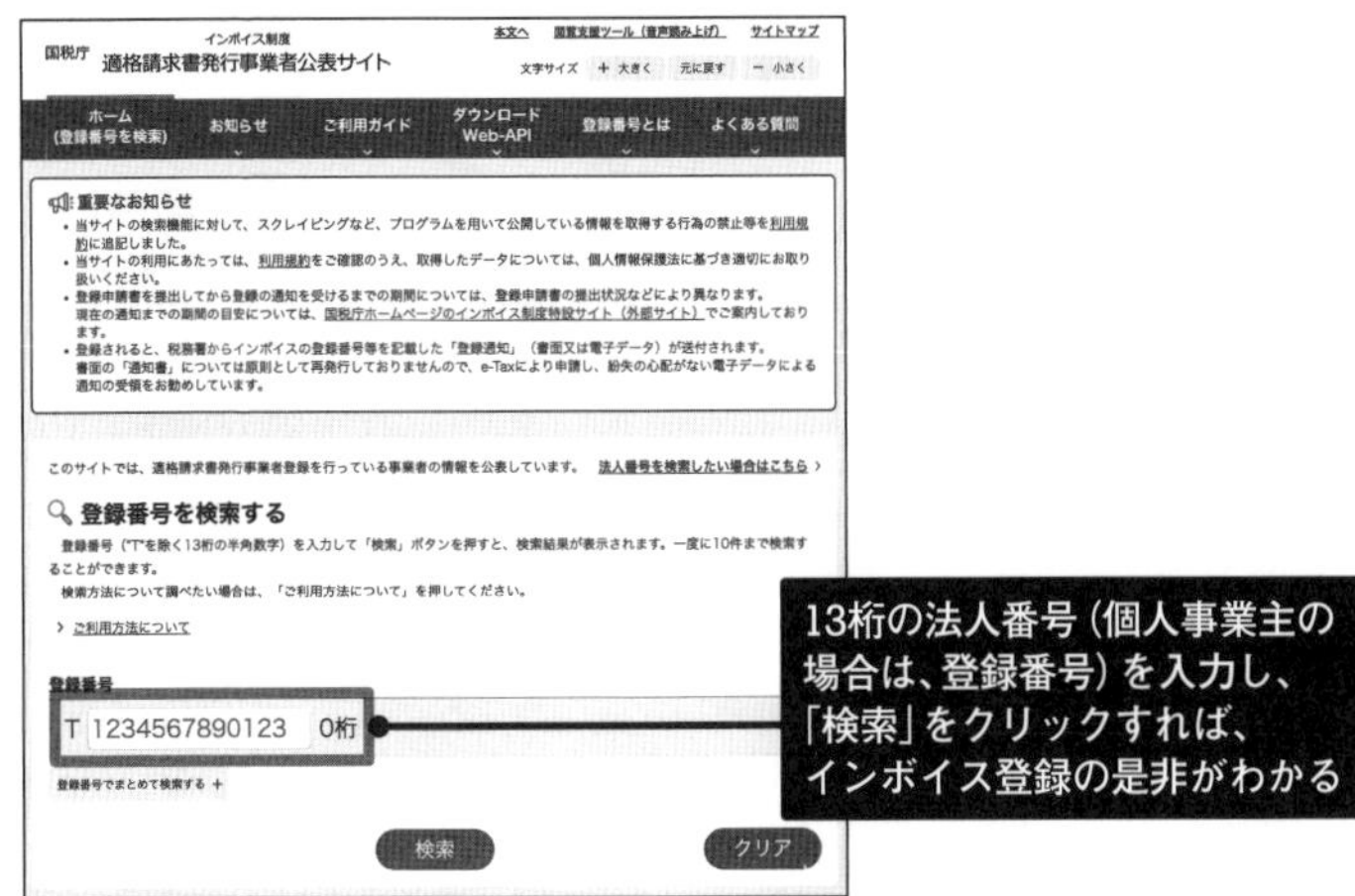

インボイスはあくまで任意であることを忘れないでください。まわり（お客様、同業、専門家）に流されて、なんとなく登録しないようにしましょう。

□登録すると公表される

インボイスに登録後は、**「国税庁インボイス制度　適格請求書発行事業者公表サイト」で公表**されます。会社の場合、法人番号にTをつけたものがインボイスの番号です。

法人番号を入力し、「検索」をクリックすれば、名称、住所、登録日などが表示されます。**インボイスに登録しているかどうかは、法人番号がわかれば誰でも確認できる**ということです。法人名がわかれば、「国税庁法人番号検索サイト」で法人番号を調べて、登録しているかを調べることができます。

□インボイスに登録しないなら、しておきたいこと

●請求書には、消費税を入れない

インボイスに登録しない場合、その登録番号をもらえません。請求書に登録番号がなく、消費税額が載っていると、お客様からご指摘される可能性もあります。

なお、インボイスに登録していなくても請求書に消費税を入れることはできます。ただし、誤解を生むのでやめておきましょう。

●値付けを工夫する

8800円、1万1000円、11万円などといった消費税10％を想定させる値付けをしているなら、そうではない金額、例えば9000円、1万円、12万円などに変えておくといいでしょう。「インボイスに登録していないのに、消費税を請求している」という誤解を減らせるからです。

あなたが課税事業者の場合、消費税の表示は、対事業者向けであれば、11000円（税込）、10000円（税抜き）などといったものにしなければいけません。

インボイスに登録しないなら、消費税の表記はせずに、1万円とだけ表示するようにしましょう。

1万円をどう表示する？

インボイスに登録する場合

11000円（税込）
10000円（税抜き） など

インボイスに登録しない場合

10000円
12000円 など

●値下げ、取引停止のリスクも想定

法律では禁止されていますが、多少なりとも値下げや取引停止のリスクはありえます。もちろん、インボイスの問題がなくても、そのリスクは、想定すべきことです。なお、お客様側でもインボイスの理解がすすんでいるとは限りません。

「インボイスに登録しないなら、取引停止をちらつかせる」「インボイスに登録していないなら、一方的に値引きを要求する」「簡易課税や2割特例で消費税を計算するのに、こちらにインボイス登録を求める」といったこともありえます。

本書で知識武装し、毅然と対応しましょう。

20 インボイスの登録方法と注意点

□マイナンバーカードとスマホを用意する

インボイスに登録するにはｅ-Ｔａｘを使いましょう。マイナンバーカードとスマホ（マイナポータルアプリ）が必要です。Ｍａｃの場合、Safariでのみｅ-Ｔａｘを使えます。

□e-Taxを活用しよう

ｅ-Ｔａｘのサイトにアクセスし、ログイン→［マイナンバーカードの読み取りへ］→［スマートフォンで読み取り］で、ＱＲコードが表示されます。

スマホのマイナポータルアプリでＱＲコードを読み取り、パスワード（マイナンバーカードのパスワード）を入れ、スマホでマイナンバーカードを読み取りましょう。その後パソコンに戻ります（初回のみ情報の登録が必要です）。

インボイスの申請・届出

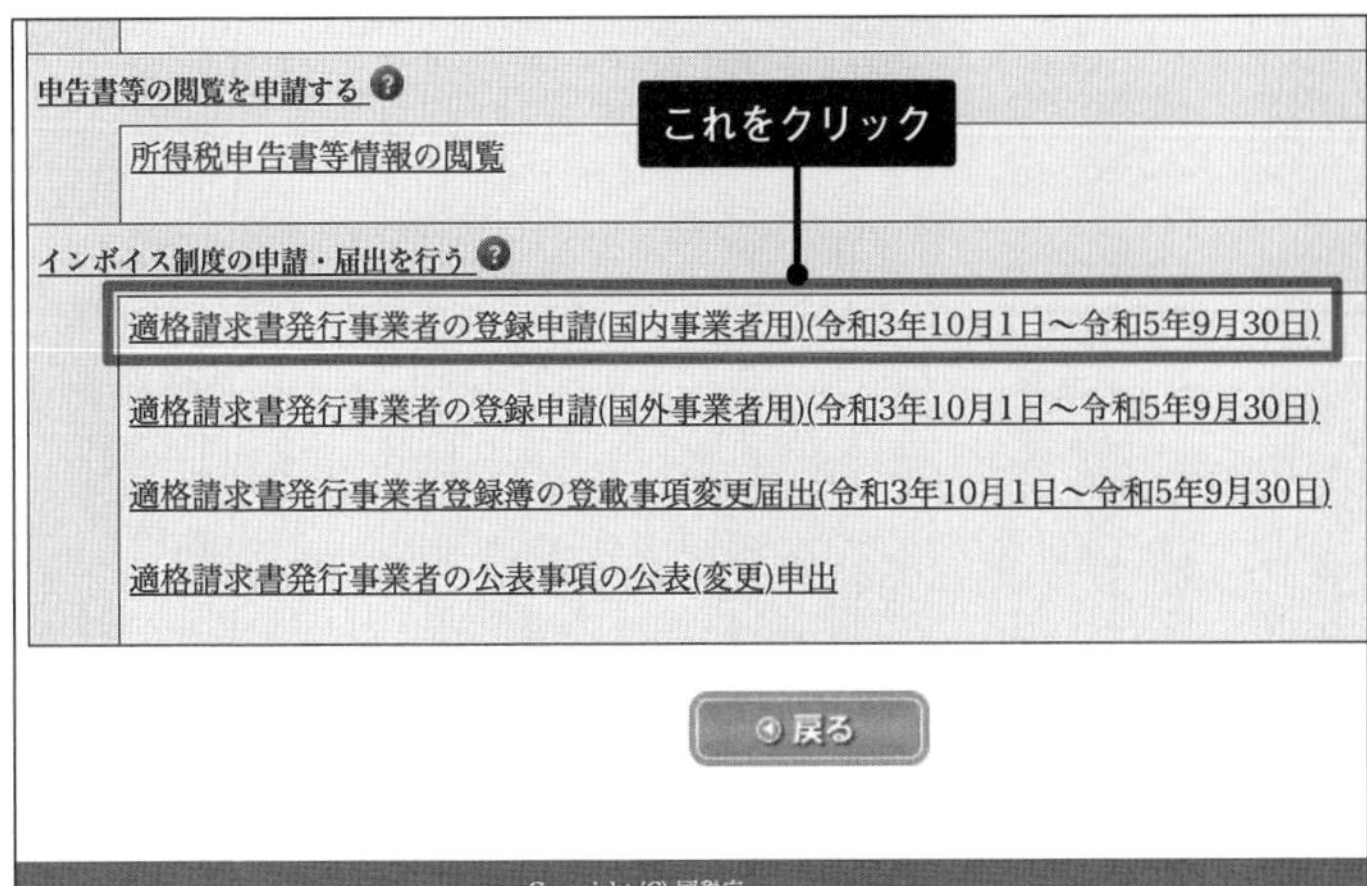

□インボイスに登録する

e-Taxの登録がすんでいれば、メインメニューの［申告・申請・納税］をクリックし、［新規作成］の［操作に進む］↓［適格請求書発行事業者の登録申請（国内事業者用）（令和3年10月1日～令和5年9月30日）］を選択しましょう。

次へ進み、税務署を選択し（自動で出てくるので［次へ］でかまいません）、［作成］をクリックし、情報を入力していきます。ここで法人番号を入力する必要があります。

わからない場合は、「法人番号とご自身の会社名」で検索しましょう。

次に今、課税事業者か（消費税を納めているか）を答え、消費税で罰金があったかどうかをここで答えます。インボイスの番号をネットで受け取るなら、［希望する］、そうでないなら［希望しない］を選択します。

e-Taxにログインする手間はありますが、ネットで受け取るようにしておくのがオススメです。なお、2023年10月1日以降の申請なら、登録希望日の入力ができます。ただし、その希望日として入力できるのは、申請の15日後以降の日です。実際にインボイスの番号を受け取るのがその希望日以降であって、その日に登録したとみなされます。インボイスの登録番号がないまま請求書を出し、後日別途通知しなければいけません。場合によっては、請求書の出し直しもあるでしょう。次へ進み、いよいよ提出です。

□最後はマイナンバーカードで電子署名

まずマイナンバーカードで電子署名をします。［カードタイプの電子証明書をご利用の場合］→［公的個人認証サービス（マイナンバーカード）］→［スマートフォンで読み取り］を選び、QRコードを表示させましょう。

スマホのマイナポータルアプリでそのQRコードを読み取り、パスワードを入れ、スマホでマイナンバーカードを読み取ります。パスワードは、2種類あるマイナンバーカードのものの長いほう（6～16桁）です。署名後に送信できます。

即時通知というものが出てきますが、これは無視して大丈夫です。［受信通知の確認］を

インボイスの登録完了

送信されたデータを受け付けました。
なお、後日、内容の確認のため、担当職員からご連絡させていただく場合がありますので、ご了承ください。

提出先	品川税務署
利用者識別番号	
氏名又は名称	
代表者等氏名	
受付番号	
受付日時	
種目	適格請求書発行事業者の登録申請(国内事業者用)(令和3年10月1日～令和5年9月30日)
備考	HUBH370I:この登録申請に対する登録通知書等について、e-Taxによる通知書を希望されていますが、通知の内容によっては、e-Taxによる通知ができない場合があります。 e-Taxによる通知ができない場合は、書面での通知書送付となります。

あなたの会社の
情報が表示されます

手続が完了すると、このページが表示されます。
およそ1か月後にインボイスの番号に関する
メールが届きます

クリックし、エラーが出ていないかを確認しましょう。

インボイスの登録番号は、その申請のタイミングによりますが、2カ月ほどかかることもあります。

メールが届いたら、e-Taxにログインし、［送信結果・お知らせ］→［通知書等一覧］→［操作に進む］で、「適格請求書発行事業者通知書」を選択して確認しましょう。出てきた結果をPDFにしておきましょう。ご自身で使うだけならスクリーンショットで十分です。PDFの提出を求められるケースもあります。

インボイスの登録番号は、法人の場合、T＋法人番号です。

21 インボイスはやめることもできる

□タイミングに注意!

インボイスに登録した後、「消費税の負担が思ったよりも大きい」「インボイスに登録しなくても問題なかった」「インボイスをやめても問題なさそう」なら、インボイスをやめることもできます。

ただ、タイミングによって手続とインボイスをやめることができる時期が違ってきますので、気をつけましょう。

□やめるタイミング①

インボイス登録後、2023年9月30日までに手続を行えば、その登録をなかったことにできます。

この場合は、「取り下げ書」というものを出さなければいけません。特定のフォーマット

インボイスをやめるときのフォーマット例

適格請求書発行事業者の登録申請書の取り下げ

申請日　：2023年○月○日
名称　　：株式会社○○○
住所　　：○○○○○○○○○○
登録番号：○○○○○○○○○○
理由　　：登録の必要がなくなったため
氏名　　：ダイヤ太郎

はなく、上図のような書類をつくって提出しましょう。

理由は「登録の必要がなくなったため」と書いておきましょう。最後の署名代わりの氏名が必要とのことです。手書きではなく入力で問題ありません。提出先は、各地域のインボイス登録センターです（「インボイス登録センターの管轄地域」で検索）。

□やめるタイミング②

２０２３年10月1日以降の次の期首（課税期間の初日）から15日前までに手続を行えば、次の期（課税期間）からインボイスをやめることができます。

例えば、12月決算の会社なら、その期限は２０２４年1月1日の15日前の日なので、２０２３年12月17日になり、その日までに手続をすれば２０２４年１月１日からインボイスをやめることができます。

その場合、「適格請求書発行事業者の登録の取消しを求める旨の届出書」（ＰＤＦ）に入力の上、税務署へ郵送しなければいけません（ダウンロード版のｅ-Ｔａｘならネットで提出できます。ＰＤＦならＷｅｂゆうびんを使いましょう）。

□やめるタイミング③

12月決算の会社の場合、２０２３年12月17日までにインボイスをやめる手続をしないと、インボイスをやめることができる次のタイミングは、２０２５年１月１日以降です。

□一度登録すると、2年はやめられない

原則として、インボイスに登録すると、２期（正確にはインボイスに登録してから２年たつ日が属する課税期間）は、続けなければいけないのです。

例外として、２０２３年10月１日の属する課税期間にインボイスへ登録した場合（10月１日より前に登録申請した場合は10月１日に登録したことになります）は、翌期からインボイスをやめることができます。

前述した①と②が例外ということになります。

「適格請求書発行事業者の登録の取消しを求める旨の届出書」の記入例

第３号様式

適格請求書発行事業者の登録の取消しを求める旨の届出書

収受印

令和　年　月　日 ＿＿＿＿ 税務署長殿	届出者	（フリガナ）	○○○○○○○○○○○○○○○○
		納税地	（〒000 － 0000） ○○○○○○○○○○○○○○○○○ （電話番号　12 － 3456 － 7890）
		（フリガナ）	ダイヤモンドブックス
		氏名又は名称及び代表者氏名	株式会社ダイヤモンドブックス ダイヤ太郎
		法人番号	※　個人の方は個人番号の記載は不要です。 1 1 2 3 4 5 6 7 8 9 0 1 2
		登録番号	T 1 1 2 3 4 5 6 7 8 9 0 1 2

下記のとおり、適格請求書発行事業者の登録の取消しを求めますので、消費税法第57条の２第10項第１号の規定により届出します。

登録の効力を失う日	令和　6　年　1　月　1　日 ※　登録の効力を失う日は、届出書を提出した日の属する課税期間の翌課税期間の初日となります。 ただし、この届出書を翌課税期間の初日から起算して15日前の日を過ぎて提出した場合には、翌々課税期間の初日に効力を失うこととなります。 登録の効力を失った旨及びその年月日は、国税庁ホームページで公表されます。
適格請求書発行事業者の登録を受けた日	令和　5　年　10　月　1　日
参考事項	
税理士署名	（電話番号　－　－　）

※税務署処理欄	整理番号		部門番号		通信日付印 年　月　日	確認	
	届出年月日	年　月　日	入力処理	年　月　日	番号確認		

注意　1　記載要領等に留意の上、記載してください。
　　　2　税務署処理欄は、記載しないでください。

インボイスをやめるのであれば、次のタイミングで決断しましょう。

①２０２３年9月30日までに取り下げる
②２０２３年10月１日以降の次の期首から15日前までにやめる

インボイスに登録することにより、インボイス後は消費税を納めなければいけません。サービス業の場合で考えると、２割特例を使えば、納めることになる消費税の金額は、２０２３年10月１日から３年間は、売上の消費税の20%とすることができます。

例えば、売上８８０万円（消費税80万円）なら、80万円×20%＝16万円です。

しかしながら、２０２６年10月以降の3年間は、簡易課税を選んでいる場合（届出書を出していれば）、80万円×50%（サービス業の率）＝40万円と負担が増えてしまいます。

そのときの状況によっては、インボイスをやめるということもあり得るでしょう。手続のタイミングには気をつけたいものです。

インボイスをやめた場合は、お客様へその旨を連絡し、請求書からインボイスの番号を消さなければいけません（１２８ページ参照）。それなりの手間になりますので、インボイスの登録は慎重に検討しましょう。

時期別 インボイスはいつやめられる？

① 2023年9月30日までに手続完了

→ **2023年10月1日からやめられる**

---

② 2023年10月1日以降に手続を行う

※2023年10月1日の属する課税期間にインボイス登録した場合

→ **次の期首から15日前までに手続できれば、翌期（課税期間）からやめられる**

Case 12月決算の会社

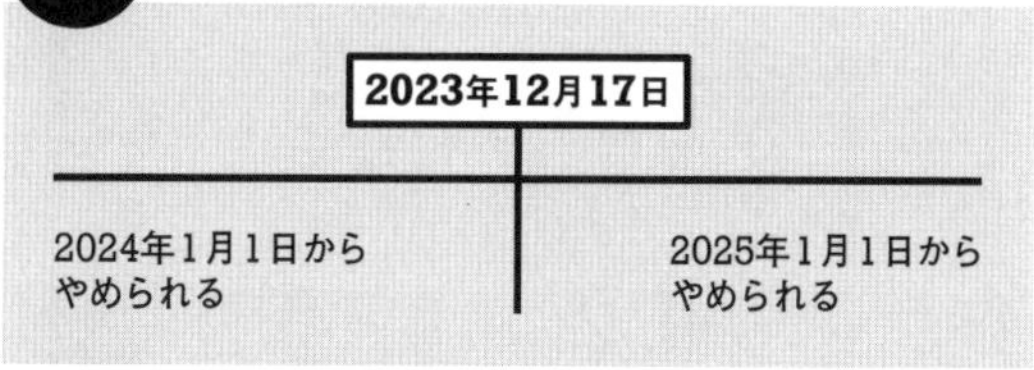

2023年12月17日

2024年1月1日から
やめられる

2025年1月1日から
やめられる

Case 3月決算の会社

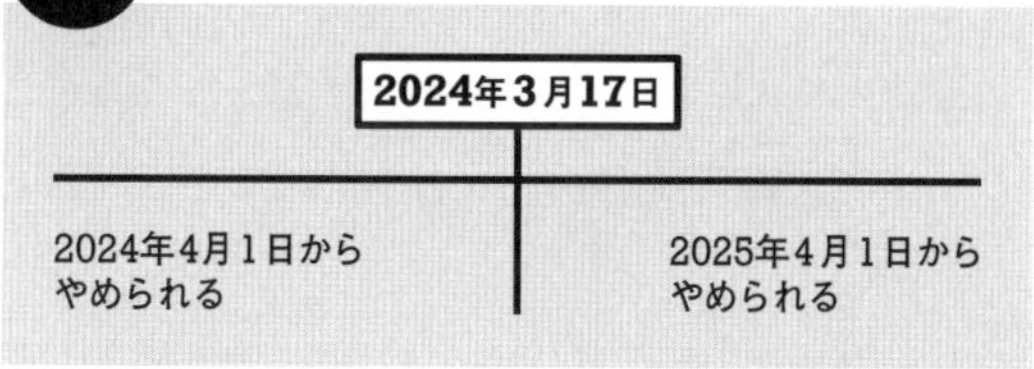

2024年3月17日

2024年4月1日から
やめられる

2025年4月1日から
やめられる

Column

法人化を検討中のフリーランスへ！インボイスのポイント

□インボイス登場でメリット・デメリットが変わった！

フリーランス（個人事業主）の方で、「そろそろ法人にしようかな」という方もいらっしゃるかもしれません。

インボイス前なら、法人にする（法人化、法人成り）、つまりひとり社長になる税金上のメリットの1つは、「消費税を2期納めなくていい」というものでした。

消費税は2期前の課税売上高で納税するかどうかの判断をします。設立して1期目、2期目の法人は、2期前がなく、原則として消費税を納めなくていいのです（資本金が1000万円未満その他の要件もあります）。

フリーランスで消費税を納めるようになったら、つまり売上1000万円を超えたら法人化し、「2期は消費税を納めなくて済むようにする」というのがセオリーだったのです。

しかしながら、前述のとおり、2023年10月以降は、インボイスに登録すると、消費税を納めなければいけなくなります。

設立したばかりでもどんなに売上が少なくても、インボイスに登録すると消費税を納めなければいけません。インボイスに登録するなら、法人化の大きなメリットがなくなるのです。それでも法人化には税金上のメリットがあります。

□法人のメリット

・自分（ひとり社長）へ給料や退職金を払うことで法人の税金を減らし、さらには個人の税金を減らせる（給料や退職金は税金上優遇されているため）
・社宅、出張手当、生命保険など、法人特有の節税
・決算の月を選べる→節税対策がしやすくなる

目安としてフリーランスとして利益が400万円ほど出ていれば、法人化を検討してもいいでしょう。さらには法人化には、税金以外に次のようなメリットもあります。

・法人でしか取引できないケースでも対応可能
・個人のマイナンバーをやりとりしなくてよくなる
・源泉所得税を天引きされている場合、それがなくなる

・社会保険に入ることができる（場合によっては国民健康保険、国民年金よりも負担が減る）
・インボイス登録後、公表される内容が変わる（個人は本名が公表される）
・公私の区別がつきやすい
・代表取締役社長（合同会社の場合、代表社員）という称号
・信頼度が上がる可能性がある

これは、個人事業主（税理士）と法人の両方の立場である私が感じるメリットです。

□法人のデメリット

一方、デメリットもあります。

・会社をつくるのにお金がかかる（合同会社＝10万円ほど、株式会社＝20万円ほど）
・登記の場所が必要（登記できないマンションもある）
・登記の場所を変えるとコストがかかる（3万円または6万円）
・法人名義だと、利用料や保険料などが個人よりも高くなる場合もある
・社会保険に入る必要あり（メリットにもなりえます）

・利益がマイナスでも年間最低7万円の税金がかかる
・統計上、税務調査の確率が上がる（個人1％、法人3％）
・経理、申告が複雑になる、税理士に依頼する場合、値段が上がることが多い

最後に掲げたデメリットは本書で解決していただければと思います。消費税のメリットは薄れましたが、依然として法人化はメリットが大きいといえます。

ぜひ検討してみましょう。

集める

第2章

3ステップ経理術
ステップ①
集める

22 3ステップ経理術①「集める」

□証拠と理由を集めよう

料理を作るには、まずスーパーで材料を買わなければいけません。この買い物が、「集める」のステップです。経理の材料となるのは、レシートや領収書、請求書などです。経理で無視できないのは、税金・会計の法律です。これらの法律にそった処理をしなければいけません。その決め手になるのは証拠と理由（ストーリー）です。

例えば、「依頼があった仕事のことを調べるために本を買った」とします。この場合、**「本を買ったときのレシート」が証拠、「仕事のためにその本が必要だった」が理由**です。

証拠と理由がしっかりそろってなければ、税務調査のときに、税務署から指摘されて罰金がかかってしまいます。また、証拠と理由があいまいだと、事業の数字を正しく把握できません。経理の3ステップの「記録する」「チェックする」も意味がなくなってしまうのです。ゆえに、最初のステップである「集める」が最も重要になります。

□税務署は「ここ」を見ている！

さて、経理には大きく分けると「売上」と「経費」があります。売上も経費も証拠が必要ですが、経費の証拠がより重要です。「売上－経費＝利益」になりますので、経費が増えると利益が減り、税金も減ります。ゆえに税務署は目を光らせるわけです。

理由（ストーリー）は、それぞれの事情により異なります。ということは、会社ごと、納税者ごとで理由は異なるのです。経費にできるかどうか、税金上認められるかどうかは、人間が判断します。人間が判断する以上、あいまいで当然なのです。

たとえ証拠が弱くても、理由がしっかりしていれば認められる可能性はあります。逆に、**証拠があっても理由が弱ければ、経費として認められない**のです。

証拠と理由が完全な場合も、その時期が正しいかどうかを税務署はチェックします。

例えば、前期に計上すべき売上が今期に計上されていれば、前期の売上の計上モレとしてペナルティがかかるわけです。証拠の日付にも注意してください。

なお、２０２３年10月１日以降はインボイス、２０２４年１月１日以降は改正後の電子帳簿保存法がスタートしますので、これらに沿って証拠を集めなければいけません。

23 売上と経費の証拠を集めよう

□売上の証拠になるもの

売上の証拠は、こちらで作らなければいけないものです。

●請求書控

売上代金が口座に入金される場合、こちらから発行した請求書控と預金の入金履歴が売上の証拠となります。請求書がモレていないことを明らかにするために、請求書には連番をふっておきましょう。ソフトやシステムを使わずに、Excelで請求書を作成・発行するときには気をつけてください。預金の入金履歴しか証拠がない場合は、その入金の理由を示す証拠資料を作っておきましょう。

インボイス後、インボイスに登録した場合には、その登録番号をはじめとする項目が請求書に必要となります（128ページ参照。海外への売上、輸出を除く）。電子帳簿保存法改正後は、データでつくって送った請求書をデータのままとっておくこともできます。

●契約書

契約にしたがって、入金がある場合には、契約書をきちんと保管しておきましょう。インボイス前に結んだ契約書で、128ページの7項目のうち不足するものがあれば、追加する必要があります。口約束の場合も、メモを必ず残しておきましょう。ただし、証拠という問題以前に、口約束で取引をすることはやめたいものです。

●領収書控

現金で代金を受け取った場合は、領収書の発行と領収書控の保存が必要です。現金はごまかしがきくため、税務署も目を光らせます。現金取引にはすべて領収書を出しましょう。レジを導入している場合は、レジレシートの控えでもかまいません。Excelで領収書を作るなら、モレがないことを示すために連番をふりましょう。また、現金売上が5万円以上100万円以下の場合（クレジットカードの場合は不要）は、印紙200円が必要です。

□経費の証拠になるもの

経費の証拠は、支払った相手先が作成・発行し、こちらが受け取るものです。インボイス後は消費税の原則課税の場合、経費のチェックが必要です（82ページ）。

●請求書

得意先から受け取った請求書は、支払いの証拠となります。届いた請求書、メールなどは支払時までいったん保管し、支払った後はクリアファイルにでも入れておけば大丈夫です。過度に整理整頓しなくてもかまいません。

●契約書

契約に基づいて預金から支払う場合は、その契約書が証拠になります。ただし、売上の何%を支払うというような契約の場合は、そのつど、支払明細書を作るか、先方から請求書を出してもらったほうがいいでしょう。

●預金の支払履歴

預金支払履歴しか証拠がない場合は、その支払いの理由を示す証拠資料を作っておきましょう。ブラウザやメールのスクリーンショット保存したものでもかまいません。

●領収書

現金で支払った場合は領収書が証拠となります。適正な項目が書かれていれば、レシートでも大丈夫です。集めた領収書は、「記録する」のステップにつなげましょう。

証拠で特に重要なのは、金額が大きい売上、仕入、外注費です。支払先、内容、時期（いつ発生したものか）を明確にしておきましょう。

「売上」と「経費」を集めよう

① 「売上」として集めるもの

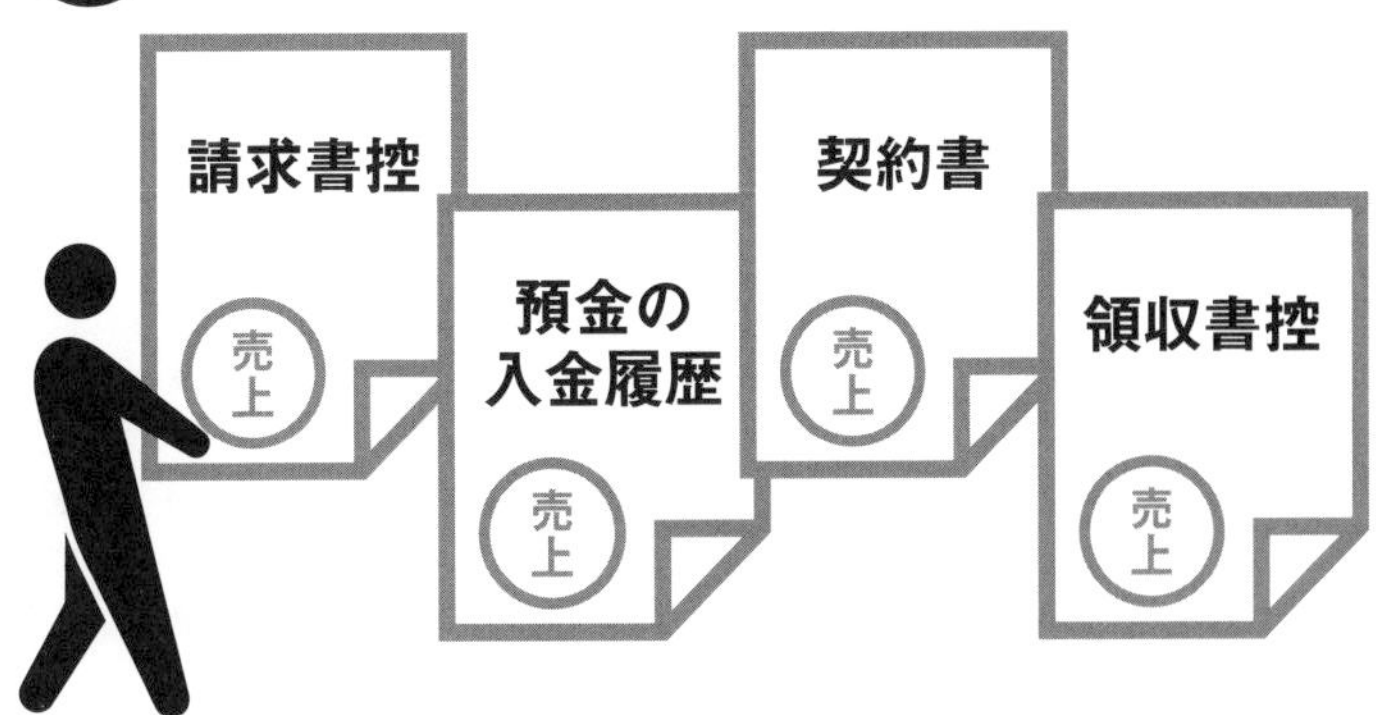

② 「経費」として集めるもの

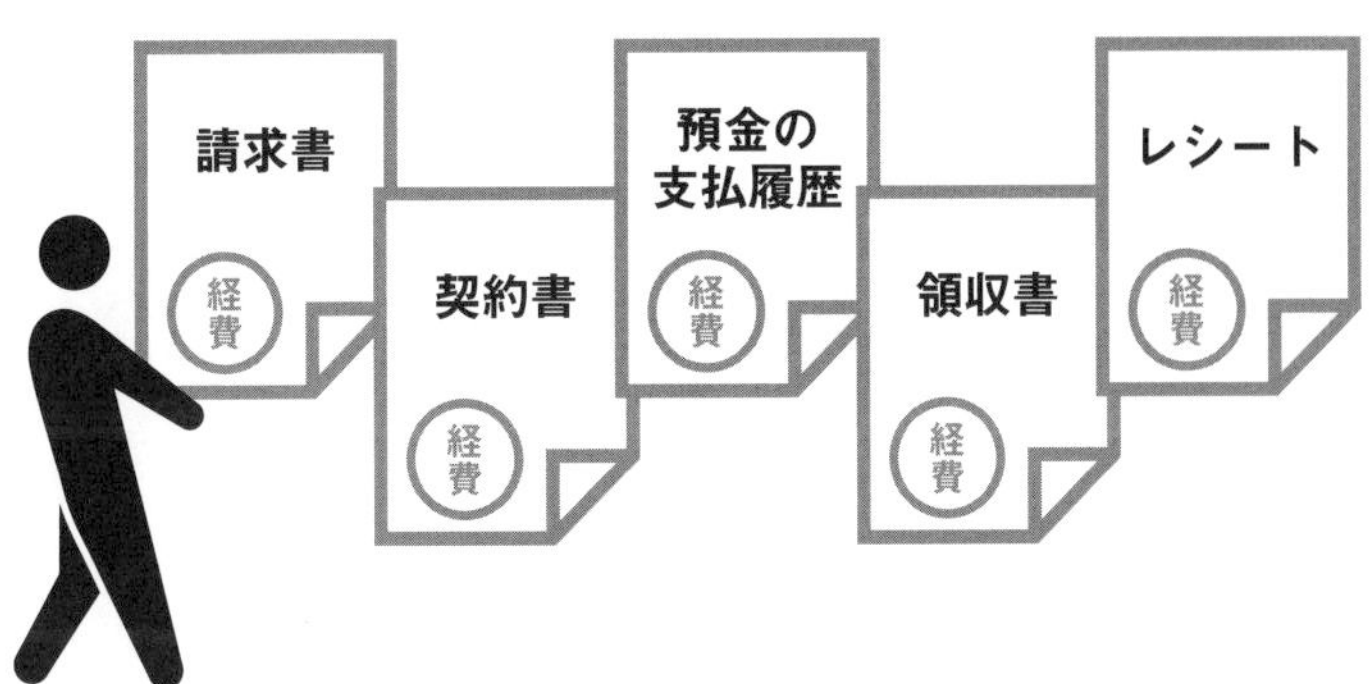

24

インボイス後の請求書に入れるのは「これ」だけ！

□ 7項目を忘れずに！

インボイスに登録した場合、インボイス後（2023年10月1日〜）の請求書には、次の7項目が必要です（消費税がかからない海外への売上、輸出には必要ありません）。

①自分の名称
②相手の名称
③内容
④取引日付
⑤税率ごとの合計額・税率
⑥税率ごとの消費税額
⑦インボイスの登録番号

④の取引日付は入っていないことがあるかもしれませんので気をつけましょう。○月分

という表示でもかまいません。現状、消費税の税率は、8％（軽減税率。食品、新聞等）と10％。**10％だけの場合も「10％」と入れましょう**。その率ごとに合計額を出し（税抜でも税込でも可）、消費税を計算しなければいけません。

計算した消費税の端数処理は、税率ごとに合計した後にするという法律です。1行（1取引）ごとに端数処理しないようにしましょう。

□インボイスの登録番号を忘れずに

インボイスに登録すると登録番号を使うことができます（法人の場合は、法人番号の頭にTをつけたもの）。これを請求書に入れる必要があるのです。①〜⑥はともかく、⑦の登録番号が請求書に入っていないと、お客様から確認の連絡がある可能性は高いでしょう。しっかり入れておきましょう。インボイス前から入れておいてもかまいません。

□請求の3大要素

請求で大事なことが3つあります。

・忘れない
・間違えない
・支払期限を決める

インボイスに登録した場合の請求書

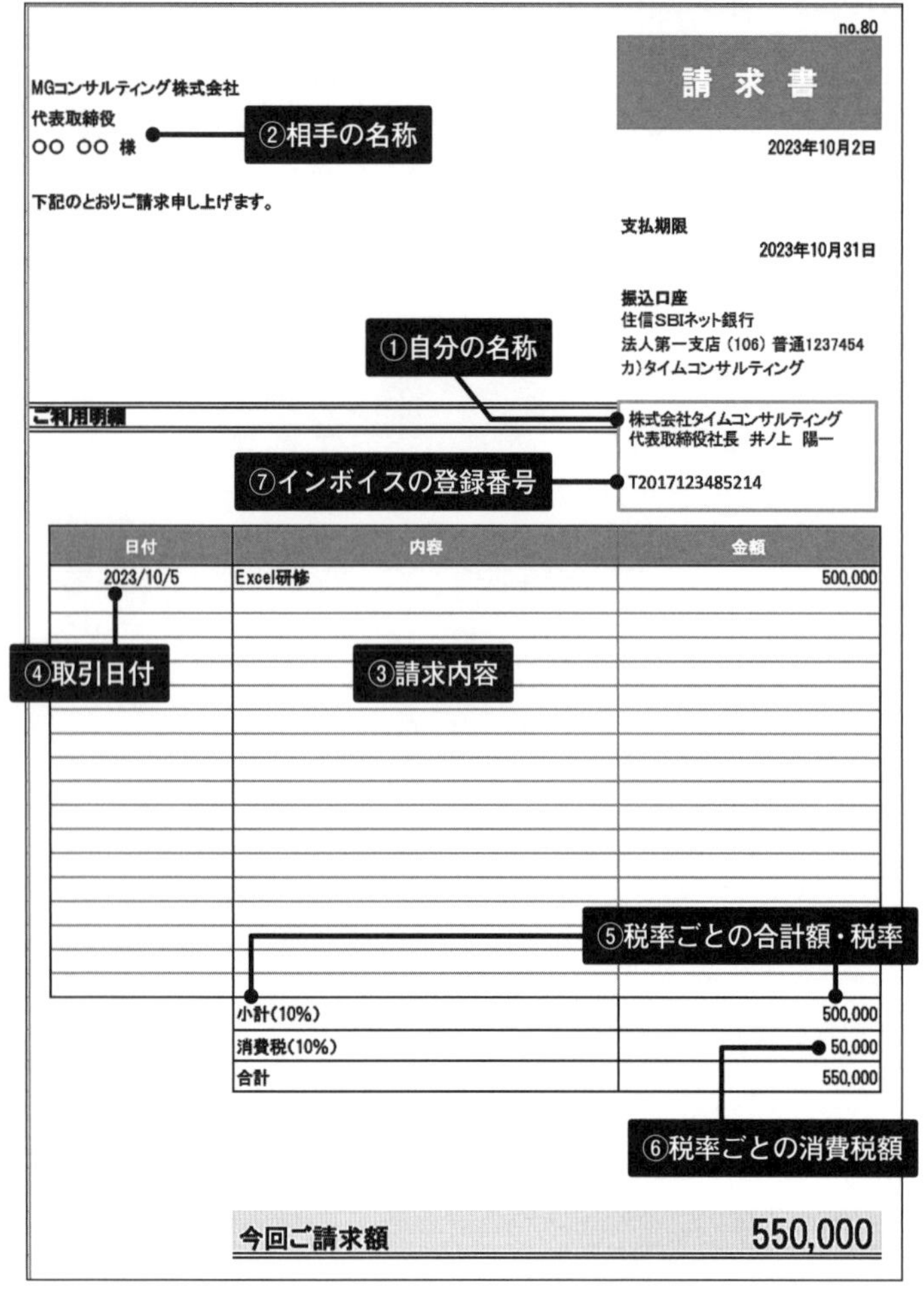
no.80

請求書

MGコンサルティング株式会社
代表取締役
○○ ○○ 様

2023年10月2日

下記のとおりご請求申し上げます。

支払期限
2023年10月31日

振込口座
住信SBIネット銀行
法人第一支店（106）普通1237454
カ）タイムコンサルティング

株式会社タイムコンサルティング
代表取締役社長 井ノ上 陽一

T2017123485214

ご利用明細

日付	内容	金額
2023/10/5	Excel研修	500,000
	小計（10%）	500,000
	消費税（10%）	50,000
	合計	550,000

今回ご請求額 550,000

そもそも請求を忘れているというケースもあります。また、間違えて請求すると、先方に迷惑がかかり結局は手間になります。

そして、支払期限を決めて、請求書にも入れ、その期限までに入金があるかを必ず確認しましょう。期限を決めないと、いつ払ってもいいということになります。

入金がない場合は、やんわりと催促しましょう。請求・入金までが仕事です。

請求書以外にも、売上関係でインボイス後に注意したいものがあります。

●**支払明細書**→こちらから請求書を発行するのではなく、お客様から支払明細書を受け取る場合は、その支払明細書にインボイスの登録番号が必要です。インボイスの登録番号を教えてくださいという連絡がありますので、対応しましょう。

●**領収書、レシート**→領収書、レシートを出す場合も、インボイスの登録番号をはじめ7項目は必要です。

●**簡易インボイス**→小売業、飲食業、タクシーの場合は簡易的なインボイス（相手先の氏名・名称が不要。税率ごとの消費税額または税率のいずれかでよい）でかまいません。

●**契約書**→契約書をつくり、その契約書に基づいて売上が入金される場合も、7項目は必要です。覚書として、契約書にないもの（インボイスの登録番号、税率ごとの合計額、税率ごとの消費税額など）を通知しておきましょう。

●**口約束**→契約書も請求書もなく、売上の入金がある場合も、7項目は必要です。

25 大切なのは、「すべて」集めること

□モレなく、しっかり集めるコツ

「集める」際に重要なのは、「すべて」集めることです。**モレがあると、正しい数字を作ることができず、大事なお金を失う可能性があります。**

例えば経費がモレれば、税金を多く払ってしまうことになり、売上がモレれば、税務署からペナルティを受けます。現金売上、仕事で使ったものをメルカリや中古販売店などへ売った収入、個人名義の口座への入金がモレていないかも確認してください。税務署は個人名義の口座の情報も把握しています。モレは、あらぬ疑いや税務調査につながりますので注意しましょう。

□クレジットカードを使った場合

例えばカードで払った場合、どんな証拠をとっておけばいいのでしょうか。「カード明

細があるから大丈夫」と思われるかもしれません。しかし**カード明細は、証拠としては弱いもの**です。証拠とは、日付、支払先、内容、金額を指します。カード会社がつくるカード明細では、「内容」がわかりません。そのため証拠としては弱いのです。

カードで払った場合も、その支払先がつくった明細を証拠としてとっておきましょう。レシートや領収書もその証拠です。なお、142ページで解説する**消費税の原則課税では、カード明細ではなくレシート・領収書を必ずとっておかなければいけません**（消費税の法律で決められています）。カード明細は、クレジットカード会社から発行されたものだからです。領収書・レシートとは、支払いを受けた者から発行されるものをいいます。

例えば、A居酒屋で飲食をし、Bカードで払った場合、カード明細はB社から発行されます。支払いを受けたA居酒屋ではありません。そのため、A居酒屋からの領収書・レシートが必要になるわけです。

□Suica、PASMOを使った場合

交通機関系ICカード（Suica、ICOCA、PASMOなど）のチャージ料金はどうでしょうか？　チャージした金額を経費に落としても、そのチャージ料金を何に使っているかはわかりません。交通費なのか、飲食費なのか、判別しようがないのです。

やはり、支払ったときに証拠（レシート）をもらって記録しておきましょう。

□証拠がない場合

領収書が発行されないもの（交通費、香典、お祝い金など）の場合はどうでしょうか。
基本的には記録を残しておけば問題ありません。

交通費は、モバイルSuicaを使い、そのデータを会計ソフトに連動しておくのがオススメです。「集める」と「記録する」を同時にできます。「伝票を使いましょう」と言われていますが、別に伝票を使う必要はありません。Excelに入力しておけば大丈夫です。

2人で仕事上の打ち合わせをしたとき、割り勘で払い、領収書（レシート）をもらわないケースもあるでしょう。本来なら、領収書を2枚もらうべきなのですが、難しいときもあります。この場合は、証拠書類を作って経費にしましょう。ただ、どちらかが払って、2人分を負担したほうが経理上もシンプルですし、気分的にもスッキリします。

□税務署が怪しむポイント

領収書をもらい忘れた（なくした）ときは、その証拠を作りましょう。PCやスマホで、詳細な内容をメモしておくのです。証拠能力は低くなりますが、みすみす経費にしない理由はありません。ただし、**金額が大きい（目安として1万円を超える）場合や証拠がないものが頻繁にある場合は、税務署から疑われる可能性が高くなります**。

領収書が発行されないときは?

領収書が発行されない交通費やご祝儀はどうやって「集める」のか?

A Excelで入力する

日付	相手先	内容	金額
5月17日	JR	新宿 ⇒ 渋谷	167
5月17日	JR	渋谷 ⇒ 新宿	167
5月25日	A社 田中様	ご祝儀	50,000

伝票
わざわざ
伝票を使わなくていい!

26

効率良く「集める」方法：自動化する

□効率化できるところは、徹底する

自動的に集められるものは自動化し、そうできないものは、工夫して集めましょう。

□自動的に集められるもの

●預金→振り込んだもの、振り込んでもらったものは、通帳やネットバンクに記録が残ります。入金も支払も預金を通したほうがモレがありません。

●Amazon → Amazon のサイトで購入履歴を確認できます。

クラウド会計ソフトを使えば、ネットで自動的にネットバンク、クレジットカード、Amazon 購入履歴などを集められます。Excel に貼りつけて、従来の会計ソフトに取り込むことも可能です。

Webサービスを利用して、できるだけ自動的に集めよう

□自動的に集められないもの

●レシート→レシートをもらえるものはすべてもらっておきましょう。現金、カード、Suica等（Suica、ICOCA、PASMOなど。以下「Suica等」）で払った場合が該当します。

モバイルSuicaを使えば、交通費の履歴を自動的に集めることができます。ただし、モバイルSuica対応のスマホが必要です。

自動的に集められるかどうかを確認し、もし集められないなら、使うサービスを変えることも考えましょう。経理を効率化するために大事なことです。

27 【電子帳簿保存法】証拠をデータで集めるときの注意点

□電子帳簿保存法のポイント

電子帳簿保存法が改正され、2024年1月1日からスタートします。「集める」でのポイントは次の2点です。

・こちらから出した請求書の控などをデータでとっておける

・受け取った請求書、レシートなどをデータでとっておける

以前は、データ（請求書、領収書等）はプリントアウトして紙でとっておく必要がありました。それがデータでもよくなったのです。「データでもいい」なので、任意であり、義務ではありません。ただし、電子帳簿保存法は原則として、データを検索できるようにしておく必要があります。その要件は、次の3つです。

①取引日・取引先・金額で検索できる

②範囲指定（日付 or 金額）で検索できる

③2つ以上の項目で検索できる

この要件は意外と厳しく、原則として、Excelで別途検索できるようなリストをつくる必要があるのですが、2024年1月1日から緩和されて再スタートします。また、次の2要件を満たすなら、検索できなくてもいいこととなりました。

・2期前の売上高（消費税は関係なくすべての売上高）が5000万円以下
・税務調査のときに、そのデータを速やかに渡すことができる

なお2期前の売上高が5000万円超であっても相当の理由があり、データを速やかに渡すことでき、プリントアウトしていれば、それでいいということになっています。

□データ保存の要件

①パソコン、ディスプレイ、プリンターを少なくとも税務調査のときまでに準備する（プリンターはネットプリントでも可）
②規程（ルール）をつくり、準備しておく

こうした要件もあります。②の規程は、国税庁のサイトにサンプルがあります。「電子取引データの訂正及び削除の防止に関する事務処理規程（法人の例）」を見てください。なお、集めた経理データを改ざんした場合は、通常の罰金に10％が上乗せされるという法律もできました。

28

領収書でなくとも、レシートで十分！

□「日付、店の名前、内容、金額」をチェックする

「領収書をください」という光景をよく見かけます。「レシートはダメで、領収書をもらわなければいけない」というのは昔の話です。

今のレシートは細かく記載されていますので、証拠能力が十分あります。レシートに、**「日付、店の名前、内容、金額」が書いてあれば大丈夫**です。そうでない場合は領収書をもらいましょう。金額だけ印字されるもの、店の名前が書いていないものはダメです。

もちろん社内規程で「領収書をもらう」ことが決められていれば別ですが、ひとり社長の場合、規程を決めるのは社長ですし、レシートで問題になることはありません。

レシートに「プライベートなもの」と「ビジネスのもの（経費に落とすもの）」の両方が載っている場合も、わざわざ別々に精算する必要はなく、経費にするものは入力し、経費にしないものは線を引いて消せば大丈夫です。

領収書よりレシートのほうが有効なケース

Case 家電量販店で11万円のPCを買った

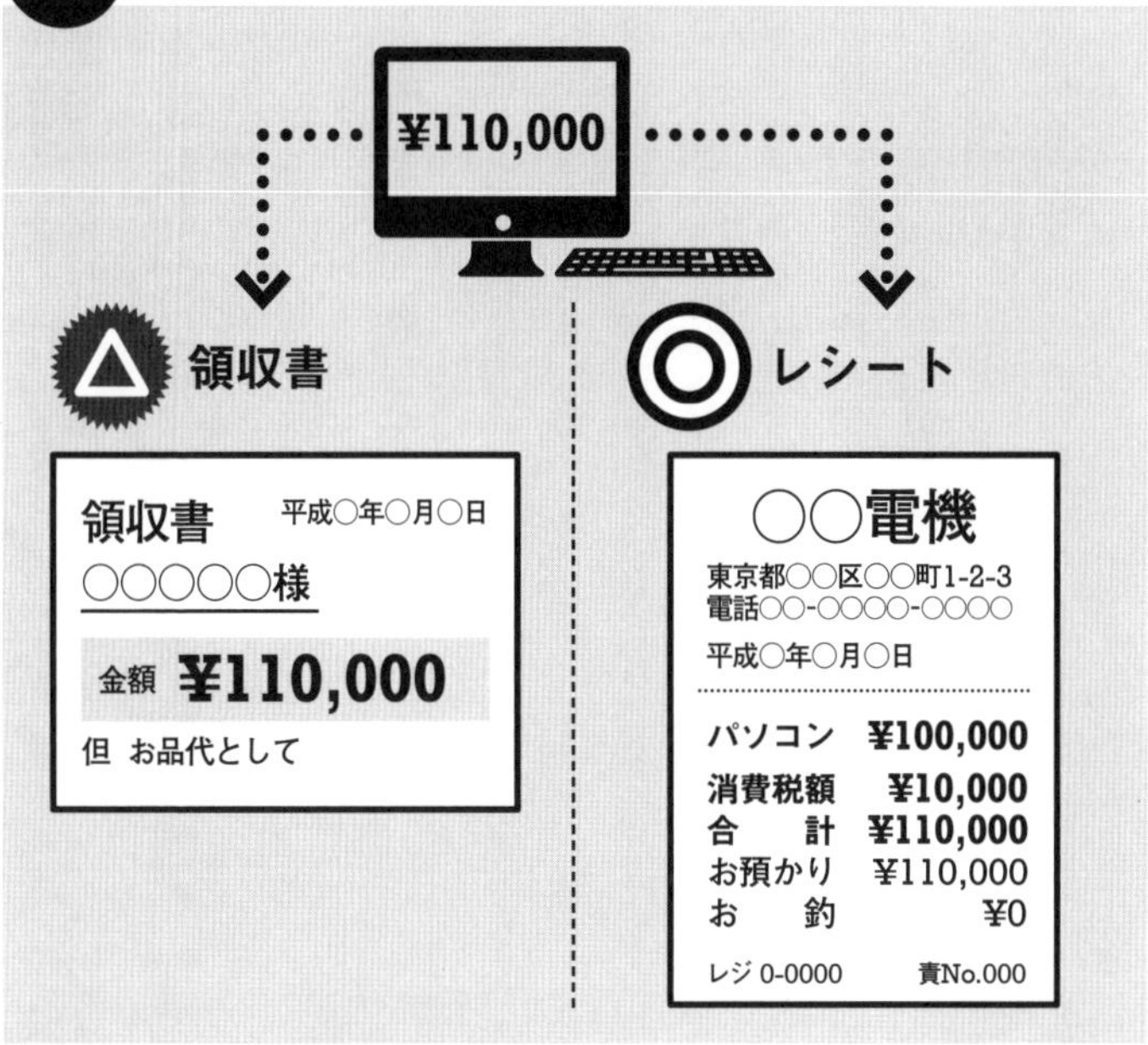

¥110,000

△ 領収書

領収書　平成○年○月○日
○○○○○様
金額 ¥110,000
但 お品代として

◎ レシート

○○電機
東京都○○区○○町1-2-3
電話○○-○○○○-○○○○
平成○年○月○日

パソコン	¥100,000
消費税額	¥10,000
合　計	¥110,000
お預かり	¥110,000
お　釣	¥0

レジ 0-0000　責No.000

レシート
この場合、レシートのほうが
「日付、店の名前、内容、金額」が
わかるため、証拠能力が高い！

29 【原則課税】インボイス後は請求書、レシートをここまでチェック！

□売上と経費もしっかりチェック

インボイス後、消費税の原則課税を選ぶ場合、請求書やレシートなどを集めるときに気をつけなければいけないことがあります。

簡易課税や2割特例で計算するなら、売上の消費税だけをチェックすればいいのですが、原則課税では、経費の消費税もチェックしなければいけないのです。経費、つまり受け取った請求書やレシート、契約書などで次の点をチェックしましょう。

まず、消費税率。食品（酒類を除く）や定期的な新聞（月2回以上）は、軽減税率8％、それ以外は10％です。また、消費税がかからない取引もあります。前述しましたが、インボイス後に必要な次の7つをチェックしましょう。「①自分の名称」「②相手の名称」「③内容」「④取引日付」「⑤税率ごとの合計額・税率」「⑥税率ごとの消費税額」「⑦インボイスの登録番号」

これらがそろっていないと、消費税の計算で消費税を１００％引くことができなくなります。なお、２期前の課税売上高が1億円以下の場合は、次のチェックが必要です。

・取引金額（税込）が１万円未満、または免除の対象（85ページ）なら、１００％引く
・取引金額（税込）が１万円以上で、支払先がインボイス登録なら１００％引く
・取引金額（税込）が１万円以上で、支払先がインボイス未登録なら80％引く（２０２６年9月30日まで）

11万円（10万円＋消費税１万円）でインボイス登録なら、１万円、インボイス未登録なら８０００円となります。８８００円（８０００円＋消費税８００円）なら１万円未満なので、８００円です。

□支払明細を出す場合

請求書を先方から受け取るのではなく、こちらから支払明細を出す場合は、その支払明細にインボイスの登録番号をはじめとする7項目が必要となります。その場合は、インボイスの登録番号を支払先から得なければいけません。

先方の確認が必要ですので、「送付後一定期間内に誤りのある旨の連絡がない場合には記載内容のとおり確認があったものとする」と入れておきましょう。

30 ネットバンクで効率的に集める

□セキュリティもばっちり！

ネットバンクは非常に便利です。ＰＣやスマートフォンで明細を確認できますし、振り込みや資金移動もできます。

銀行にわざわざ行かなくても、ＡＴＭの行列に並ばなくてもいいのです。経理上もメリットがあります。ネットバンクのデータを会計データに連動できるからです。

セキュリティが心配な方もいらっしゃるでしょうが、**パスワードの管理を徹底していれば、不正に使われる可能性は著しく低い**です。

パスワードは２つ設定されます。システムにログインするときと、振り込みをするときです。振り込み時のパスワードは、あらかじめ配布されたコード表からランダムに選定、または、ワンタイムパスワード、スマホによる２段階認証などを活用しているため、安全性は非常に高いです。個人で使う場合はネットバンク利用手数料は無料ですが、法人の場合だとそうはいきません。メガバンク（みずほ、三菱ＵＦＪ、三井住友）だと、毎月（当初の無料期間あり）、５０００円前後のコストがかかります。効率アップの面から考えると、投資する価値はありますが、安いにこしたことはありません。

□ネット専業銀行のメリット、デメリット

そこで、ネット専業銀行（店舗がなく、コストが安い銀行）を利用する方法が考えられます。私の会社も、住信ＳＢＩネット銀行に口座を持っています。その他、ジャパンネット銀行、楽天銀行などに法人口座を作れます。なお、楽天銀行はfreeeに連動できません（明細を取り込むことはできます）。freeeを使うなら楽天銀行は避けたほうがいいでしょう。

これらのネットバンクは、利用手数料も無料、振込手数料も通常より安いです。

無理してメガバンクに口座を作る必要性はないでしょう。メガバンクでないと格好がつかないと思われる方もいらっしゃるかもしれませんが、そんなことはありません。

ただし、ネット専業銀行には次のような欠点もあります。

・日中でもＡＴＭで引き出すときに手数料がかかる場合がある
・口座引き落とし先に使えないこともある
・税金などの支払い（ペイジー）が使えない場合がある

□ゆうちょ銀行が便利！

ネット専業銀行は無料で使える反面、欠点もあります。その欠点を補ってくれるのが、ゆうちょ銀行です。以下、ゆうちょ銀行・法人口座の特徴をまとめました。

●無料

ゆうちょ銀行の法人口座は、ネット専業銀行と同様、口座開設手数料もネットバンク利用手数料もかかりません。もちろん、ネットで明細を確認でき、振り込みもできます。

●振込手数料が安い

ネット専業銀行ほどではありませんが、通常の銀行より安いです。ネットバンクで他金融機関あてなら１６５円の振込手数料です。メガバンクだと、例えば、みずほ銀行で３万円未満で４９０円、３万円以上で６６０円かかります。

●ATM引き出し無料

ATMでの引き出しも、ゆうちょのATMなら曜日、時間帯にかかわらず無料です。

●税金も払える

ペイジーにも対応し、税金も払えます（ジャパンネット銀行も対応）。国税のダイレクト納付にも対応しています。社会保険料の自動引落、日本政策金融公庫からの融資返済にも対応しています。しかしながら、セーフティ共済の手続には使うことができません。

ネットバンクの「ここ」が便利！

① いつでもパソコン、スマートフォンから明細が見られる

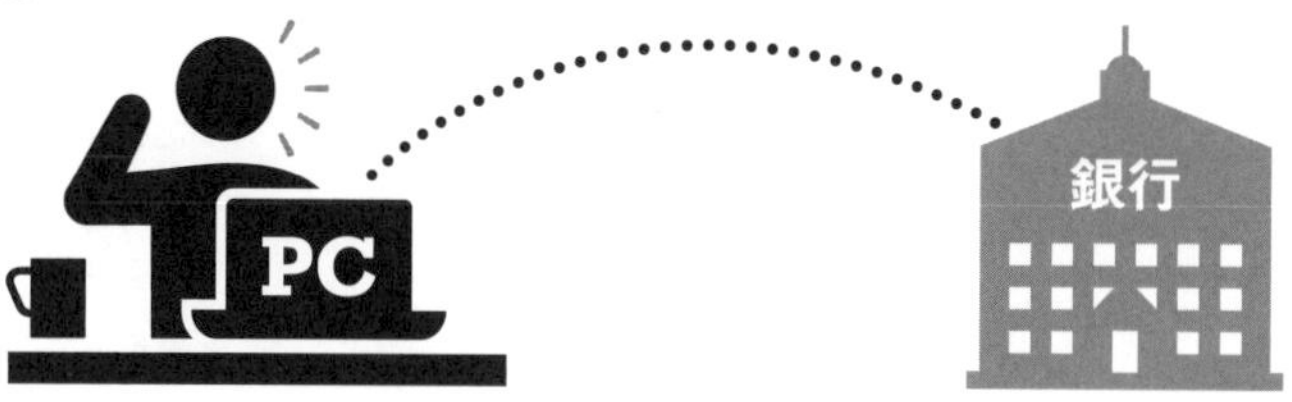

② 銀行に行く回数が減って、時間が生まれる

③ 会計データとして、活用できる

31

請求書の発行をスムーズにする方法

□これで時間がたくさん生まれる

重要な証拠である請求書を発行するには、非常に手間がかかります。「請求書を入力して、印刷して、封入して、切手を貼って、投函する」必要があるのです。これを社長がすべてやっていては非常に大きな時間のロスと言えるでしょう。

会計ソフトfreeeでも請求書をつくることができます。インボイスに対応した請求書も作成可能です。ＰＤＦでダウンロード、メールで送ることができるのはもちろん、郵送しなければいけない場合でも、**１通１７０円＋税で送ることができます。**会計ソフトの請求書作成機能を使うと、請求データを会計データとして連動できるのもメリットです。

請求書をつくれば、売掛金／売上高と、記録することができます。もし請求書をExcelでつくっている場合に郵送せざるを得ないときは、そのExcelファイルをＰＤＦにしてＷｅｂゆうびんを使いましょう。freeeと同様に先方へ郵送できます。

オススメの請求書発行方法

社長がすべて行う

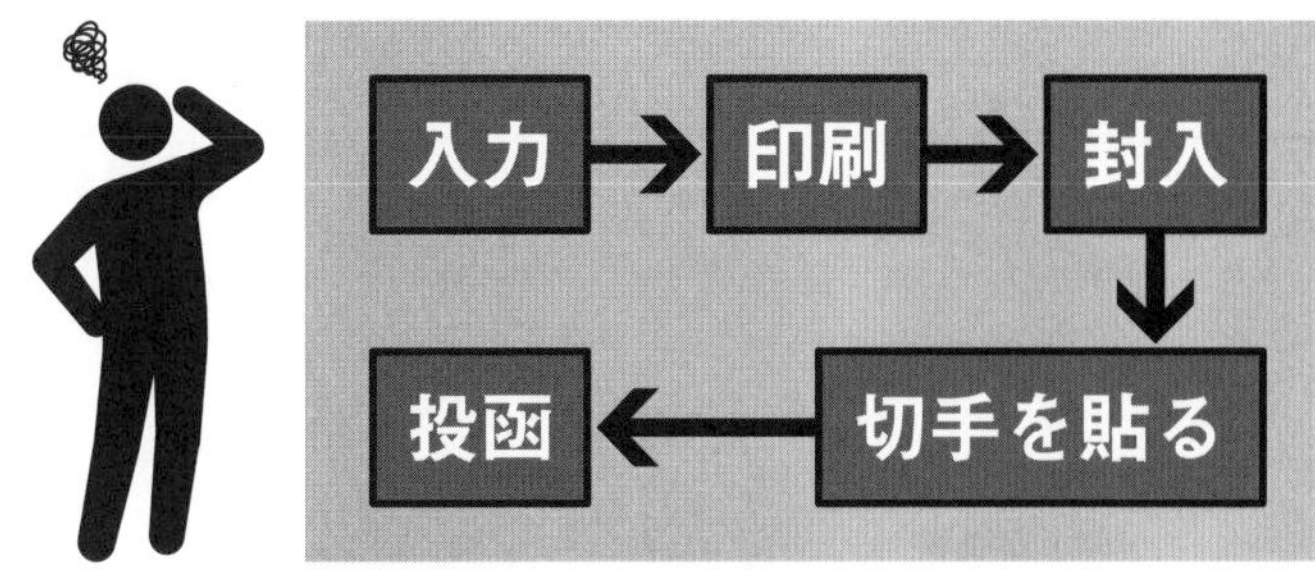

→ 面倒なうえに、時間がかかる

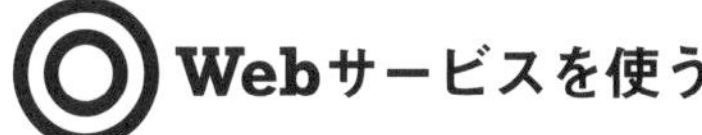

Webサービスを使う

freee

メリット 必要事項を入力するだけで作成でき、会計ソフトに連動できる。印刷、封入、郵送を自動でやってくれる

デメリット 郵送利用料がかかる

→ 簡単で、とてもラクにできる

32 無駄な取引はどんどん減らす

□ひとり社長として、心がけること

取引が多いと証拠を「集める」のが大変になります。「取引が多い＝仕事量が多い」とも言えますので、**ひとり社長の場合は、値付けや内容を工夫し、仕事量を減らすべき**でしょう。その結果、経理もラクになります。

ひとり社長がやるべきではない取引としては、「報酬が魅力的でも、信用できない・嫌いな相手との取引」「入金が遅い取引」「自分のスキルアップにならない取引（単純作業）」「価格的に不利」「在庫などこちらがリスクを負う取引」などがあります。

また現金の出し入れ、そして現金売上があると、取引も多く、手間が増えます。できる限り、現金を出し入れしない、売上は振り込みにしてもらうなどの工夫をしましょう。また、時間外に現金を出し入れすると、時間外手数料もかかり、取引が増えます。

無駄な取引は減らそう

取引＝お金やモノのやりとり

ひとり社長がやるべきでない取引の例

1 信用できない相手との取引

2 入金が遅い取引

3 単純作業

4 価格的に不利

33

シロ、クロ、グレー。経費のボーダーライン

□「3つの経費」を知っておく

税務の判断は、グレーゾーンが多いといわれます。確かに法律には明確に定められていないこともありますし、実務上の慣習もあります。しかし、明確にクロのものはクロですし、シロのものはシロです。順に見ていきましょう。

□シロの経費

シロは、法律に沿って適正に処理されたものです。シロの経費でも、勘違いがあり、意外と計上されていないケースもあります。

□クロの経費

クロは、税務上、絶対に認められないものです。例えば、「領収書の偽造」「架空の経費

の計上」「売上を抜くこと」などが挙げられます。税理士として、このクロは絶対に認めません。

□グレーの経費に気をつける！

問題はグレー。法律にはクロともシロとも明言されていないものです。「プライベートとも言えるし、ビジネスとも言える」という経費で、これは判断に迷います。

例えば、居酒屋のレシート。仕事仲間と打ち合わせに使ったなら、経費となりますが、友人と普通に飲んだだけでは経費になりません。**証拠があれば経費に落ちるわけではありません**。理由が必要です。プライベートで飲んで、お店が領収書を出してくれると、「領収書を出してくれたから」と経費に入れる場合があります。しかし、これは間違っています。お店側としては、「領収書を出してくれ」と言われたら、出さざるを得ません。「いやいや、プライベートで来てるでしょ？」と領収書を出すのを拒むわけにはいかないのです。「証拠がある→経費になる」ではなく、**「経費にできるという判断→証拠がある→経費になる」**という関係になります。

つまり、領収書という証拠だけではダメなのです。怪しいなぁと思う証拠は、他にはこんなものがあります。

□こんな証拠が怪しまれる！

・家電量販店で、いつもレシートをもらうのに、ときどき領収書をもらう（仕事に関係ないモノを買っている可能性あり）
・「お品代」という名目の領収書だが、店名は美容院
・お歳暮、お中元という名目で高額のもの（自分で使っている可能性あり）
・遠方の住所の領収書（仕事ではない可能性あり）
・日付、店名の書いていない領収書
・10万円、5万円といったキリのいい数字の領収書（適当に作った領収書の可能性あり）
・金額が大きい飲食費（数人で食事し、払っていないのに領収書だけもらった可能性あり）

もし心当たりがあれば、やめておきましょう。**税理士はもちろん、税務署も、怪しい証拠があればすぐ気づくものです**。

いまや検索すれば店の情報もすぐに出てきます。その店を調べられれば、嘘をついていたこともばれ、ペナルティも重くなりますので気をつけてください。

また、1つでもそういった怪しい領収書があれば、「他にもまだやっているのでは？」と疑われてしまいます。

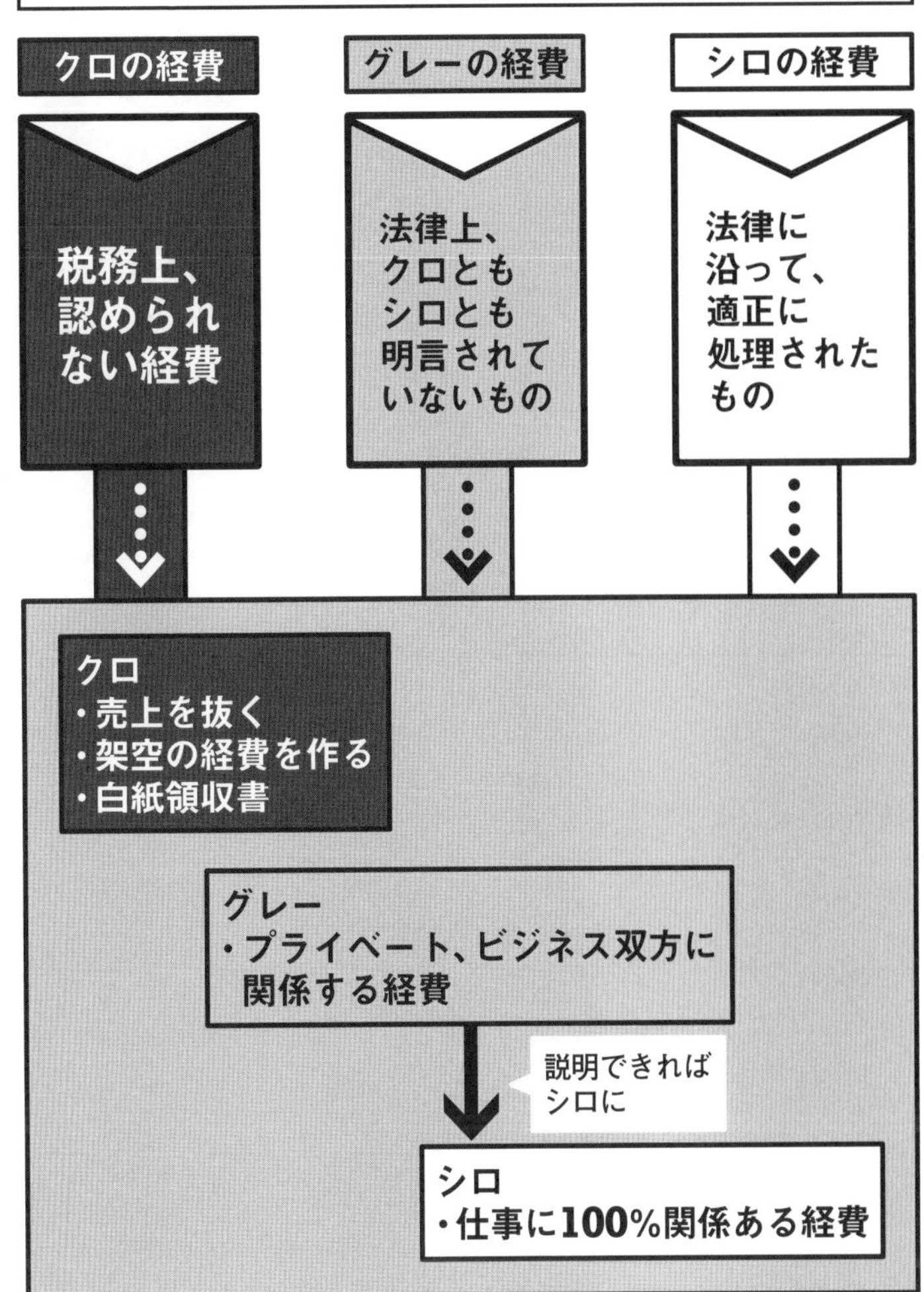
経費のクロ、グレー、シロの関係性
クロの経費
グレーの経費
シロの経費
税務上、認められない経費
法律上、クロともシロとも明言されていないもの
法律に沿って、適正に処理されたもの
クロ
・売上を抜く
・架空の経費を作る
・白紙領収書
グレー
・プライベート、ビジネス双方に関係する経費
説明できればシロに
シロ
・仕事に100%関係ある経費

34 「これは経費？」をいつ判断するか

□理想は、使ったときに経費かどうかを判断

経費にするかどうかの判断は、いつ行えばいいのでしょうか。理想は、お金を支払うときに、「経費かどうかを瞬時に判断する」ことです。経費かどうかを後で利益を見ながら考えてはいけません。しかし、最初のうちはなかなか難しいでしょう。

実際、**「これは経費になる」「これは経費にならない」と、その場その場で判断しようとすると領収書やレシートをもらうのを忘れがち**です。最初はすべてレシートをもらって、「記録する」ステップで判断するのがオススメです。特別付録の「経費かどうかがわかるシート」を活用してください。時間がたつと記憶が薄れてきますので、できる限り早いうちに記録しましょう。翌朝に記録するのがオススメです。「レシートをもらう」「記録する」は、経費以外のプライベートのものでもやっておきましょう。お金の管理には、家計簿＝プライベートの「集める」「記録する」「チェックする」も欠かせません。

経費の判断タイミング

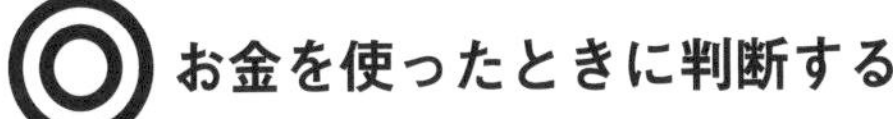

➡ 経費かどうかの判断は「集める」とき

すべてレシートをもらって、後で分ける

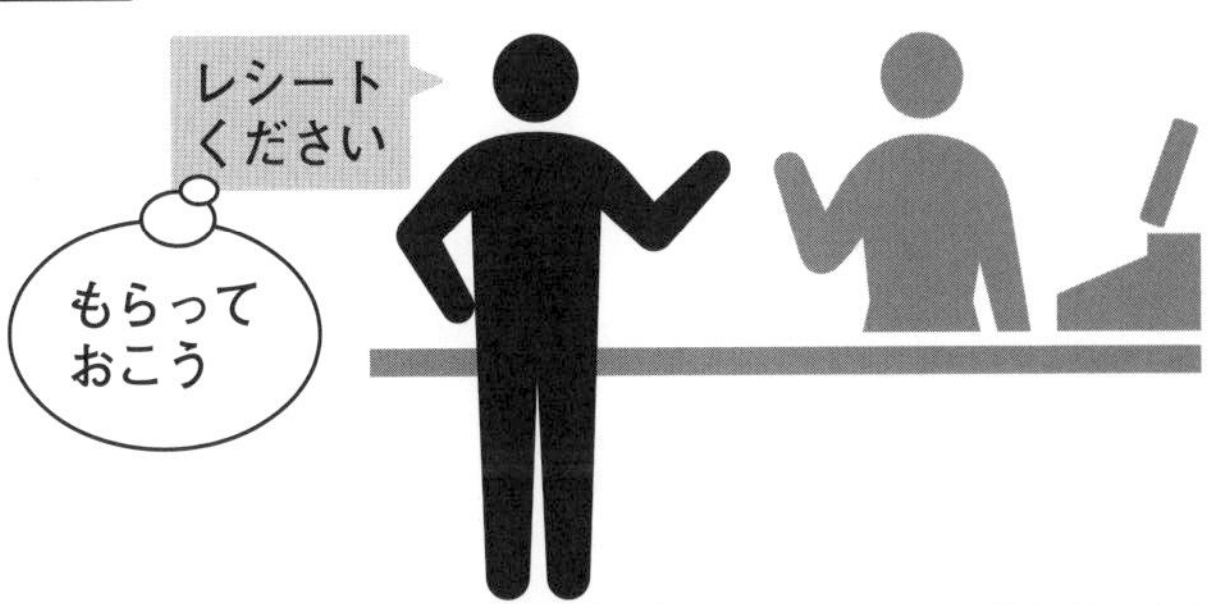

➡ 経費かどうかの判断は「記録する」とき

35

「絶対に経費にしないもの」を決めておく

□「何を経費にしないか」が大事！

正直、どんな経費を入れてもバレないときはバレません。とはいえ、クロの経費が税務署にバレれば、ペナルティを受けます。

そもそも日本は、自主的に利益を計算し、税金を申告する制度になっていますので、**「何を経費にするか」は自分で決めなければいけません。**

ここでオススメしたいのは、「何を経費にするか」ではなく「何を経費にしないか」という視点を持つことです。

例えば、

・家族で飲食したものは入れない
・お金を出さずに領収書だけをもらわない
・プライベートでしか使わないものは入れない

といったことを予め決めておくイメージです。

私はプライベートでトライアスロンをやっているのですが、無論経費に入れていません。こういったものを経費に入れようとすると判断が鈍るからです。

ここからは、経費にできなくはないけれど、「絶対に経費にしないほうがいいもの」をお伝えしていきます。

税務調査で見つかったときに、「何の弁明もできず、平謝りしなければいけないような経費」あるいは「返答に困ってしまう経費」は、最初から入れるのをやめましょう。

経費に入れるからには、証拠だけではなく、必ず理由をつけてください。苦しい言い訳ではなく、正当な理由です。

□「前の税務調査で大丈夫だった」という認識を捨てる

税務調査で何も言われなかったからといって、それが次の調査でも大丈夫だという保証はありません。法律の改正や環境の変化により影響を受けますし、税務調査の担当者によっても見解は変わります。前の税務調査では、たまたま見つからなかっただけかもしれません。もし、「限りなくクロに近いグレーの経費」を入れている場合は、すぐやめましょう。他の社長から聞いた話、ネット上の話も注意が必要です。「たまたま大丈夫だった」ことも多く、あてにはなりません。特に匿名のネット情報に気をつけましょう。

□家族、友人に見せられない経費はやめる

経費とは、売上を上げるため、そして企業が存続するために必要なものです。必要なものなら堂々と経費にしましょう。ひとり社長なら、何を経費にしても日ごろは誰からも文句は言われませんし、見せる必要もありません。

経費にするかどうかの1つの基準として、「家族や友人に見せても問題のないもの」というのがあります。実際に見せるわけではありません。見せても問題がない、うしろめたくないものを経費にしましょう。

□実は、税務署は無関心?

税務署から**「払った税金が多すぎるよ」「この経費は入れてもいいよ」などというアドバイスがもらえるわけではありません**ので、税金に関する知識、判断基準をしっかり身につけておきましょう。逆に、プライベートな経費には常に、目を光らせています。

提出するのは決算書、申告書だけですので、税務署ではその詳細がわかりません。そのため、店側を調査したり(プライベートらしきものを会社名義で買っていないか)、ネットで調べたりします。「家族でハワイに行きました」とブログに書いてあり、経費にしていれば、当然バレるわけです。

「経費のルール」を作っておく

① プライベートなものは入れない

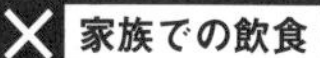

② 「前は大丈夫だった」という意識を捨てる

前の税務調査は
大丈夫だったし、
今回も……

③ 家族、友人に見せられない経費はやめる

これは
バレたら、
恥ずかしい……

36

売上の種類を増やせば、経費の幅も増える！

□売上が増え、経費も増える！

「経費＝売上を上げるのに必要な出費」なので、売上の種類を増やせば、経費にできる幅も増えます。例えば、本を書く場合、本のヒントとなるような書籍やモノは経費になるのです。他にも例を挙げます（完全なプライベートの部分も含めてすべて経費になるわけではないことに注意してください）。

・世界一周クルーズの本を書けば、クルーズ代は経費になる可能性があります
・トライアスロンやマラソンの本を書けば、レースや道具は経費になる可能性があります
・ハワイでセミナーをやれば、ハワイへの旅費、宿泊費は経費になる可能性があります
・セミナーの仕事をしていれば、話し方のセミナーが経費になる可能性があります

売上の種類を増やすことは経営上のリスクを減らすことにもなります。経営基盤が弱い**ひとり社長こそ、売上の種類を増やすべき**です。

「売上の種類」を増やそう

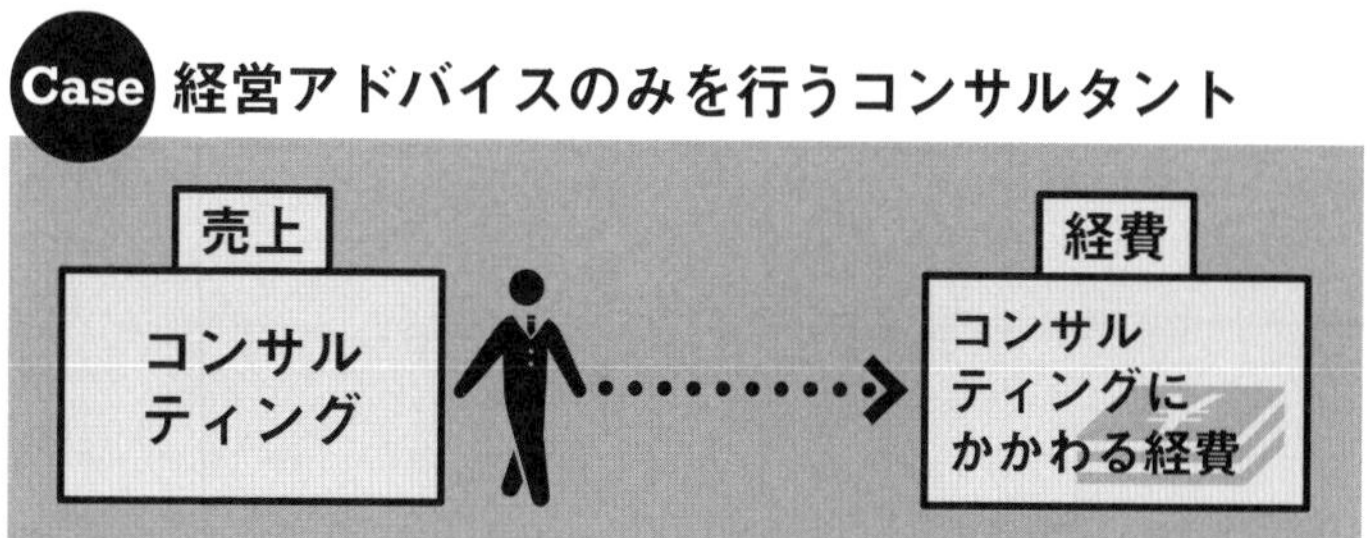
Case 経営アドバイスのみを行うコンサルタント
売上
コンサルティング
経費
コンサルティングにかかわる経費

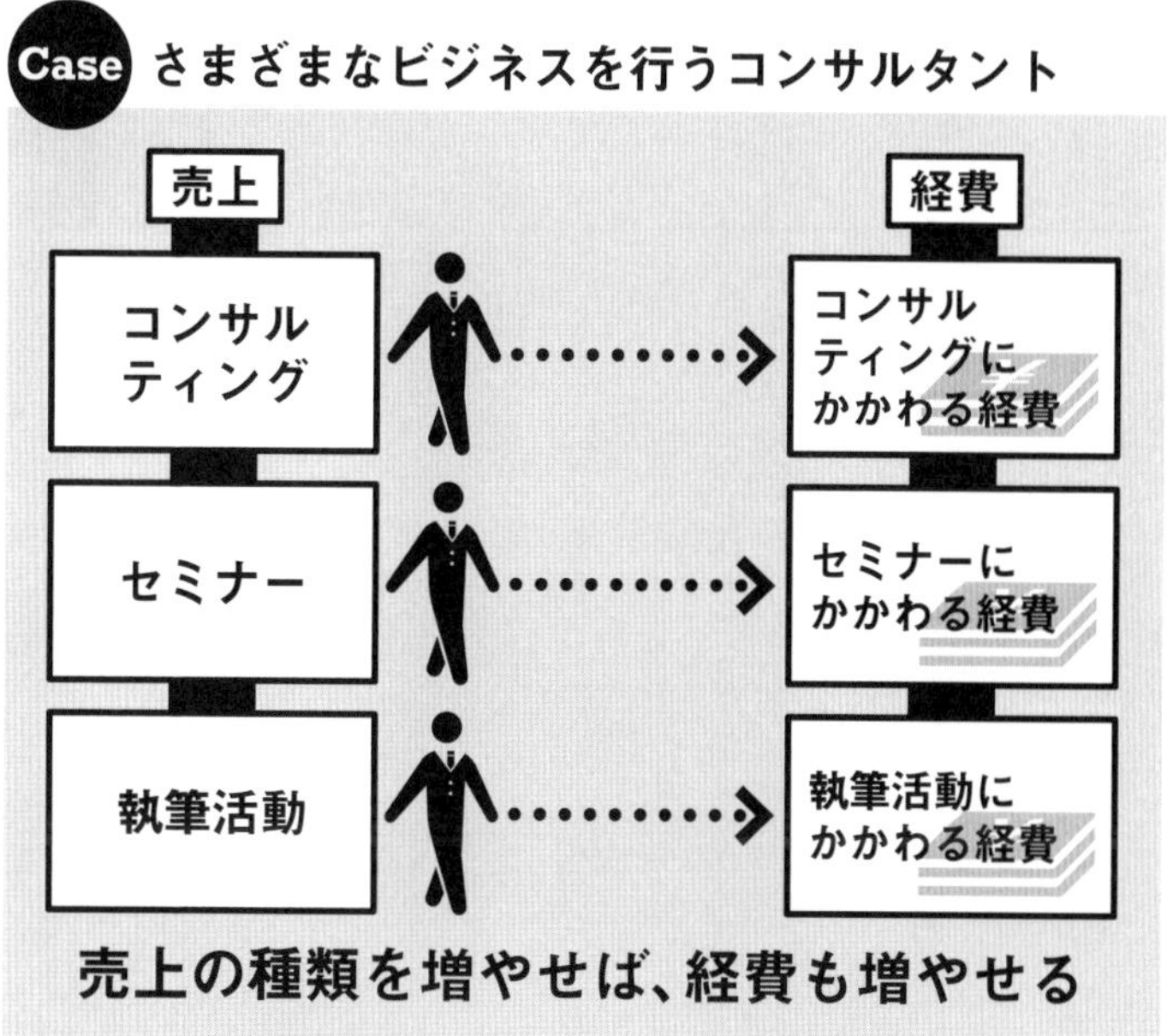
Case さまざまなビジネスを行うコンサルタント
売上
コンサルティング
セミナー
執筆活動
経費
コンサルティングにかかわる経費
セミナーにかかわる経費
執筆活動にかかわる経費
売上の種類を増やせば、経費も増やせる

37

「1人でスタバ」は経費になるのか？

□判断に悩む事例を紹介

カフェで仕事をするために払ったコーヒー代は、経費で落ちるのでしょうか？

通常、カフェでの打ち合わせだと2人以上のレシートになります。これが1人だと、当然レシートも1人分です。

「1人でカフェに行くなんて、単に休憩に行ったんじゃないか？」と思われるでしょう。

しかし、いまやPCを持ってスタバに行く、スタバでアイデアを練る、といったことをしている人は多いです。ひとり社長なら、なおさら多いでしょう。

ただ、本当は休んでいるだけなのに、「仕事をした」として経費に入れてはいけない点に注意してください。

その他、「これは経費になるのか？」と判断に悩むケースをご紹介します。意外と経費にできるものなのです。

□これ、経費で落ちるんです！

●**ホテルのラウンジでのドリンク代**↓広く、落ち着いているところも多く、仕事の打ち合わせ場所としても使えます。

●**会議室代**↓会議室を借りて、打ち合わせや仕事をすることもできます。

●**飲み会代**↓仕事に関係するものならば交際費です。年間８００万円までは原則として経費にできます。

●**本代、セミナー代**↓仕事に関係のあるものであれば問題ありません。自分に投資しましょう。ひとり社長に投資することが、最も効率がいい投資です。投資効率年20％以上も不可能ではありません。ただし、高額すぎるセミナーには気をつけましょう。

●**まだ支払っていない経費**↓支払っていなくても、請求書等により支払いが確定していれば経費になります。ただしモノの場合、納品され使っていることが、サービスの場合、そのサービスが提供されていることが原則として求められます。

●**仕事の環境**↓48ページで紹介したＩＴを含めて、仕事の環境には徹底的に投資しましょう。仕事に関係のあるものなら経費になります。ＰＣ、スマホ、タブレット、ディスプレイ、ルーター、マウス、キーボード、Zoomに使うカメラ、マイク、アプリ（ソフト）などに投資しましょう。ここにお金をかけない方が意外と多いです。

第3章

3ステップ経理術
ステップ②
記録する

記録する

38 3ステップ経理術②「記録する」

□証拠をデータとして記録する

料理にたとえると、「集める」は食材を買うステップでした。本章でお伝えする「記録する」は、調理をするステップだと考えてください。

□「記録する」の目的は？

「記録する」のゴールは、証拠の数字を集計して、書類（決算書）を作ることです。

この「記録する」は、従来次のようなステップを踏んでいました。

「証拠↓書類（伝票↓仕訳帳↓元帳↓試算表↓決算書）」という流れです。経理実務を解説する書籍には、こうした「書類の書き方」のことが詳しく載っています。

しかし今は、**会計ソフトを使いデータとして記録してしまえば、書類（伝票、仕訳帳、元帳、試算表、決算書など）は自動的に作れる**ようになりました。

「証拠→書類」ではなく、「証拠→データ」という流れになり、**手書きで書類を作っていた時代よりも格段にラクになった**のです。

かつて経理というと、専門の経理担当者や税理士が必要でした。「伝票、仕訳帳、元帳、試算表、決算書」といった書類を作るには、簿記や仕訳の専門知識が必要であり、一般の方にはまず手が出せなかったからです。ところが今は、会計ソフトの出現によって、経理をとり巻く環境は大きく変わりました。さらに以前は「記録する」＝「集めたレシートや請求書などといった紙をデータとして記録する」だけでした。**今は、「データを集めて記録する」でもＯＫ**です。紙→データだけではなく、データ→データという方法を活用すれば、経理を大幅に効率化できます。もはや経理は職人芸ではありません。これが「ひとり社長でも、経理はできる」とお伝えしている理由の1つです。

□「集める」から「記録する」の流れ

証拠を集めてから、「記録する」までの流れは次のようになります。パターンは3つあります。

【パターンＡ　紙で集める→データで記録する】

①証拠を集める
②翌朝、証拠を見ながら、記録する

③記録した証拠を保存する

【パターンB　データで集める→データで記録する】

メールやクラウドでデータを受け取ると、「集める→記録する」を効率化できます。「紙を受け取る」「紙を受け取るためにオフィスへ行く」などをしなくてもよくなるのです。

パターンAのように「保存→入力」の流れだと、証拠をため込みがちになりますし、「この証拠はデータ入力したっけ？」と悩む時間が生まれてしまいます。

【パターンC　データで連動する】

ネットバンク、請求書データなどは、連動して会計ソフトに自動取り込みできます。記録する必要はなく、あとは、チェックするだけです。

□記録し終わった書類はどうする？

領収書、請求書等の保存期間は、税法上の規定では最大10年（原則7年。欠損金＝過去のマイナスを繰り越す事業年度があれば最大10年）です。

さらに、税務調査の対象となるのは、原則として前期から過去3年間だけなのです。

そのため、実質的には**「税務調査対策の過去3年分の書類」を比較的とり出しやすいところにおいておき**、あとの分は保存さえできていれば大丈夫です。データならば置き場所には困りませんが、消してしまわないように気をつけましょう。

「集める」から「記録する」の流れ

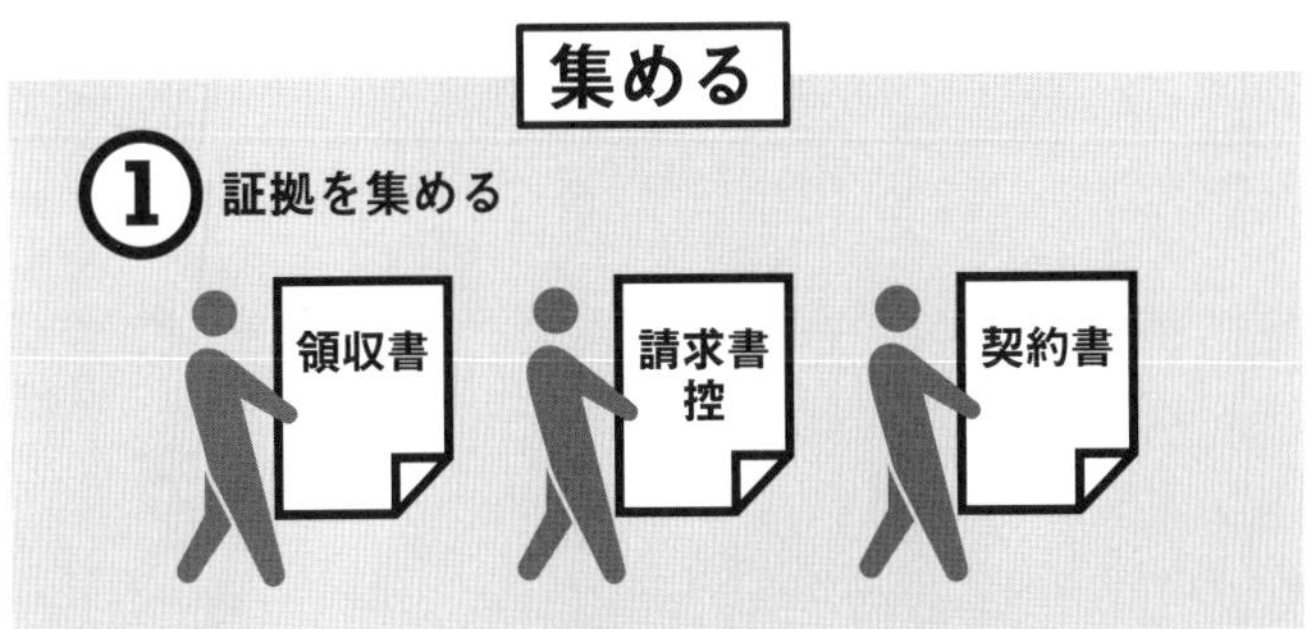

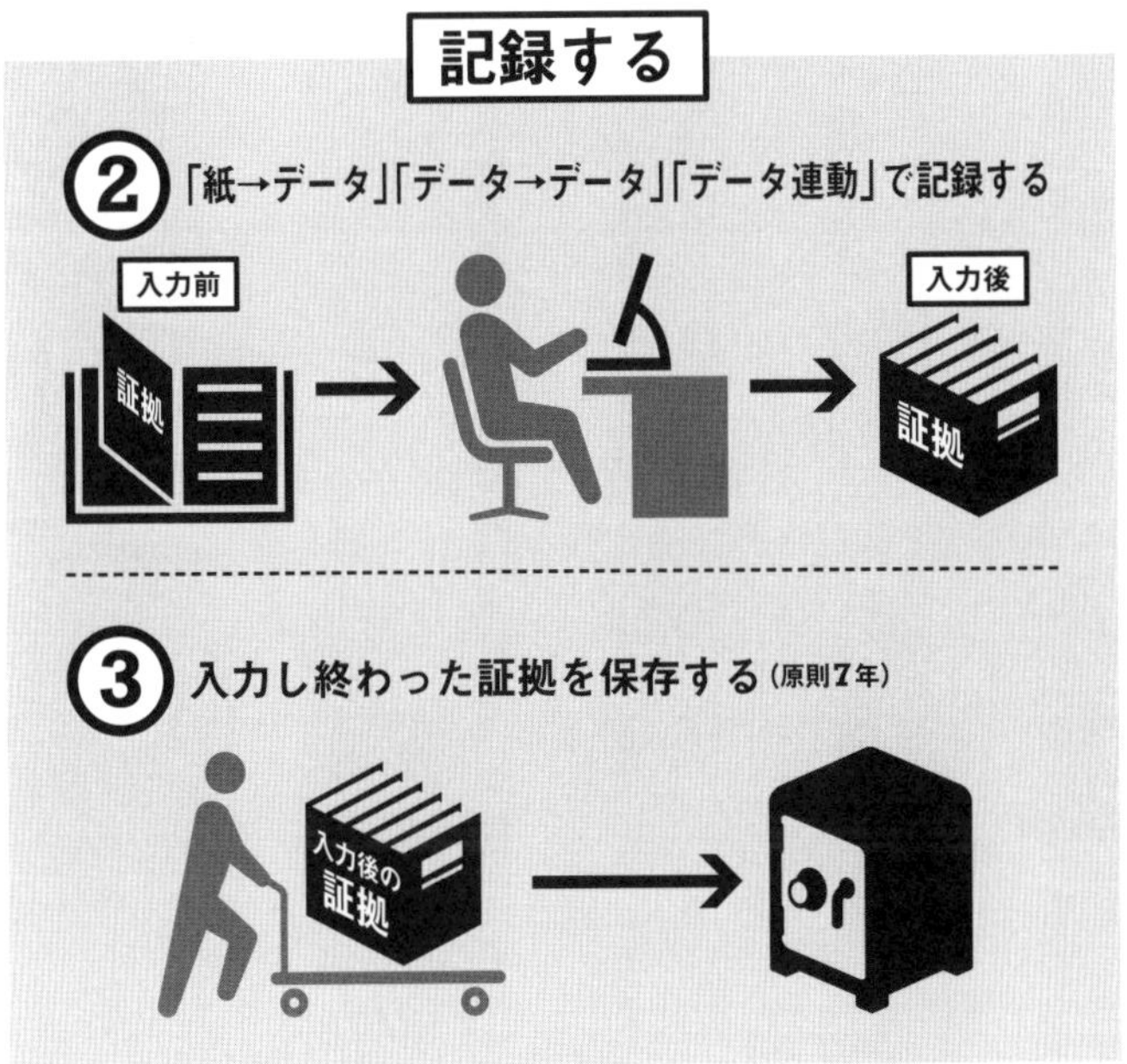

39 記録には、会計ソフトをメインで使おう

□Excelでは難しい

記録では会計ソフトを使います。**データを入力すれば自動的に集計し、決算書まで作ってくれる**からです。

Excelでも記録・集計し、決算書まで作ることは可能です。ただ、税務上必要な総勘定元帳を作るのは非常に難しいため、現実的ではありません。

総勘定元帳とは、現金だけ、預金だけ、売上だけ、仕入だけ、会議費だけ……と項目（勘定科目）ごとに、取引をまとめた書類を指します。税務調査では、この総勘定元帳を見られますので、これを作れるかどうかが会計ソフトを選ぶポイントになります。

次ページの図を見てください。

例えばExcelに「現金で通信費を払った」という処理を入力すると、現金の元帳にも、通信費の元帳にも表示されなければいけません。**このしくみをExcelの通常機能で作る**

Excelではなく、会計ソフトを使ったほうがいい理由

理由

Excelでは、税務上必要な「総勘定元帳」を作るのが難しいため

※総勘定元帳＝売上だけ、仕入だけというように、項目ごとに取引をまとめた書類のこと

Case 「現金で通信費を払った」場合、総勘定元帳はどうなるか？

現金

日付	相手科目	内容	借方	貸方	残高
4月5日	通信費	大和　宅配便		660	

通信費

日付	相手科目	内容	借方	貸方	残高
4月5日	現金	大和　宅配便	660		

このように「現金の総勘定元帳」「通信費の総勘定元帳」の両方に表示する必要がある。このしくみをExcel等で作るのは難しい。よって、会計ソフトを使ったほうが、ラクでミスもない

のは大変ですし、ミスも起こりがちです。

さらに消費税の問題もあります。インボイスにより、消費税を納めるようになる方もいらっしゃるでしょう。そうなると取引ごとに、消費税がかかるかどうかを1つずつ記録しなければいけません。

10万円の売上があったとして、それに対し「消費税は10%か、8%か、0%か」を会計ソフトに記録しなければいけません。消費税の原則課税であれば、経費についても同様の処理が必要です（さらには、支払先がインボイスに登録しているかどうかにより、手間が増えます）。Excelでできないことはありませんが、それなりの難易度です。

□借方、貸方の問題もある

データを集計するだけならば、Excelの機能（ピボットテーブル、またはSUMIF関数）を使えば簡単にできます。詳細は省きますが、会計上、現金や通信費という科目は、借方（左側）にも貸方（右側）にも表示されます。これをExcelで集計するのはひと工夫必要です。

これらの理由から、「Excelだけで処理するのは、オススメできるものではありません。ただし、Excelを使うことはオススメです。**会計ソフトに入力するのではなく、使い慣れたExcelに入力し、それを会計ソフトに取り込むスキルを身につけましょう。**193ページで詳しく解説します。

また、会計ソフトのデータをExcelにして、集計や分析をするのもオススメです。会計ソフトのアウトプット、分析機能はさほどすぐれたものではありません。そのデメリットをExcelで補うのです。

□オススメの会計ソフトはfreee。その理由は?

では、その会計ソフトはどれを選べばいいのでしょうか。ひとり社長であれば、クラウド会計ソフトのfreeeをオススメします。

・クラウド(ブラウザ)で使うことができ、端末を選ばない、インストールしなくていい
・ネットバンクをはじめとするデータ連動がスムーズ
・他のクラウド会計ソフトと比べると使いやすい(特に、経理担当者・税理士以外＝ひとり社長にとって)

こうしたメリットがあるからです。ただ、デメリットもあります。

□freeeのデメリット

・ブラウザで使うので、インストール型の会計ソフトに比べると処理が遅い
・連動できればラクだが、データ入力はしにくい

・ネットにつなげないと使えない
・自動ゆえに、思わぬミスも起こりがち
・データを年度で切り替える必要があり、手間がかかる

さて、freee にはさまざまな料金プランがありますが、**ミニマム（年2万6136円＋税）で十分**です。

□他の会計ソフトとどこが違う？

その他の会計ソフトには、クラウドのマネーフォワード、弥生会計オンライン、インストール型（Windows のみ）の弥生会計があります。

クラウドのマネーフォワード、弥生会計オンラインよりも freee が使いやすい点は、いい意味でも悪い意味でも従来の会計ソフトと考え方が違うことです。

いい意味では、専門家である税理士・経理ではないひとり社長にも使いやすいという点があげられます。

悪い意味では、簿記を知らなくてもいいと気軽に考えていると思わぬミスを招きかねない点です。気をつけましょう。そのため、「freee を使っている人とは仕事をしたくない」という税理士もいるほどです。しかしながら、本書で後述するチェックポイントを守っていただければ問題ありません。

freeeはAIで推測したデータをそのまま登録することができます。マネーフォワードは推測のみでデータを1つずつ登録しなければいけません。この点では、freeeが使いやすいです。

ただ、データ量が増えると、クラウドではない弥生会計が使いやすい部分もあります。データのインポート、エクスポートは弥生会計のほうが速いです。

□給与計算はどうする?

また、給与計算ができる人事労務freeeは、年払いで2万6400円+税と割高になります。ただ、会計ソフトとの連動もできますし、年末調整もでき、効率化できるのは間違いありません。

ひとり社長なら、Excelでも対応可能ですが、無料のフリーウェイ給与計算を使う方法もあります。クラウドで使え、5名までの給与計算、年末調整ができるサービスです。

40

インボイス・電子帳簿保存法に対応！　会計ソフトの設定

□消費税の設定を確認

インボイス、電子帳簿保存法という新しい波に向けて、会計ソフトの設定も確認しておきましょう。

□インボイスの設定

まずはインボイスです。もしインボイスに登録して消費税を納めるようになったら会計ソフトの設定も変えましょう。

freeeでは【設定】→【事業所の詳細設定】で変更します。

原則課税、２割特例なら、「本則課税（全額控除）」です（土地を持っている、または売上５億円以上だと他の選択になります）。

簡易課税を選んだなら「簡易課税」にしましょう（届出書が必要です）。

原則課税か簡易課税かを選ぶ

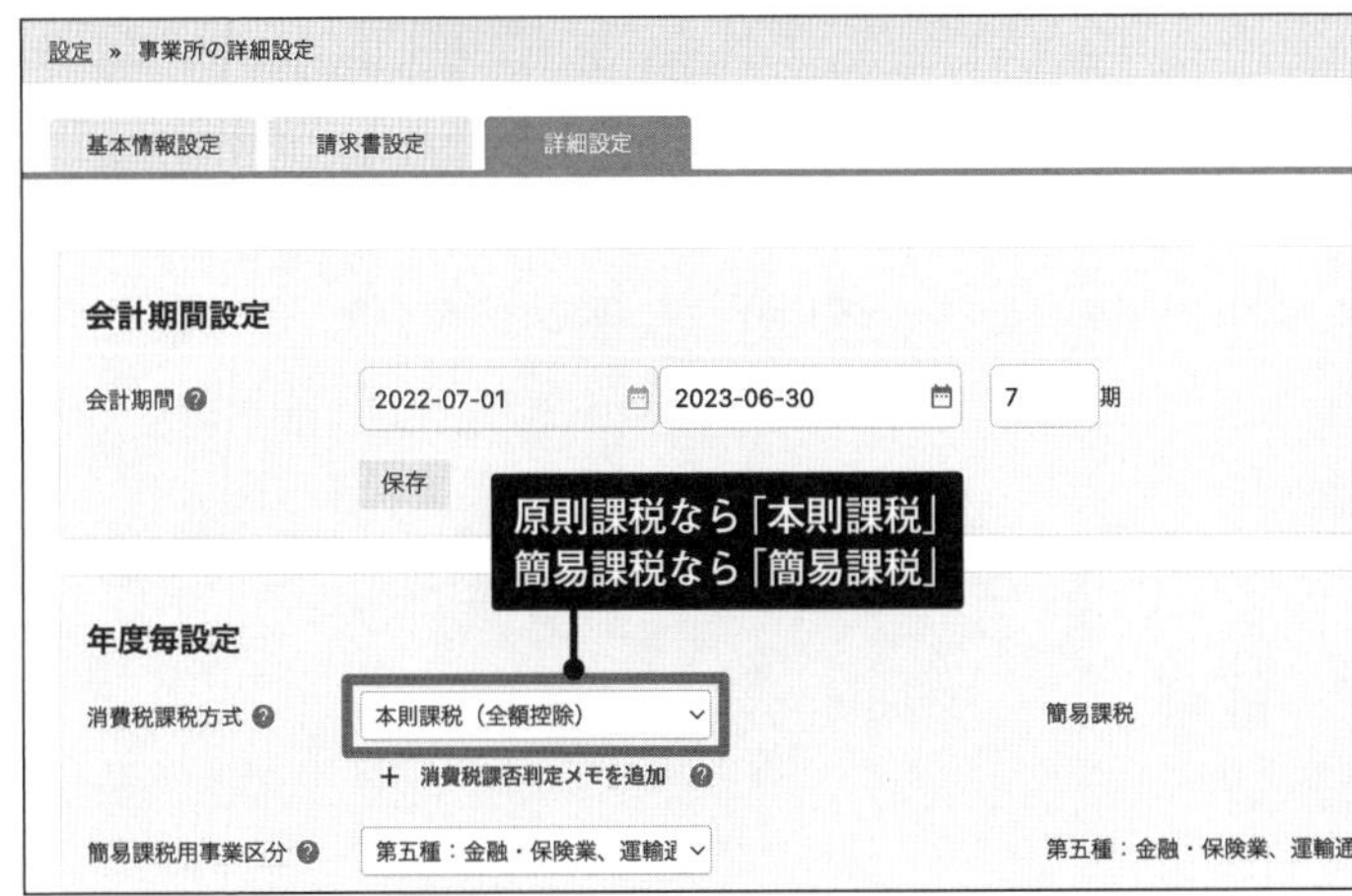

これで、納める消費税を正しく計算できるようになります。

□電子帳簿の設定

電子帳簿保存法の設定もあります。インボイスと同じくfreeeだと［設定］→［事業所の詳細設定］で設定しましょう。

この設定は、経理データをデータのまま保存するというものです。通常は紙での保存もすべて記録できます。その履歴もとなりますが、データのままでいいのです（そのかわり、税務調査ではデータを見せる必要があります）。

そして、優良電子帳簿（優良な電子帳簿）という制度があります。メリットは、税務調査のときの罰金（過少申告加算税）が半分（10％→5％）になるというものです。

過少申告加算税とは、納めるべき税金を少なく納めてしまったことに対する罰金＝ペナルティです（その他、延滞税というものもかかります。そちらは半分になりません）。10万円の税金を追加で払うことになった場合、その過少申告加算税は、10％の1万円。それが優良電子帳簿だと5000円になります。

優良電子帳簿は保険がわりに設定しておくといいでしょう（あくまで任意です）。その要件は下記の通りです。

・データの訂正、削除の履歴がわかる
・いつ入力したかがわかる
・データとデータが関連づけられている
・パソコン、ディスプレイ、プリンター、およびこれらの操作マニュアルがある
・データを検索できる（取引日、金額、取引先等）

会計ソフトを設定しておけば、ほぼ満たすことができます。これらに加えて、**規程（ルールを文書化したもの）と届出書が必要**となります（その年度末までに）。

次ページに国税庁が公開している規程を載せました。

ここは「2　入力担当者は、次の期日までに仕訳データの入力を行う」がネックになります。このとおりにできるでしょうか。「翌月末日までに」が現実的ですので、変えてお

「優良電子帳簿の規程」のフォーマット

国税関係帳簿に係る電子計算機処理に関する事務手続を明らかにした書類（概要）

（入力担当者）
1　仕訳データ入出力は、所定の手続を経て承認された証票書類に基づき、入力担当者が行う。

（仕訳データの入出力処理の手順）
2　入力担当者は、次の期日までに仕訳データの入力を行う。

⑴	現金、預金、手形に関するもの	取引日の翌日（営業日）
⑵	売掛金に関するもの	請求書の発行日の翌日（営業日）
⑶	仕入、外注費に関するもの	検収日の翌日（営業日）
⑷	その他の勘定科目に関するもの	取引に関する書類を確認してから1週間以内

（仕訳データの入力内容の確認）
3　入力担当者は、仕訳データを入力した日に入力内容の確認を行い、入力誤りがある場合は、これを速やかに訂正する。

（管理責任者の確認）
4　入力担当者は、業務終了時に入力データに関するデータをサーバに転送する。管理責任者はこのデータの確認を速やかに行う。

（管理責任者の確認後の訂正又は削除の処理）
5　管理責任者の確認後、仕訳データに誤り等を発見した場合には、入力担当者は、管理責任者の承認を得た上でその訂正又は削除の処理を行う。

（訂正又は削除記録の保存）
6　5の場合は、管理責任者は訂正又は削除の処理を承認した旨の記録を残す。

きましょう。

届出書は「国税関係帳簿の電磁的記録等による保存等に係る過少申告加算税の特例の適用を受ける旨の届出」というものです（「優良帳簿　届出」で検索）。

根拠税法は「法人税」とし、優良電子帳簿をスタートした日を入れておけば問題ありません。提出はPDF&郵送（Webゆうびんがオススメ）か、Windowsのみ対応のe-Taxソフト（ダウンロード版）でやりましょう。

優良電子帳簿のデメリットは特に考えられません。不正するとバレやすいということぐらいです。もし優良電子帳簿の要件に不備があった場合は、税務調査の罰金が10%のままになります。これが15%になるわけではないので、設定しておくだけ設定しておけばいいでしょう。

□優良電子帳簿の注意点

この優良電子帳簿は、その年度全体に対してのものです。**年度の途中から始めることはできません**。

その年度の最初の入力をするとき、現実的には、その年（年度）の最初の月に優良電子帳簿の設定をしましょう。前述の届出書は、事業年度末までに出せばいいのですが、実質的な期限はもっと早いということです。なお、**税務調査は、通常3年分をチェックするも**

の。優良電子帳簿に該当する年（年度）のみ罰金が半分になります。

そして会計ソフトだけで経理をしていることも必須です。それら以外のもの、Excelやスプレッドシートを使っているなら、それらを取り込む必要があります。会計ソフトには合計で入れて、詳細はExcel、紙というのは優良電子帳簿になりません。このあたりには気をつけておきましょう。

□優良電子帳簿の設定

freeeは、優良電子帳簿の設定がいつでもできます。ただ、前述のとおり、年度の途中で優良電子帳簿の設定をしても、その次の年度から優良電子帳簿となります。忘れないうちに設定できるのは大きなメリットです。

履歴は、［設定］→［優良電子帳簿に伴う操作履歴］で見ることができます。いつ何をしたかがわかるのです。

41 「現金」を使わない裏ワザ会計！

□「役員借入金」をうまく使う

経理上、「現金」は非常に難易度が高いものです。

預金なら通帳またはネットバンクに記録が残り、残高も把握できますが、現金は、10 00円札が何枚、100円玉が何枚と数えないと残高がわかりません。社長の財布から出した現金が、会社のものか個人のものかの区別も難しいものです。

そこでオススメしたいのは、「現金」を使わないこと。**現金で支払ったものは、すべて社長が立て替えたという処理をします**。会社から見ると、社長から借りている、つまり役員借入金と処理するのです（「社長借入金」「短期借入金」でもかまいません）。

今はクレジットカード、交通系IC、QRコード決済など多様な支払い方法があります。これらもすべて「役員借入金」で処理しましょう。もちろん、役員借入金は実際の残高を確認できませんので、忘れず正確に入力する必要がありますが、現金残高を合わせる、現

現金等を使ったときのラクラク記録法

Case 仕事で使う本をPayPayで買った

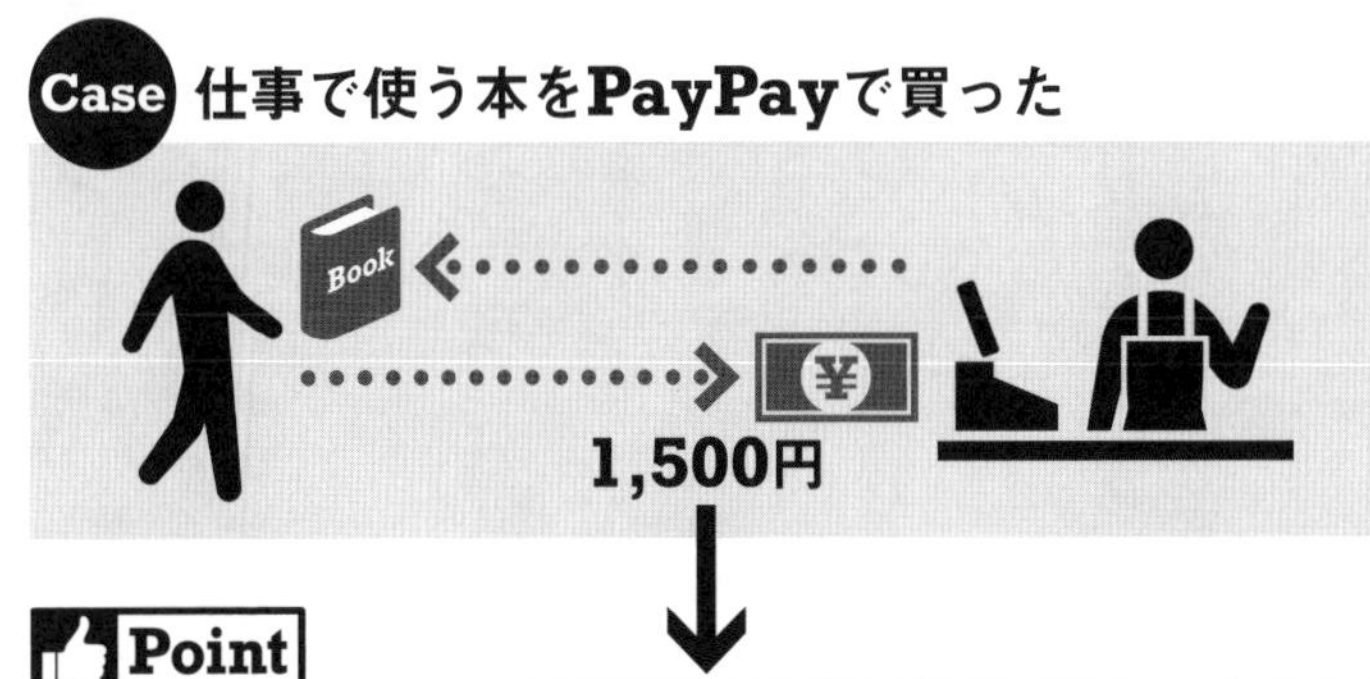

Point

現金等で支払ったものは「社長が立て替えた」という処理をする。この場合、会社の「役員借入金」を1,500円増やす

金残高がマイナスになるといったストレスからは解放されます。

一定の金額が貯まれば、個人名義の口座から、会社名義の口座へ振り込みます。または定期的に定額（例えば10万円）を振り込んでもかまいません。なお、会社から多く振り込みすぎないようにしましょう。「役員借入金」ではなく、「役員貸付金」になってしまいます。その場合、融資を頼む際など銀行にいい印象を与えません。融資したお金を個人（社長）へ貸しているからです。決算前に「役員借入金」がマイナスになっていないかを確認し、もしなっていたら、個人口座から会社へお金を振り込みましょう。「役員借入金」が決算書に残るのは問題ありません（残らないほうがベターです）。

42 「ネットバンク」「カード決済」で、記録はグッとラクになる

□これで自動的に記録が残る

預金をうまく使えば、「集める」と同様、「記録する」もラクになります。売上を振り込んでもらい、経費を振り込むと、ネットバンクに記録が残ります。カード決済も同様です。決済手数料はかかりますが、売上のカード決済もうまく利用していきましょう。順に紹介します。

□預金活用：売上

●売上は振り込んでもらう

売上入金は極力振込にしてもらいましょう。

現金で受け取ると、領収書を出さなければいけません。また、5万円以上だと収入印紙も必要です。その意味で、振込またはカード決済でお願いしましょう。対面ならQRコー

ド決済を導入する方法もあります。

●振り込む

振込手数料がかかりますが、記録の手間、現金を準備する手間を考えると高くはありません。手数料がかからない場合、個人口座から振り込むのも1つの方法です。その場合は、立て替えたものとして経費に入れるのを忘れないようにしましょう。

●引き落としの手続をする

口座引き落としの最初の手続は手間がかかるのですが、一度やれば後がラクです。

●デビットカードとして払う

金融機関のキャッシュカードはデビットカードとして使えます。デビットカードが使える店で提示すると、その場で口座から引き落とされます。現金で支払うのと同じ感覚で口座に記録が残るのです。家電量販店では、クレジットカードで支払うとポイント率が下がる場合が多いのですが、デビットカードだと現金払いと同じポイントがつきます。

□ワンランク上の「預金」活用法

●ネットバンク

「集める」でもオススメしましたが、ネットバンクを利用すれば、通帳記帳や振り込みの手間が大幅に減り、「記録する」がラクになります。

ネットバンクのデータを会計ソフトへ取り込むことができ、「記録する」を劇的に効率化できるのです。

●ペイジー

ペイジーとは、4種類の番号を入力し、ネットバンクで支払いをするサービスです。税金もペイジーに対応しています。

●預金口座数を減らす

預金口座が多いと手間がかかります。できるだけ預金口座は減らしましょう。使っていない口座は、解約しましょう。

預金に中途半端に残高があると、利息がつき、決算時の残高が変わります。その都度、会計処理をしなければいけなくなりますし、第5章で登場する内訳書でも入力しなければいけなくなり、手間です。

□必要以上に現金を出し入れしない

現金商売なら仕方ありませんが、現金の出し入れは極力減らしましょう。口座から現金を引き出すと、その分記録の手間が増えるからです。時間外に引き出すと、時間外手数料がかかり、その記録もしなければいけません。現金取引を減らしつつ、現金を出し入れするなら、まとまった金額でやるようにしましょう。

□カード決済を導入しよう

カード決済は決済手数料がかかりますが、利便性のためにも導入を検討する価値があります。ネットでモノを売る、サービスを売る（セミナー、コンサルなどをする）方で、クレジットカード決済を導入するなら手軽に導入できるStripe（ストライプ）がオススメです。カード決済手数料が4％程度はかかりますが、お客様の利便性を重視しましょう。

私は法人でAmazon Payを使っています。ただし、会計ソフトとは連動せず、手数料は4・5％と高めです。

それでもお客様の利便性を考えると、すでにあるAmazonアカウントを使えるのは大きなメリットです。Amazon Payを自社のサイトに導入する敷居も低くはありませんが、挑戦する価値はあります。

43 ひとり社長必読！勘定科目は「これ」だけ

□基本をしっかりおさえよう！

取引を記録するとき、会計ソフトで勘定科目を選ばなければいけません。例えば、通常、書籍は「新聞図書費」、オフィスの家賃は「地代家賃」という科目を使います。

勘定科目は、法律上明確に決められているわけではありません。会計ソフトにあらかじめ設定されているものをそのまま使っているに過ぎないのです。前述の「新聞図書費」を「図書費」にしてもかまいませんし、「家賃」を「オフィス家賃」と「社宅家賃」に分けてもかまわないのです。ただし、1つの科目の金額が小さくなりすぎないようにしましょう。**勘定科目の分け方については、巻頭の特別資料『勘定科目大事典』を参考にしてください**。

なお、会計ソフトでは、日々の業績確認に使う勘定科目と決算書の科目を変えることができます。決算書の提出先は主に税務署や金融機関。勘定科目は自由にご自身が見やすいようにし、決算書の科目は、かためにオーソドックスにしておくことをオススメします。

勘定科目名は何でもいい

新聞図書費
10

図書費
10

家賃
15

オフィス家賃
10

社宅家賃5

- 勘定科目の名称は何でもいい
- 細かく分けすぎない

44

できるだけラクに記録する方法

□データ連動を活用する

記録する際に気をつけていただきたいのが、**「入力は2回やらない」**です。

ネットバンクや交通系ICカードなど、データで連動できるものがあれば連動しておきましょう。自動取り込みでき、「記録する」をなくすことができます。

その自動取り込みをfreeeでする場合は、自動仕訳ルールを整えていくことが欠かせません。少しずつやっていきましょう。経理がだんだんラクになります。

□「取引を登録する」を活用する

その際に、**「取引を推測する」**ではなく**「取引を登録する」**で登録するようにしてください。そのほうが効率的です。

「推測する」だと毎回確認してから登録することになります。自動仕訳ルールを整えつつ、

自動登録ルール作成の注意点

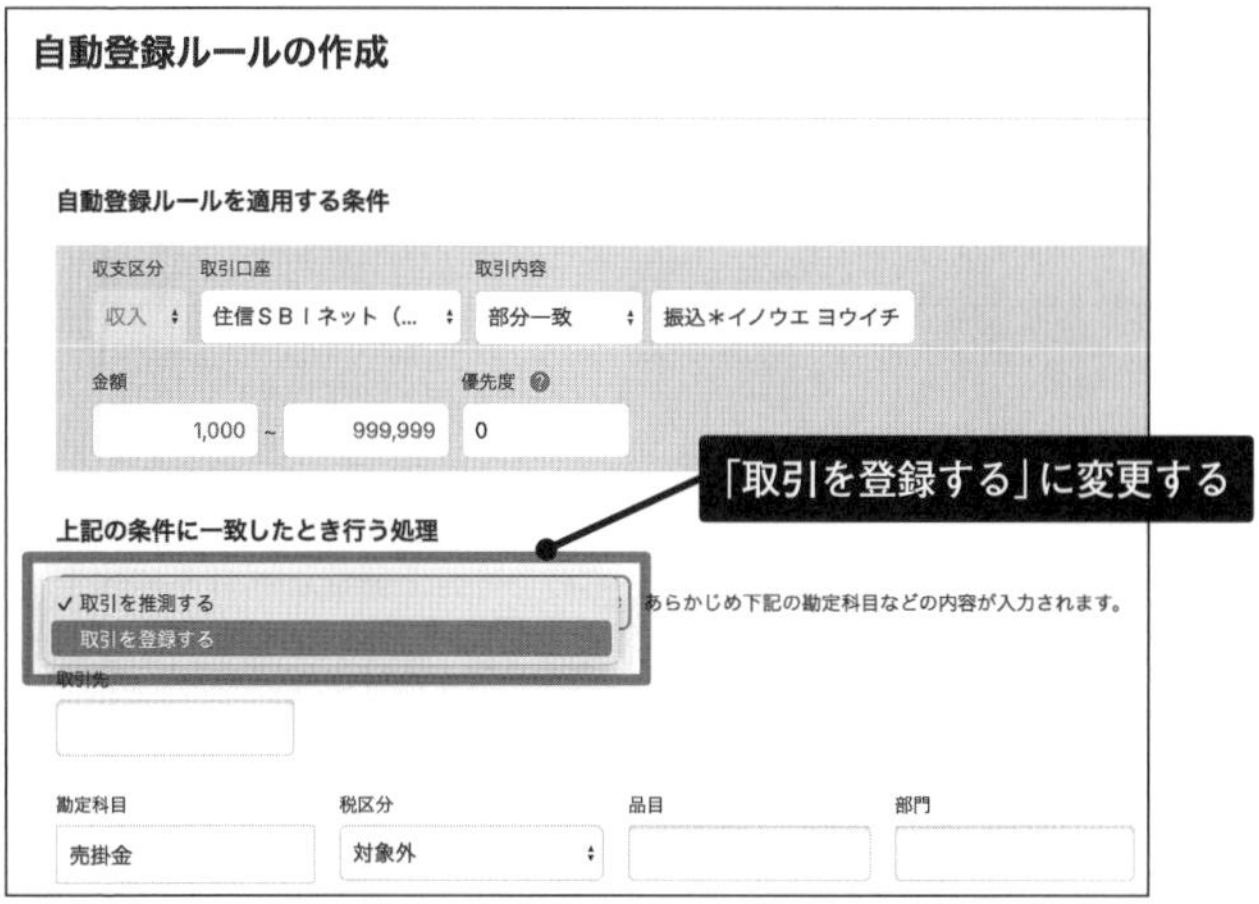

自動登録ルールの作成

自動登録ルールを適用する条件

収支区分	取引口座	取引内容	
収入	住信ＳＢＩネット（...	部分一致	振込＊イノウエ ヨウイチ

金額		優先度
1,000	~ 999,999	0

「取引を登録する」に変更する

上記の条件に一致したとき行う処理

✓取引を推測する
取引を登録する

あらかじめ下記の勘定科目などの内容が入力されます。

取引先

勘定科目	税区分	品目	部門
売掛金	対象外		

いったん登録しておいて、「チェックする」で再度チェックするのがオススメです。上の例だと「イノウエ　ヨウイチ」という振込があったら、売掛金として自動登録してくれます。freeeがよく使っているデータから推測して、「自動登録ルールの推薦」をしてくれることもありますので、うまく活用しましょう。

□Excelでインポートする

Excelで作ったデータがあるなら、それを加工して、会計ソフトへ取り込みましょう。会計ソフトは、入力しやすいとはいえません（特にひとり社長にとっては）。使い慣れたExcelで入力して効率を上げましょう。会計ソフトにはExcel（CSVファイルとして保存）を取り込む機能があります。freee なら、［決算］→［振替伝票］→［他社会計ソフトからのインポート］を選びましょう。

CSVファイルをドロップアンドドロップして、取り込む（インポートする）ことができます。

CSVファイルは必要最低限の情報で大丈夫です（列の位置は自由）。

□消費税がある場合は？

消費税があるなら、CSVファイルへ項目を適宜追加しましょう。借方税区分、借方税額、貸方税区分、貸方税額が必要です。**freee のインポート用テンプレートは不要なデータが多くオススメしません**。上の例は経費のものです。売上や追加・修正データもこの方法で取り込むこ

Excelファイルのインポート例

	A	B	C	D	E	F	G	H	I	J
1	日付	借方勘定科目	貸方勘定科目	貸借金額	借方取引先	借方摘要	借方税区分	借方税額	貸方税区分	貸方税額
2	2023/6/1	会議費	役員借入金	440	スタバ	打ち合わせ	課対仕入10%	40	対象外	0
3	2023/6/2	消耗品費	役員借入金	3300	ヨドバシ	ケーブル	課対仕入10%	300	対象外	0
4	2023/6/3	消耗品費	役員借入金	110	ファミマ	プリント	課対仕入10%	15	対象外	0

消費税を納めないなら、A～FだけでOK

消費税を納めるなら、G～Jを追加

とができます。

なお、**ExcelではなくGoogleスプレッドシートでもかまいません**。ブラウザで使うことができ、無料です。また、CSVファイルとしてダウンロードすることもできます。

□スマホはiPhoneがオススメ

できるだけラクに記録するならスマホはiPhoneを使いましょう。モバイルSuicaが使えるからです。**モバイルSuicaなら会計ソフトとデータが連動します**。交通費の記録が格段にラクになります。AndroidはGoogle Payがベースになっているので、Suicaを使っても連動しません。なお、Suica等交通系ICカードは、使ったときに経費にしましょう。記録がラクだからと、チャージのときに記録してはいけません。チャージはお金が移動しただけであり、経費ではないからです。

□Suicaでモノを買ってはいけない！

ただ、iPhoneでもSuicaでモノを買うのは控えましょう。Suicaの履歴への反映が翌日ですし、内容は「物販」としか出ないからです。**証拠として使えません**。レシートを必ずもらいましょう。

PayPayなら支払先、金額が記録されます。ただし、データ連動はしません（カード払いのみカード側で連動）。現実的にはスクリーンショットが証拠となります。レシートが出るならレシートを受け取るのがベターです。

□スマホでデータを読み取れる時代

紙やパソコンの画面上に表示されているものはスマホのカメラでテキストとして読み取ることができます。コピーして、パソコンで使うこともできるのです。試してみましょう。

□記録はためない！

記録はできるだけ毎日ちょっとずつ処理する習慣をつけましょう。ただし、預金は自動的に記録されているので、月に1回で大丈夫です。

- **毎日記録する→立て替えた経費**
- **毎月記録する→預金、売上**

このようにすると記録モレがなくなるので、オススメです。

売上はうれしいものです。毎日記録してもかまいません。私は毎日記録しています（請求書から連動するものを含む）。日々の記録はできる限りラクにしましょう。会計ソフトを開くのが億劫なら、Excel や Google スプレッドシートに記録するのもオススメです。金額と内容だけでも入れておけば、あとで加工はできます。勘定科目も後付けでかまいません。

（置換、XLOOKUP 関数、フィルターなど Excel スキルがあれば、よりラクになります）

□間違えやすい取引

次のようなものは間違いが多いので気をつけましょう。

●現金↓仮にご自身の現金で経費を払ったときにも、消耗品費／役員借入金と処理し、「現金」を使わないようにしましょう。

●役員報酬↓例えば役員報酬20万円、源泉所得税1万円、住民税5０００円、社会保険料2万円の場合、次のように処理しましょう。

役員報酬　20万円／未払費用16万5０００円
　　　　　　　　　預り金1万円（源泉所得税）
　　　　　　　　　預り金5０００円（住民税）
　　　　　　　　　法定福利費2万円（健康保険、年金等）

ひとり社長の役員報酬は、決まった日に振り込むのが理想ですが、振込が遅れることや役員借入金と精算することもあるでしょう。毎月未払費用で入れておき、振り込んだときには、振り込んだ金額を「未払費用／預金」としたほうが効率的です。

源泉所得税と住民税は預り金で天引きし、納税したときには「預り金／預金」と記録しましょう。**「税金だから租税公課」としてはいけません。会社はあくまで預かっただけ**です（厳密には、役員報酬を払ったときに預かり、原則として払ったときに翌月10日に納税）。決算のときには、預り金が預かってまだ払っていない金額になっているかを確認しましょう。

社会保険料（健康保険、年金等）は法定福利費で天引きし、引き落としまたは払ったときに、「法定福利費／預金」となります。社会保険料を預り金にすると経理が複雑になるからです。決算のときには、会社負担分の社会保険料の金額と引き落とし日（月末）が土日で翌月に引き落とされる金額だけが残ります。

●売掛金、前受金↓実際に仕事をした日（納品した日）または月末に「売掛金／売上」とし、入金があったときに「預金／売掛金」としましょう。事前に入金があったときは、「預金／前受金」とし、実際に仕事をした日（納品した日）に「前受金／売上」です。

●パソコン、ソフト、その他のモノを買った

青色申告かつ1組30万円未満↓「消耗品費」（年間300万円まで）

1組30万円以上↓「工具器具備品」

●翌期の経費（例　研修費）を払った↓該当する月の分は「前払費用／預金」にして、翌期に「研修費／前払費用」にします。

●税金

今期の法人税等↓「法人税、住民税及び事業税等／未払法人税等」

前期の法人税等を払った↓「未払法人税等／預金」
今期の消費税等（税込処理の場合）↓「租税公課／未払消費税等」
前期の消費税等を払った↓「未払消費税等／預金」
法人税等の中間納税をした↓「法人税、住民税及び事業税等／預金」。決算時に精算
消費税の中間納税をした↓「仮払税金／預金」。決算時に精算

●**借入**↓融資を受けたときには、印紙代や手数料等が差し引かれている場合があります。借りた金額と会計ソフトを合わせましょう。

●**借入金の返済**↓ネットバンクには借入金の返済と利息が合算されています。返済と利息に分けておき、返済予定表と会計ソフトの借入金の残高を合わせましょう。

□「期限が近いのに、入力が間に合わない……」ときは？

何を優先して記録すべきでしょうか。この場合、**「自分が立て替えた経費」「金額が少ない経費」は捨ててしまうのも1つの手**です。売上がモレるのはNGですが、経費がモレるのは税務署としては問題ありません（まったくないわけではありません）。これはあくまで最終手段なので、余裕をもって決算を迎えたいものです。経費の入力（記録）を一時的にでも外注してもいいでしょう。期限ギリギリということは、記録が遅れているということです。お金を払ってでも追いつき、追いついた後はコツコツ習慣化しましょう。

45 レシート・領収書の保存は、適当でいい

□できるだけ手間をかけない

記録が終わったレシート・領収書などの書類は、どのように保存すればいいのでしょうか。丁寧にやる必要はありません。

次に領収書を見るとしたら、それは税務調査時の税務署職員だけです。**「何月分がどこにあるか」がわかれば十分**なのです。

□レシート・領収書の保存方法

レシート・領収書等は、**13ポケットフォルダを使って保管**しましょう。13ポケットフォルダとは、13のポケットに書類等を整理できるものです（Amazonで検索すると出てきます）。月別にレシート・領収書を入れておくのに最適です。これくらいの適当な区分けでかまいません。

□後でまとめて入力はオススメしない

レシート・領収書を決算のときにまとめて入力するのはオススメしません。

次のようなデメリットがあるからです。

・ためてしまうと入力が大変であり、つらくなる
・日々、いくら使っているかを把握できない
・後日入力するときに「これ、何を買ったときの領収書だったっけ?」と内容を忘れてしまうことがある

レシート・領収書を入力してから、13ポケットフォルダに入れるようにしましょう。

□保存した証拠は、見返さない

「一度データ入力したら領収書はもう見ない」が理想です。いちいち、レシート・領収書を確認するのは時間もかかります。

内容がわかる程度にデータ入力しておけば、レシート・領収書まで戻らなくても、データを確認すればすみます。

46 レシートはスキャンして捨てられる！

□法律が変わって、レシートをスキャンしやすくなった

「証拠をスキャンしてデータで保存したい」という方もいらっしゃるでしょう。紙の書類をデータにするには、スキャナーを使います。スキャンすれば紙も減らせ、ペーパーレス化できるわけです。

これまでの電子帳簿保存法（法律上「スキャナ保存」といいます）は、要件が厳しく、現実的ではありませんでした。今はさらにシンプルに使いやすくなったのです。その要件とは次のようなものです。

□スキャンの要件

・会計ソフトを使ってスキャンする↓バージョンの管理をするため、現実的には会計ソフトを使うことになる

・パソコン、ディスプレイ、プリンターを備えておく（スマホ、ネットプリントでも可）
・スマホでスキャンしてもよい
・速やかにスキャン（少なくとも2か月＋7営業日以内）
・規程（ルールが必要。国税庁にサンプルあり）
・スキャンしたデータは検索できるようにしておく

実質的には、対応している会計ソフトを使えば、要件を満たします。スキャンして、その紙（レシート、領収書等）を捨てることはできるのです。ただ、速やかにスキャンができるかどうか、検索に対応できるか、スキャンの手間をどう考えるかという問題はあります。最後の「検索」については、次の3つの要件を満たす必要があります。

□検索の要件

①取引日・取引先・金額
②範囲指定（日付または金額）
③2つ以上の項目で検索

税務調査の際にデータを渡すことができれば、①のみで大丈夫です。

freeeだとファイルボックスという機能で、取引日（発行日）、取引先（発行元）、金額を確認しなければいけません。レシートに電話番号があれば、取引先名、電話番号から読み

レシートを会計ソフトでスキャンするときの注意点

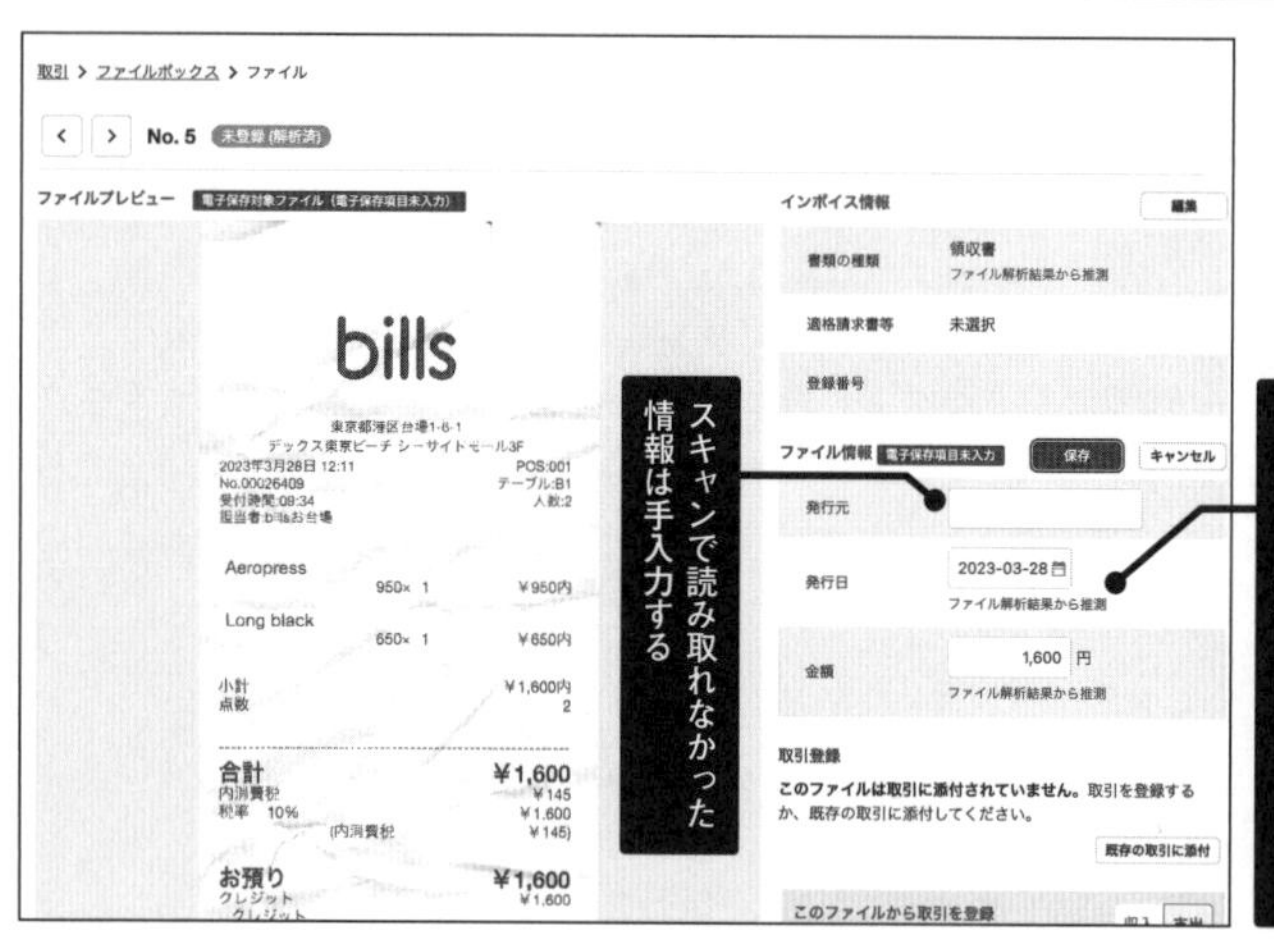

取ることができるのですが、最近は電話番号がないレシートも多く、その場合は入力しなければいけません。

また、プランによっては、取引先名の読み取りができないものもあるので、その手間はかかります。レシートの状況によっては、データを読み取ることができない場合も多いです。このスキャンの手間をどう考えるかですが、状況としては、スキャンしてレシートを捨てられるという環境は整っています。

税務調査のときに、レシートを捨ててしまっていて困るということがないよう、慎重に導入しましょう。請求書についても同様です。

ただ、請求書の場合は、せめてＰＤＦで受け取り、１３８ページのデータ保管

（電子取引）をしておきましょう。

□スキャン自体は、違法ではない

保存がNGなだけで、閲覧するためにスキャンをするのは問題ありませんし、便利です。例えば、「契約書をスキャンしておいて、いつでも見られるようにする」といった使い方はできます。決算書や税務申告書もスキャンしておいて、電子データとして持っておくといろいろ便利です。

他に、**データとして保存しておくと便利なのは、支払い前の請求書**です。その都度払ってもかまいませんが手間がかかります。「スキャン、またはカメラで撮る」にしておいて、スキャンデータを見ながらネットバンクで支払うと便利です。私はiPhoneアプリのFastEver Snapを使っています。

□書類の検索性もアップ！

PC内で書類を検索して呼び出せば、紙の山、倉庫、段ボールからとり出す必要もありませんし、時間も短縮できます。手元にはデータで持っておいて、紙の資料は段ボールにでも入れて、奥のほうにしまっておけばいいのです。

去年の決算書を見るときにも、書類をとり出すよりもPCでPDFファイルを見たほうが早いですし、契約書もさっと見ることができると便利です。

ペーパーレス化は単に紙をなくすだけではなく、書類の検索性を高めることも目的と言えます。「紙をなくす」だけに着目すると、かえって非効率になります。

どんな機器を使うか、データはどう整理するか、どんな書類をデータ化するかなど総合的に考えなければいけません。

□ペーパーレス、データ活用のポイント

ペーパーレス、データ活用のポイントをまとめてみました。

・データ(ファイル)を保存する場所としてフォルダを多用しないようにしましょう。ファイルが見つかりにくくなるからです。

・データ(ファイル)をできる限り減らしましょう。ExcelでもPDFでも可能であれば1つにしておきましょう。

・データを検索で探せるように、ファイル名を工夫しましょう。検索はWindowsならWindowsキー、MａｃならCommand＋スペースです。

・データを画面上で見やすくするよう、デュアルディスプレイ、タブレットを活用し、プリントアウトしないようにしましょう。

・データで送ってもらう、または共有するようにして紙を受け取ることをやめましょう。

古い書類はどんどんスキャン保存する

古い書類をそのまま保存しておく

➡ 整理が難しく、探すのに手間がかかる

どんどんスキャンして、データとして保存する

➡ 知りたい情報をすぐ見つけられる

47

簿記検定は受けなくていい!

□ひとり社長にとって、いらない知識が多い

「勉強して、簿記検定を受けたほうがいいのでしょうか」

こうした質問をよく受けます。結論としては「社長は簿記検定を受ける必要はありません」になります。実際私は、お客さまに「簿記検定をとってください」と言ったことはありません。

もちろん、勉強して知識を身につけ、検定を受けるにこしたことはありません。しかし、もっと知るべきことはありますし、簿記検定にはムダな知識も多いのです。

□簿記検定には、使えない問題も出ます

簿記検定は、「あらゆる会社のあらゆる取引」を勉強しなければいけません。つまり、社長にとって必要のないことも多いのです。

知識として仕入れるには最適ですが、「実際に使えるか」「会社の数字が読めるようになるか」というと必ずしもそうではありません。

例えば、簿記検定では次のような問題が出ます。

①現金5万円を当座預金に預け入れた

↓当座預金を使っていない会社の社長には必要ありません

②東京商店から商品10万円を仕入れ、その代金のうち半分は小切手を振り出して支払い、残りは来月末に支払うこととした

↓仕入がない会社、小切手を使っていない会社には必要ありません。そもそも東京商店という架空の会社の事例を出されてもピンとこないでしょう

③大阪商店へ商品30万円を売り上げ、代金のうち10万円は同店振り出しの約束手形を受け取り、残りは来月末に約束手形で受け取ることとした

↓手形を使っていない会社には必要ありません。今や手形を使う会社はどんどん減っていますが、簿記検定の勉強としてはやらざるを得ないのです

「数字を読み、経営に活かす」という意味では、自分の会社の数字が一番勉強になります。

48

簿記と仕訳。ここだけは知っておく

□たった1つ、おさえるポイント

前項で「簿記検定を受ける必要はありません」と言いましたが、簿記でたった1つ、おさえておいていただきたいことがあります。

会社の取引は、2つの側面から表現できるということです。

1つはお金の動き。「現金を使うのか」「預金を使うのか」「掛けにするのか」などです。もう1つは、そのお金が動いた原因。「売上代金が入ってきたのか」「経費が出ていったのか」などです。

次ページの図を見てください。このように取引先から売上代金1万円が振り込まれたとします。この場合、「お金の動き＝預金が増えた」「原因＝売上代金が入ってきたため」と表現できます。

これを記録していくのが簿記なのです。**「2つの視点から取引を記録する」**と考えても

簿記、知っておくのは「ここ」だけ！

Point

預金が10,000円増え、売上も10,000円増えた → 「預金10,000／売上10,000」と書く

らってもかまいません。

ちなみに仕訳とは、発生した取引を記録することです。

この場合の仕訳は、「預金１００００／売上１００００」と書きます（売掛金で処理している場合は、預金１００００／売掛金１００００となります）。

左右に、お金の動きを振り分けるわけですが、どちらが左、どちらが右なのかは迷うところではありません。基本的には、**お金が増えたときはお金を左に、お金が減ったときはお金を右に入れましょう。**

例えば「新商品の広告費として５０００円使った」場合、増えたのは広告費、減ったのは預金なので、「広告費５０００／預金５０００」になります。

第4章

3ステップ経理術
ステップ③
チェックする

チェックする

49 3ステップ経理術③「チェックする」

□しっかり時間をかけよう

食材を買う「集める」、調理する「記録する」のステップを経て、最後は、味つけや盛りつけをする「チェックする」のステップです。「集める」「記録する」はささっとやってもかまいません。しかし、この**「チェックする」にはしっかり時間をかけましょう。ミスや異常値を見つけるのです。**「チェックする＝会社の状態を把握する」ということでもあります。「数字が苦手」という方はその甘えを捨てましょう。自分の会社です。数字が苦手と言いつつ会社を潰してしまってもいいのでしょうか。数字に強くなる必要はありません。チェックできれば十分なのです。

□損しないため、節税するため

チェックがいい加減だと、間違った数字のまま決算・申告する可能性もあります。売上モレがあればペナルティを受けますし、経費モレがあれば税金を多めに払ってしまいます。そのためにもしっかりチェックしましょう。

□数字に表れる異常を見つける

「数字だけでは何もわからない」と思われるかもしれません。おっしゃる通り、数字だけではダメです。数字に表れない異常もたくさんあります。

とはいえ、数字に表れる異常もあるのです。両方を見ることで、会社の本当の姿が見えてきます。

□「ざっくり記録、きっちりチェック」がオススメ

ステップ②の「記録する」とステップ③の「チェックする」では、「ざっくり記録、きっちりチェック」をオススメします。**データを入力するときは逐一チェックせずに、すべて終わった後にしっかりチェックする、**というイメージです。

これとは逆に「きっちり記録、ざっくりチェック」だと、どうしても数字のモレ、異常を見つけにくくなります。「間違えてはいけない」という思いから、「記録する」に力を入れて、「チェックする」まで手がまわっていないケースをよく見かけます。

50 請求と支払いは、毎月必ずチェック！

□ここが会社の生命線！

毎月必ずチェックすることとして、「請求」と「支払い」があります。いわば、「入ってくるお金」と「出ていくお金」が決まるため、非常に重要です。

□請求時のチェック

●請求書の記載事項

請求書には必ず支払期限を明記しましょう。売上入金モレをなくす第一歩です。支払期限は、当初の契約やとり決めで必ず決めて、可能な限り書類（またはメール）を作っておきましょう。

２０２３年10月１日以降は、インボイスの要件（１２８ページ参照）についても確認する必要があります。

●入金をチェック

入金予定日の翌日には必ず入金をチェックしてください。もし入金がなければメールで催促します。

「入金が確認できませんでした。恐れ入りますが、ご確認いただけますでしょうか?」という文言で聞けば大丈夫です。

仕入や外注費がある場合、支払う前に、対応する売上の入金があるかを確認しましょう。先に支払ってしまうと、立て替え払いをすることになり、資金繰りが苦しくなります。どうしても入金がない場合は弁護士へ早めに相談しましょう。

□後々のトラブルを避ける工夫

●入金がない場合の対応方法

催促の連絡をしても、入金がない場合のことを考えてみましょう。

これは相手の対応次第ですが、場合によっては、その仕事から手を引くべきです。「そんなわけにはいかない」と思われるかもしれませんが、そうしなければ、きちんとお支払いいただいた他のお客さまに申し訳が立ちません。

リスク回避のために、「初回の取引では全額、または半額を前金でいただく」といった方法も有効です。

□支払時のチェック

支払期限が契約通りか、そして請求内容が正しいかをチェックしましょう。

「相手を信頼すること」と「書類（請求書）を確認すること」は違います。しっかり確認しましょう。

●源泉所得税を預かる場合

個人事業主に対して外注する場合、源泉所得税を差し引いて支払わなければいけない場合があります。契約時にその点も確認しておきましょう。

●支払いはまとめて月１回

支払いはできるだけ月1回にまとめましょう。効率を良くすることと、資金繰りの計画を立てやすくするためでもあります。その都度払っていると慌ただしく、資金繰りや資金移動も難しくなります。イレギュラーな支払期日（5日や15日）を要求された場合でも、交渉すれば何とかなる場合も多いです。

●支払いモレ、遅れがないように

最も重要なのは、支払いモレ、遅れがないようにすることです。しっかりチェックして、信頼を失わないようにしましょう。

毎月必ずチェックすること

- 金額に間違いはないか
- 期限を明記しているか
- きちんと入金されているか

- 請求内容が正しいかどうか
- 対応する入金は遅れていないか
- 払っていないものはないか

「入ってくるお金」と「出ていくお金」が決まるので、とても重要

51 「記録する」に間違いはないか?

□こんなところにミスが起こる!

「記録する」に問題・異常がないかをチェックしましょう。

●預金をきっちり合わせる

経理の世界でもっとも信用があるのは、預金です。預金はネットバンクに記録されます。まずはこの預金残高をチェックし、会計ソフトの記録と一致しているかを確認しましょう。ネットバンクの自動連動のしくみを使えば、このチェックも原則として必要ありません。お金の動きだけをチェックすれば良くなります。ただし、ネットバンクや会計ソフトのエラーにより残高が合わなくなる場合もありますので気をつけましょう。

●AIに注意

ネットバンクやカードなど、自動取り込みしたものはもう一度チェックしましょう。AIで推測したものが間違っている、不適切な場合もあるからです。「集める」「記録する」

で効率化した時間の一部を「チェックする」で使いましょう。

●金額が大きいものを重点的にチェックする

ひとり社長の事業規模にもよりますが、金額として10万円以上のものは絶対にモレやダブりがあってはいけません。

□B／S、P／Lもチェック！

●B／S残高をチェックする

B／S（貸借対照表）にマイナスの残高がないかをチェックします。必ずプラス、または0になるからです（例外として、貸倒引当金はマイナスで表示し、利益剰余金はマイナスになることがあります）。マイナスなら、「記録する」の段階で、間違えたということになります。よくある間違いとして、「工具器具備品」「ソフトウェア」があります。青色申告であれば、30万円未満のものは経費（消耗品費）にできます（年間300万円まで）。

そういったものが残っていないかを確認しましょう。

●P／Lの推移をチェックする

次にP／L（損益計算書）の推移を見ます。推移とは月別の数値の比較です。

もし、金額が変動していれば、ひと目でわかります。

経理担当者でも推移表を見ないケースが多いのですが、この推移表はミスを見つけるのに最適な表なのです。必ずチェックしましょう。

●**B／S、P／L前期比較**

B／S、P／Lともに前期とざっくり比較しましょう。極端に増減している箇所があれば、何かが間違っている可能性もあります。

□やりがちなので、しっかりチェック

●**二重計上していないか**

自分が立て替えた経費（役員借入金）を計上するときは、二重に計上していないかをチェックしましょう。クレジットカードで払ったものは、二重計上になりがちです。

これを防ぐために、クレジットカードで支払おうが、現金で支払おうが、必ずレシート・領収書から記録するのをオススメします。逆に、カード明細にしかないものもありますので、注意しましょう。

●**勘定科目のチェック**

自分で決めた勘定科目の基準で処理しているかを確認しましょう。あるときは、消耗品費、またあるときは支払手数料では、正しい比較ができません。このために、似たような勘定科目は使わないほうがいいのです。例えば、事務用品費と消耗品費。どちらにするか迷うため、消耗品費のみを使うことをオススメします。

●発生のタイミングで記録されているか

正しく業績を把握するには、発生した段階で記録する「発生主義」が基本です。

例えば、10月11日に発生した経費で11月末に払うものでも10月分で計上します。ただし、小さい金額のもの、またはだいたい毎月同じ金額のものは支払った日に計上してもかまいません。業種により異なるでしょうが、電気代、電話代、水道代、ガス代などです。

決算月の経費で忘れがちなのが社会保険料の会社負担分です。社長の給料から天引きされている社会保険料（健康保険、厚生年金等）とだいたい同じ金額だけを会社から負担します。この社会保険料は、当月分を翌月末に支払うものです。

例えば、3月決算では、3月分を4月末に払いますので、会社負担分が5万円なら、5万円を「法定福利費／未払費用」と計上できます。翌期は、前期分を「未払費用／法定福利費」と入れて消し、決算でその期の分として「法定福利費／未払費用」を入れましょう。こういった発生での計上をきちんとやることが、節税の第一歩なのですが、意外とできていません。**ウルトラCの節税を求めず、基本的なことをきっちりこなしましょう**。

●内訳の確認

重要なチェック項目として、内訳というものがあります。売掛金（未回収の売上代金）なら、各取引先でいくらずつ残っているかの内訳が必要です。

例えば会計ソフトの売掛金が１２０万円なら、どの取引先にいくら残っているかの確認をしなければいけません。このようにすべての貸借対照表科目について内訳が判明していなければいけないのです。

「トータルではわかるけど、内訳はわからない」「内訳のうち60万円は不明」というわけにはいきません。とはいえ、どうしてもわからない残高があることは多いです。その場合、少額であれば、残高を消すしかありません。

過去の残高であれば、**「雑損失」「雑収入」とし、すっきり消してしまいましょう**。もし役員借入金勘定に残高があるなら、その役員借入金で調整してもかまいません。これは自腹を切ることと同じです。

わからないものをずっと残していても仕方ありません。ただし、金額によります。10万円を超えるようなものが不明なら残高を消すわけにもいかないでしょう。

□銀行は見ている

●仮払金、貸付金がないか

仮払金とは「仮に払った金額」ということで、決算までには消えていることが理想です。経費の仮払いなら処理しておきましょう。

どうしても残る場合は仕方ありませんが、前期と当期の仮払金が同じ金額で残っていると、経理がずさんな印象があります。

銀行が嫌がること

銀行から見ると
「貸した金を他人に貸しているのか！」
と、イメージが悪い

また、**貸付金は極力なくしましょう。お金を貸すと決算書に残ってしまう**ので、会社のお金を貸すのはやめましょう。社長自身に貸していると、「会社のお金をプライベートで使い込んでいる？」と疑われてしまいます。また社長への貸付金は利息をとらなければいけません（とらない場合、貸付ではなく、給料とみなされてペナルティが大きくなります）。年により変わり、2022年は0・9％です（「利息　国税庁」で検索）。

金融機関からお金を借りている場合、貸付金があると「貸したお金を他人に貸しているのか！」「社長が使っているのか！」とイメージが悪くなるので注意しましょう。

52 「お金のチェック」、この4つを重点的に!

□毎日チェックしてもいい

●残高が増えているかどうか

お金が増えているかどうかをまずチェックしましょう。

残高が正しければ、その増減には理由があるはずです。思い当たる節がなければ、「記録する」が間違っているか、異変が起きているかということになります。早期にその異変に気づくのが経理の役割です。

●お金がいくら残っているか

会社にお金をどのくらい残しておけばいいのでしょうか?

1つの目安としては、売上2カ月分と言われています。まったく売上がなくても、2カ月は持ちこたえられるだけのお金です。「2カ月間売上が0」というのはまったく考えられない事態ではないでしょう。

いざというときのためにも、お金の備えが必要です。ただし、このお金を会社で持っていても、社長が持っていてもかまいません。社長が会社に貸せばいいからです。会社のお金、社長のお金は、常に合算して考えておきましょう。

□「税金、特に消費税」を忘れずに！

●税金を差し引くとどうなるか

税金は、ビジネスの結果得たものをベースに計算します。利益と税金の考え方の違いはありますが、その分のお金は残しておくべきです。

税金が今、いくらかかるか、を概算で計算し、常に手元のお金から引いて考えましょう。229ページに概算表を載せておきます。

特に消費税は、売上の消費税、つまり預かった消費税から払うものです。普通に考えれば、消費税は必ず払えるものといえます。

●営業活動でいくら稼いでいるか

お金の増減にはさまざまな理由があります。売上が増えるとお金は増えますし、金融機関から借りても増えるのです。今、会社にあるお金がどういう理由で増減したものかを把握しておく必要があります。

毎月必ずやるべき「お金のチェック」

残高の増減には必ず理由がある。
原因を明らかにしておく

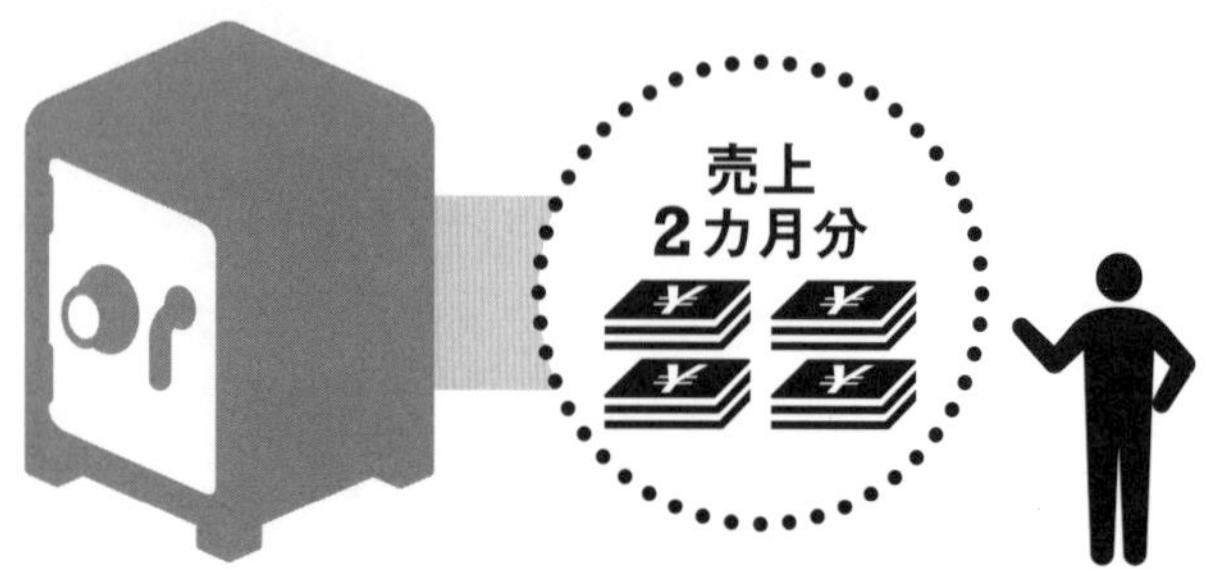

いざというときに備えて、お金を残しておく

③「税金がいくらかかるのか」のチェック

法人税の目安	
法人所得	税率
～1,500万円	30%
～4,500万円	35%
4,500万円～	40%

消費税の目安	
原則課税	売上の消費税 ー経費の消費税
簡易課税	売上の消費税 ×率（業種ごと）
2割特例	売上の消費税 ×20%

➔「引かれる税金」を常に意識しておく

④「営業活動でいくら稼いでいるか」のチェック

➔ 銀行からお金を借りても、お金は「増える」。本業で稼げているかを調べる

53

「社長の違和感」は正しい。原因究明をしっかり

□不安になったら、すぐ調べる！

自分で記録した数字を見たときに違和感はありませんか？
「自分の感覚よりも数字が大きい」「数字が小さい」という違和感です。
例えば次のようなものがあります。

・コストを削減したはずなのに、経費が思うように減っていない
・利益を結構出すことができたと思っていたのに、資金繰りが苦しい
・儲かっていないと思っていたら、予想外に利益が出ていて、税金も多かった

この違和感の原因は、次のどちらかです。

①数字が間違っている

②経営に変化が起こっている

前者の場合は、数字を修正すればいいのですが、後者の場合は、変化の原因を探り、その変化への対応も検討しなければいけません。

多くのひとり社長とお会いしてきた中で、社長の勘は非常に鋭いと感じています。会社の数字が社長の勘や認識と一致しているかどうかを確認するのは重要です。

□異常値は「ここ」に表れる！

数字をチェックするのは、異常値を見つけるためです。異常値、つまり何か会社に異変が起きていないかを確認します。数字として出てきやすいのは次の3つです。

・粗利率が下がっている
・経費が増えている
・売上が落ちている

これらを発見し、原因を探れば、すぐに対策を打つことができます。その対策の結果を、再度数字で確認しましょう。**小さな金額は多少違っていても影響はありません**。決算時に修正できていれば十分です。月次のチェックでは大きな金額を確認してください。

54
お金の使い方と削り方、その基本ルール

□常に頭に入れておく

お金を稼ぐよりも実は使うほうが難しいのです。お金をうまく使うためにも「チェックする」が重要となります。

まずは会計データを基に、「何にいくら使っているか」を把握しましょう。特に注意するのは次の3つです。

①大きな金額

金額の大きな勘定科目は必ず明細をチェックしましょう。

②毎月払っているもの

金額とともにやめることができるかどうかもチェックしましょう。

③累計で考える

毎月は少なくても年間だとかなりの金額を払っているケースがあります。経費のチェッ

クは累計で考えましょう。
もしお金が不足してきたら、どれを削るかを予め考えておきましょう。

□いざというときに何を削るか、考えておく

次は緊急時の資金繰りです。「お金が足りない。しかもすぐにお金が必要になる」となったとき、削るのならば、次の通りになります。

①役員報酬（原則、減らすことはできませんが、払わないことはできます）
②経費
③税金
④社会保険料
⑤借入金
⑥家賃
⑦仕入れ先

「税金は絶対に払わなければいけないのではないか？」と思われるかもしれませんが、必ずしもそうではありません。多少は待ってくれます。もしどうしても払えないときは税務署にきちんと説明し、返済計画を立てて払いましょう。

55

経費削減より「経費削除」を意識する

□いらないものは、思い切ってカットする！

会社経営の経費で金額の大きいものは「人件費」です。

しかし、ひとり社長の場合は、自分以外の人件費がかかりません。その他の経費の削減ができないかをまず考えましょう。

そして、経費を削減するよりも削除、つまり0にできないかを考えてみてください。これまで当然のように使っていたものでも、実は必要ないものもたくさんあります。一時的に違約金や解除料、処分手数料がかかっても躊躇せずに削除していくべきです。

「せっかくこれまで投資してきたから」「○○円つぎ込んだから」という気持ちはわかります。しかし、無駄なモノを使い続ける時間やストレスのほうが負担が大きいので、思い切って削減しましょう。

知識やスキルを身につけると削減、または削除できるものも多いです。税金、経理の知

「経費削減」「経費削除」の効果が高いもの

① 外注費、サブスクリプション

② 家賃

③ 行きたくない飲み会

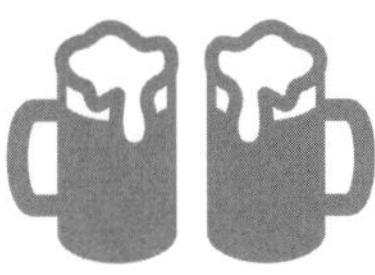

識をつければ税理士報酬が不要になります。Webの知識をつければ、SEO対策費やHP作成代もいりません。毎月、毎年定額で払うサブスクリプションも見直しましょう。

他にも、経費削除及び削減しやすいものとして、**「広すぎる、豪華すぎるオフィスの家賃」「使いにくいけど高いシステム利用料」「読んでいない新聞、雑誌、業界紙などの定期購読料」「行きたくない会合・飲み会」**などがあります。

自分のお金の使い道を常にチェックしておかないと、無駄遣い、見栄の浪費、つき合いを続けてしまうのです。自分と向き合い、お金の使い方のトレーニングをしていきましょう。

56 チェックすべきは、B／SとP／L

□まずは、この2つだけでいい

会計ソフトを使っていれば、数字を集計してくれますので、それをチェックします。「B／S（貸借対照表）」「P／L（損益計算書）」「販売費及び一般管理費の明細書」「株主資本等変動計算書」「個別注記表」などです。

ひとり社長がまずチェックしなければいけないのは、「B／S」と「P／L」です。

両者の特徴をまとめると、**B／Sは写真で、一定の時点の数字をパシャッと撮ったもの。P／Lは動画で、1年間の動きを撮ったもの**だと言えます。

このB／S、P／Lを決算書でチェックしないようにしましょう。決算書をつくるのは1年に1回。1年に1回のチェックでは到底足りません。毎月チェックしましょう。

財務三表の1つと言われるキャッシュ・フロー計算書は、ひとり社長には必須資料ではありません。経営資料としては、資金繰り表のほうが好ましいです。

決算書で大事なのは、B/SとP/L

決算書とは、①貸借対照表（B/S）、②損益計算書（P/L）、③販売費及び一般管理費の明細書、④株主資本等変動計算書、⑤個別注記表などを指すが……

まず、チェックする必要があるのは、①貸借対照表（B/S）、②損益計算書（P/L）

① 貸借対照表（B/S）

会社が保有する資産と、会社が負担している負債、そしてその差額としての純資産が記載されたもの

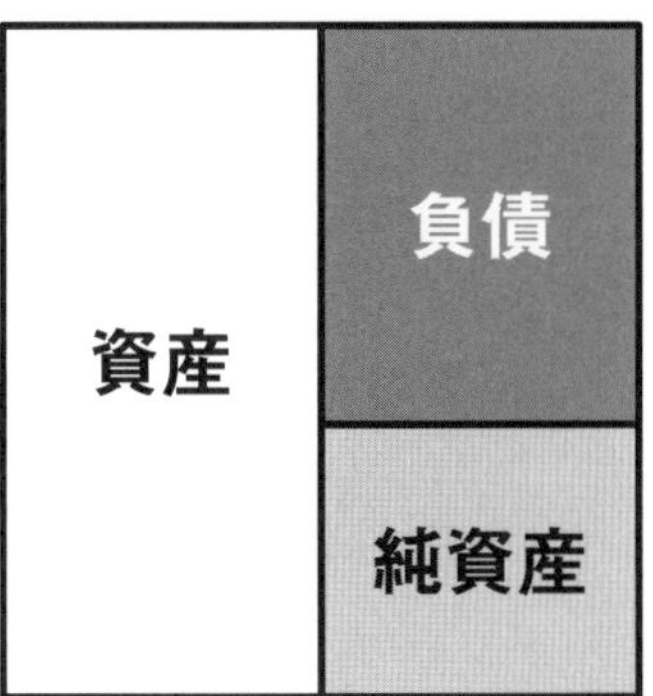

② 損益計算書（P/L）

ある期間に、会社がどれだけの利益をあげたのかを示すもの。「利益＝収益－費用」であり、この表の場合、グレーの部分が利益

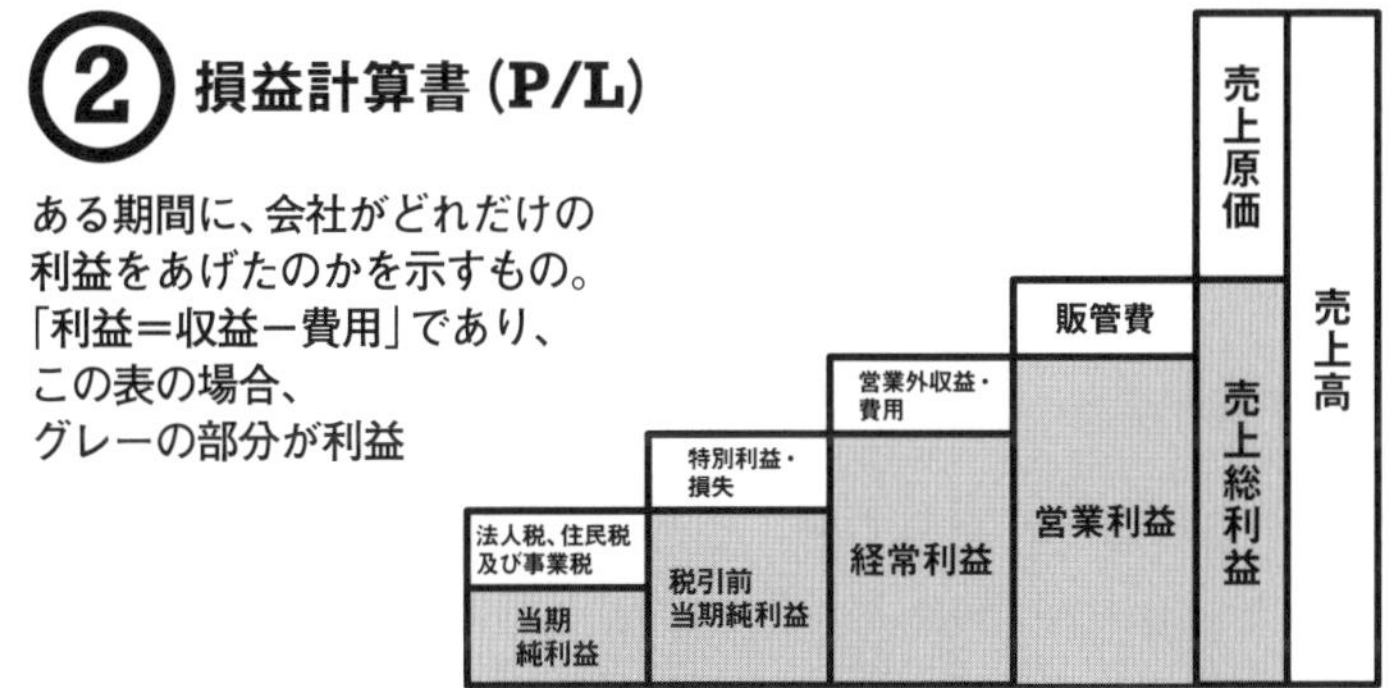

57 B／SとP／Lは、つながっている

□関係性を理解しておく

「普段はP／Lしか見ていない」「B／Sはよくわからない」という声をよく聞きます。しかしこれは、**「B／SとP／Lを、個別に理解しようとしている」から生じる**ものです。両者の関係性を理解できれば、B／Sも必ずわかるようになります。

次ページの図を見てください。これがB／SとP／Lの関係です。B／Sの右側にある純資産は、一般的に資本金と利益剰余金から成り、利益剰余金は、「過去のP／Lの利益＋当期のP／Lの利益」から構成されています（配当などをした場合は差し引きます）。このようにB／SとP／Lはつながっています。どちらか片方ではなく、B／SとP／Lの両者の数字を読む力が必要なのです。この点をしっかり理解してください。

次は、B／SとP／Lの関係を時系列で見ていきましょう。240ページの図を見てください。3月決算の会社で、ここ3年間のB／SとP／Lの動きを追ったものです。

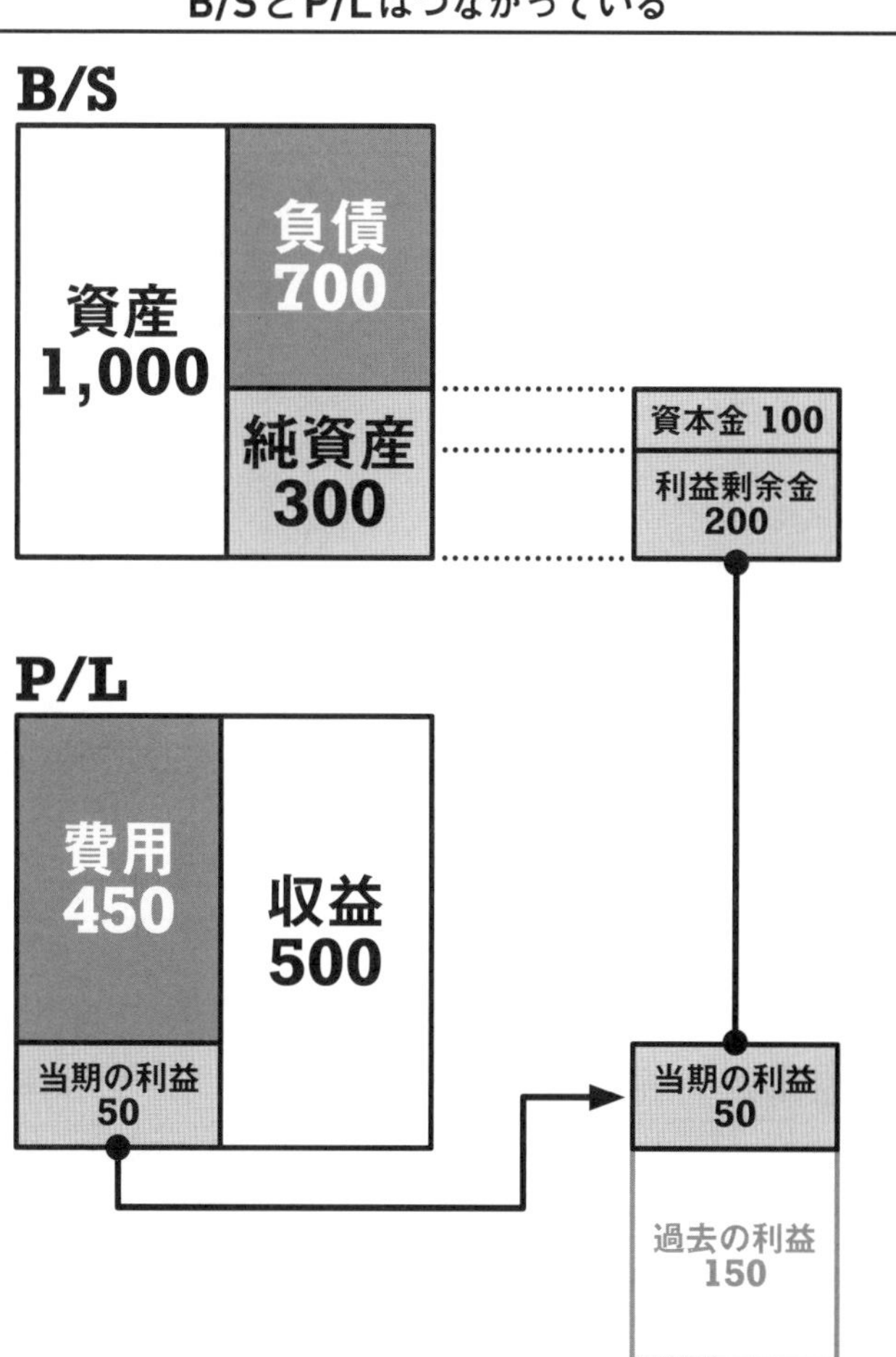
B/SとP/Lはつながっている
B/S
資産
1,000
負債
700
純資産
300
資本金 100
利益剰余金
200
P/L
費用
450
収益
500
当期の利益
50
当期の利益
50
過去の利益
150
B/Sの利益剰余金＝過去の利益＋当期の利益

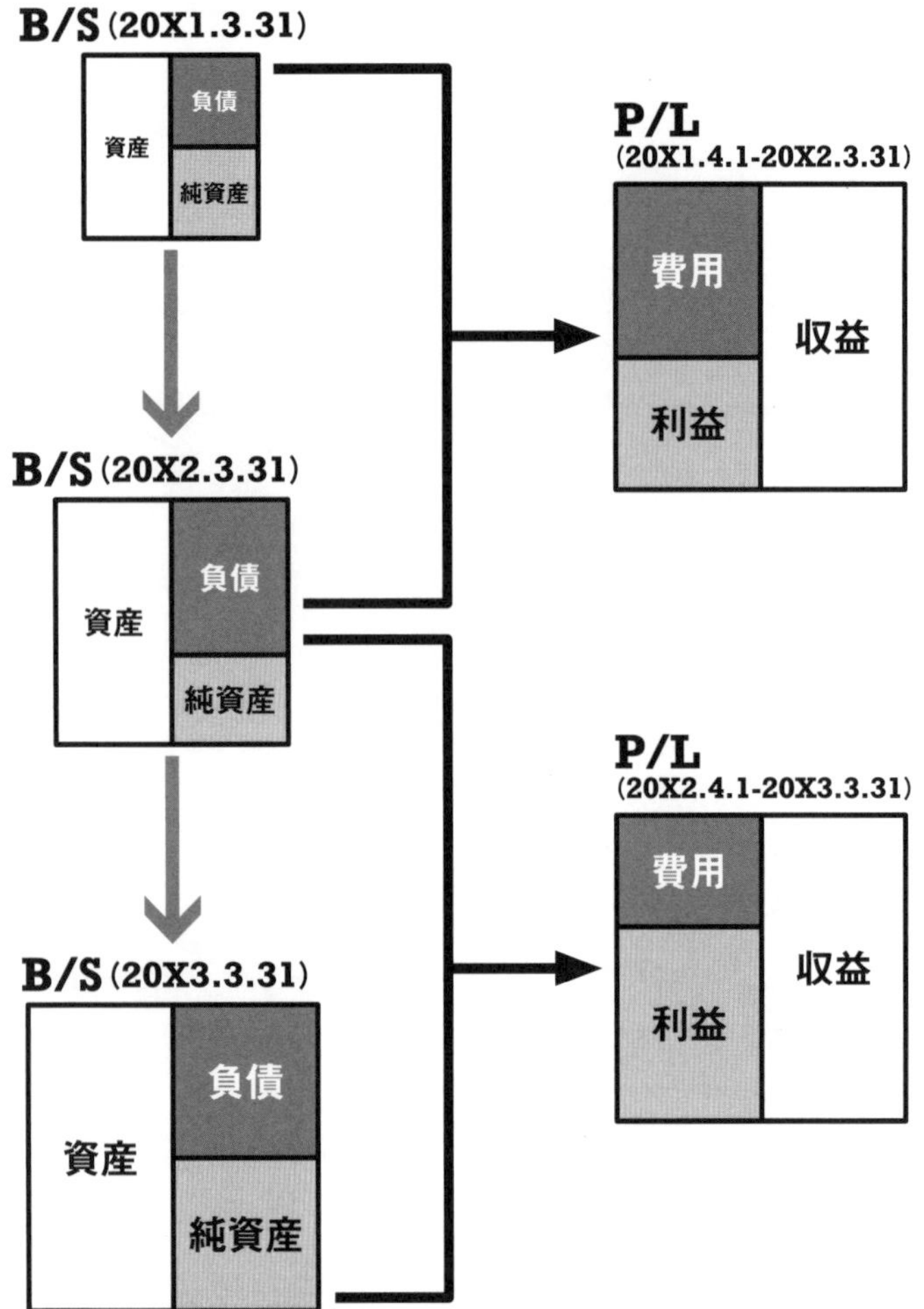
B/SとP/Lを時系列で見る
B/S (20X1.3.31)
資産
負債
純資産
B/S (20X2.3.31)
資産
負債
純資産
B/S (20X3.3.31)
資産
負債
純資産
P/L
(20X1.4.1-20X2.3.31)
費用
利益
収益
P/L
(20X2.4.1-20X3.3.31)
費用
利益
収益

2社のB/Sを見比べてみる

Ⓐ、Ⓑともに
創業5年の会社

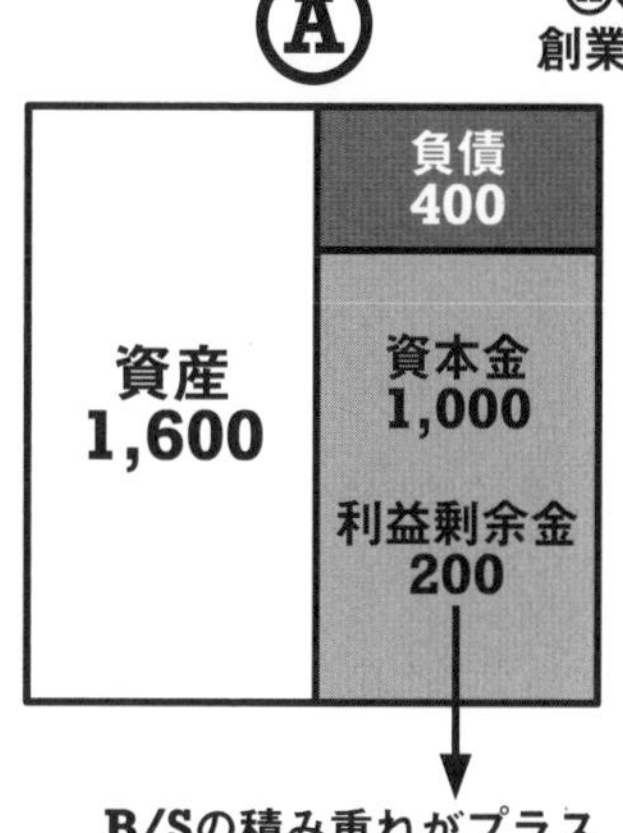

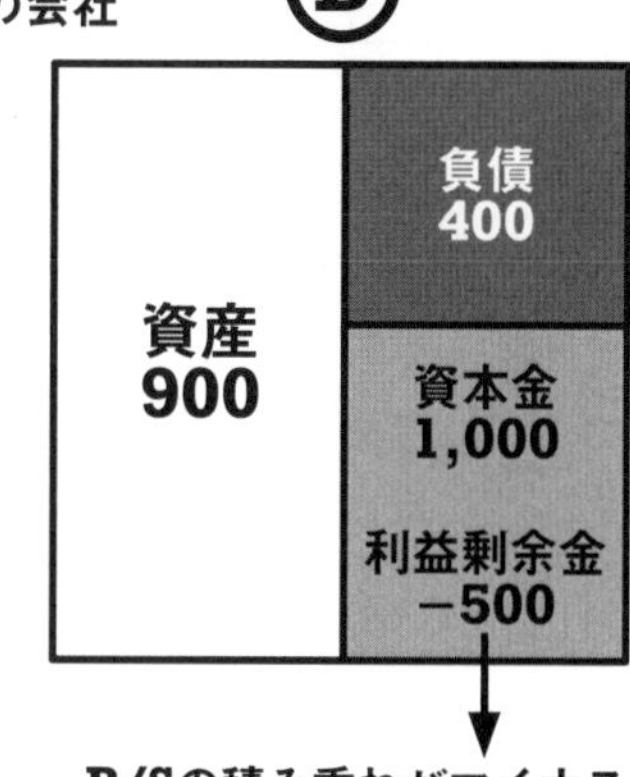

ここで注目していただきたいのは、B／Sは期が変わると蓄積されていくのに対し、P／Lは期ごとで明確に分断されていることです。P／Lは決算が終わるとリセットされます。**P／Lだけなら、いくらでもごまかせる**わけです。P／Lだけを見ても会社の真実は見えません。これまでどんなに業績が悪くても、決算が終わればリセットされてしまうからです。決算という便宜上、1年ごとに区切っているにすぎません。

つまり**B／Sにこそ、会社の本当の力が表れる**のです。

上の図を見てください。創業5年の会社、ⒶとⒷのB／Sです。P／Lを見なくとも、B／Sだけで、この5年の業績がわかるのです。

58

「資産」がたくさんあっても、安心しない

□注意すべき「3つの資産」とは？

B/Sの「資産」には、重要な論点が1つあります。それは、「利益を生んでいるか、お金になるか」ということです。

実は**「資産」には、利益を生まないものもある**のです。

例えば、**売掛金**は、回収しなければ、意味がありません。取引先からの回収が遅れれば、資金繰りが苦しくなりますし、回収が不可能になれば、損失になってしまいます。**商品（在庫）**も売れれば、お金になりますが、売れ残れば損失になってしまいます。**不動産**も同様に利益を生まない建物や土地を持っていても、維持費がかかるだけです。こうした理由から、「売掛金の早期回収」「在庫の圧縮」「無駄な不動産に投資しない、無駄な不動産は処分する」ということが行われるのです。利益を生む「資産」をどれだけ持っているかが、経営効率の良さにつながります。

B/S、「ここ」をしっかりチェック

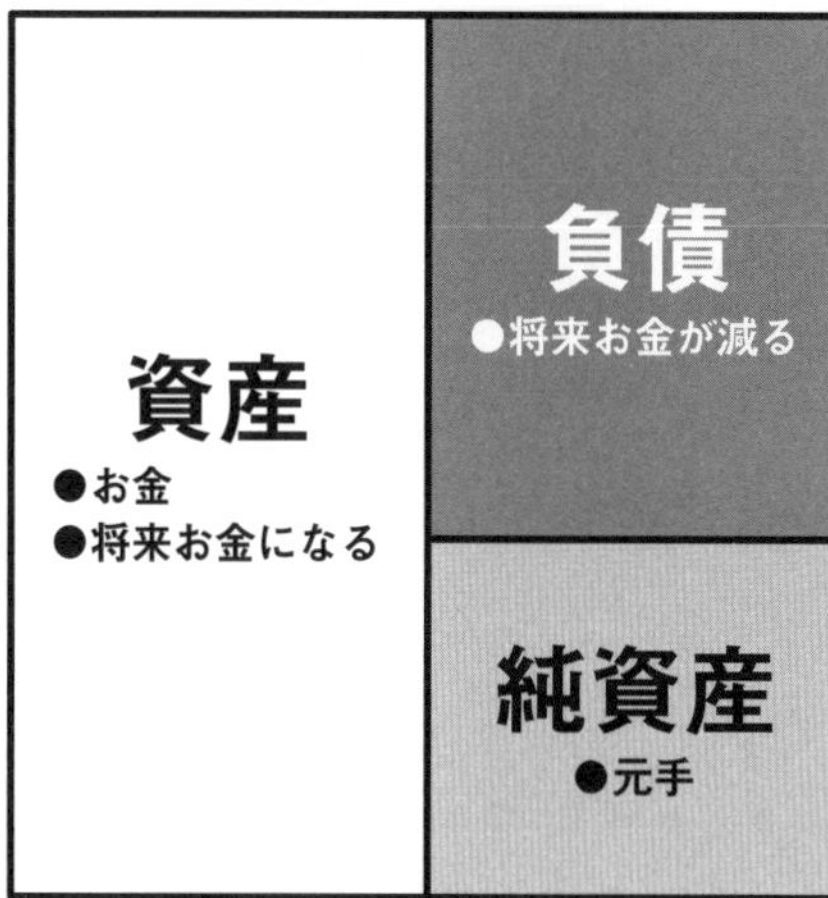

ところが、
「資産」には
利益を生まないものもある

59 決算特有の7つの処理とは？

□基礎知識をおさえておく

決算とは、年に1回、会社の業績を確定させることを言います。基本的には、日々の「集める」「記録する」「チェックする」の積み重ねです。

●未回収の売上計上

決算月が3月なら、3月の売上で、4月以降に入金されるものも入れなければいけません。売上や経費（仕入）の時期は、税務調査でも注意深くチェックされるところです。「時期がずれただけじゃないか」と思われるかもしれませんが、時期がずれるとそこに罰金がかかります。入念にチェックしましょう。

●未払いの経費計上

発生していてまだ払っていない経費を計上します。3月の請求書でまだ払っていないものやカードで払った経費です。税金についても、「法人税、住民税及び事業税等／未払法人税等」「租税公課／未払消費税等」とその事業年度の未払いの経費として入れることになります。通常、決算が終わり、次の事業年度になってから税金を払いますが、その税金は決算日に発生すると考えるからです。

●前受けした売上の計上

代金を前もって受け取った場合は、売上ではなく前受収益、または前受金として処理し、翌期の売上にします。

●前払いした経費の計上

すでに支払ったものでも、その経費が翌期以降のものである場合は、前払費用として処理し、翌期の経費にします。広告宣伝費、外注費などに注意してください。

●減価償却

30万円以上の資産を価値の減少に応じて、経費化する方法です。

●棚卸し

在庫がある場合は、決算月にカウントします。これを棚卸しと言います。在庫管理がいい加減だと、ここで数字が合わず大変なことになります。

●その他の整理

決算の見栄えを良くするためにその他の整理を行います。例えば、社長への仮払いが残っていたら、決算までに整理するのです。

60 これで安心！消費税チェック

□インボイス後の消費税チェック

2023年10月1日以降、インボイスがスタートします。消費税を納めなくてもいい場合でもインボイスに登録すると、消費税を納めなければいけません。

経理の最終チェックとして、今一度消費税について確認しましょう。

まず、消費税を納めるべきかどうか。インボイス後は、インボイスに登録していればその期間は消費税を納める必要があります。インボイスに登録してなければ、2期前の課税売上高が1000万円超なら消費税を納めなければいけません。

消費税の計算方法は、インボイス後は次のようになります。

・原則課税（売上と経費から消費税を計算）
・簡易課税（売上のみから消費税を計算）
・2割特例（売上のみから消費税を計算）

・簡易課税の届出書を出していれば、簡易課税または2割特例から選ぶ
・出していなければ、原則課税と2割特例から選ぶ

消費税を納めるのか、どの計算方法で消費税を納めるのかを確認しておきましょう。2割特例は、あくまで、2期前の課税売上高が1000万円以下の場合のみです。**1000万円を超えていたら、原則課税または簡易課税となる**点に気をつけましょう。それぞれの区分に応じて、消費税のチェックポイントは変わってきます。

消費税は、1つミスをするとそれだけで税額が変わってしまいます。10万円の売上に、本来は消費税がかからないのに、消費税10%がかかっているものと計算すると、

正　10万円（消費税0円）
誤　10万円（消費税9090円）

となり、納税する消費税（サービス業で簡易課税なら9090円×50%＝4545円）が増えてしまい、損します。

□売上の消費税のチェック（原則課税、簡易課税、2割特例）

消費税を納めるすべての方は、売上の消費税をチェックしなければいけません。

消費税がかからないものとしては、次のようなものがあります。「輸出売上」「損害賠償金」「助成金」「給付金」「補助金」「Google アドセンス収入（ネット上の広告収入。Google が海外にあるため）」「YouTube 収入」「Kindle の売上」などです。

会計ソフトでは消費税の区分が「対象外」となっているか確認しましょう。海外への売上は、「免税」となります。「非課税」となるのは、利息や土地の売却・貸付などです。食品（酒類除く）は、軽減税率で8％となります。間違えないようにしましょう。

簡易課税の場合は、業種によって、次のような区分に分ける必要があります。

「第一種　卸売業」「第二種　小売業」「第三種　製造業」「第四種　その他（不要品の売却)」」「第五種　サービス業」「第六種　不動産業」

仕事で使っていたパソコンやスマホをメルカリやヤフオク等で売った場合には第四種となることに気をつけましょう。

□経費の消費税のチェック（原則課税）

消費税を原則課税で計算する場合、経費の消費税もチェックしなければいけません。

□消費税がかからないもの

「経費に対する消費税」で、消費税がかからないものは次のようなものです。

・香典、お祝い金
・海外へ払うアプリ代
・ゴルフ場利用税
・軽油税
・住宅の家賃（オフィスはかかります）
・国際電話
・国際宅配便、郵便
・海外への航空券、出張手当
・海外での宿泊、交通費、飲食代
・対価のない会費（○○会費、町内会費）
・寄付金
・海外送金手数料

□消費税がかかる？　かからない？

●Googleの広告料

Googleへ払う広告料のアドワーズは、2019年4月より、日本法人へ支払うこととなり、消費税の対象となりました。

金額が大きいので要注意です。同様にYahoo!に関するものも、Yahoo!が日本法人なので消費税の対象となります。

●家賃

家賃については、用途によって消費税の課税が決まります。オフィスといった事業用なら課税、社宅といった居住用なら課税対象外です。駐車場は事業用、居住用問わず課税となります。土地は、課税対象外です。

●交際費

交際費は原則的に消費税の課税対象ですが、お金を渡した場合は、課税対象外となります。香典、ご祝儀は課税対象外です。

●海外との取引

海外への支払いは課税対象外です。国際電話、国際旅客、国際郵便などは消費税がかかりません。

●売却した場合

モノを売った場合の消費税は、売却金額が対象となります。損をしたか得をしたかは関係ありません。例えば、決算書上で60万円の車を100万円で売った場合、40万円得していますが、100万円に対して消費税がかかります。消費税の簡易課税の場合、第四種になることに注意しましょう。

●保険料

生命保険、損害保険など保険料を支払った場合（経費にできるもの）、保険金を受け取った場合（収入にあげるべきもの）は消費税の課税対象外です。節税目的で保険に入った場合、法人税等は節税できても、消費税の節税効果はありません。

●損害賠償金

損害賠償金を支払った場合、そして損害賠償金を受け取った場合、共に消費税の課税対象外となります。

□消費税の要チェックポイント！

消費税がかかるものについて、次の点に気をつけてください。

●自社の2期前の課税売上高が1億円以下の場合で、支払金額が税込1万円未満→100%引くことができます。

●支払先がインボイスに登録している（登録番号をはじめとする要件をそろえている）→100%引くことができます。

●支払先がインボイスに登録していない→80%しか引くことができません（消費税込で1万円以上かつ、2026年9月30日までの場合）。会計ソフトで区別します。

61 節税と経費のおトクな話

□「利益を出すこと」と「節税すること」は相反する

売上から経費を引いたものが利益です。

税金は、その利益に応じて計算するため、利益が少なければ税金は減ります。そのため、できるだけ利益を減らそうとする、つまり「経費を増やそうとする」ことが多いのではないでしょうか。このように、「利益を出すこと」と「節税」は相反するものであることを認識しておいてください。

繰り返しますが、経費が増えると、原則としてお金も出ていきます。

しかし**お金が出ていく一方で、経費にならないものもある**ので注意が必要です。

俗に言う「経費になる」「経費で落ちない」とは税金上認められるかどうかを指します。「一見経費と思われがちですが、経費にならないもの」も数多くありますので、頭に入れておいてください。

□これ、経費になりません！

●30万円以上の資産

中小企業が30万円以上の資産を買った場合、その事業年度に全額を経費にすることはできません（大企業は10万円以上です）。

例えば、決算月に200万円の車を買っても、その年度の経費にできるのは、最大でも5・5万円ほどです（月割りなので、1カ月分しか経費になりません。また、新車か中古かで経費にできる金額は異なります）。この車を現金で買っていると、200万円のお金が出ていきますが、経費になるのは最大でも5・5万円というわけです。

●借入金の返済

借入金を返済した場合は、借りていたお金を返すだけですので、経費ではありません。経費になるのは利息のみです。

●法人税等の支払い

法人税等の支払いは、経費になりません。

●源泉所得税の支払い

源泉所得税は会社が預かって支払うだけですので、「預り金」として処理し、経費になりません。

●保証金

オフィスの保証金で、退去時に戻ってくるものは経費になりません。

●配当

株式の配当を自分に出しても経費にはなりません。

●賞与

ひとり社長に対する賞与（ボーナス）は原則として経費になりません。

●前払いした仕入、経費

仕入代金を支払っても、売れた分しか経費になりません。その他の経費も、使った分だけしか経費にならないので注意が必要です。

例えば、外注費や広告宣伝費を決算月に1年分払っても、経費にはできません。

□経費を使いすぎるとお金がたまらない

節税を意識しすぎて、経費を使っていると、いつまでたってもお金がたまりません。

利益100万円でお金が100万円あるとして、100万円の経費を使うと、利益は0。お金も0です。何もしなければ、約30万円の税金が出て行きますが、お金は70万円残ります。**お金に困らず、会社をつぶさないためには、この痛みに耐えなければいけない**のです（とはいえ、私も独立当初はこの痛みに苦しみました）。

節税と経費の関係

税金の原則

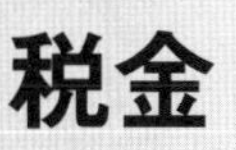

=
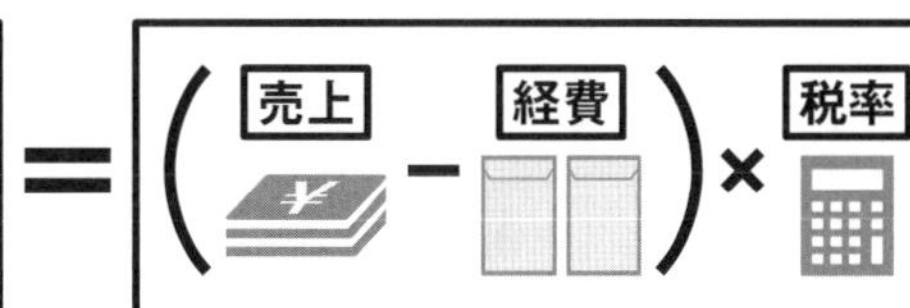

ゆえに、経費を増やせば、税金は減る

ところが、すべて経費になるわけではない！

一見経費だが、経費にならないもの

1. 30万円以上の資産
2. 借入金の返済
3. 法人税等の支払い
4. 源泉所得税の支払い
5. 保証金・配当・役員賞与
6. 前払いした仕入、経費

62 ひとり社長にオススメ！節税ノウハウを総チェック

□節税の前に、「脱税とは何か？」を確認

「脱税」の「脱」には脱出、脱退など、逃れるという意味と、解脱といった自由になるという意味もあります。

しかしながら、税から逃れることはできません。無理に税から逃れようとすると脱税になります。脱税の種類は次の2つです。

①払っていないのに払ったことにして領収書をもらい、経費にする

領収書があれば経費になるというわけではなく、これをやると危険です。

「脱」には、脱毛、脱色など、ぬく、とりのぞくという意味があり、これも税についてはできません。決定的な脱税は、この「ぬく」「とりのぞく」です。

②売上をぬく。売上がなかったことにする。売上をふところに入れる

もちろんこれも脱税です。

「税金を払いたくない」という気持ちはわかります。私も独立して税金を払うようになったときはつらかったです。それでも、この2つだけは絶対やってはいけません。

割り勘で払ったのに、全員分のレシートだけもらうのも脱税になります。もし、払った分より大きい金額の領収書・レシートをもらったら、払った分だけ経費に入れるようにします。領収書をもらうときは払った分だけもらいましょう。

□そもそも節税とは？

一方で、節税とはどういうものなのでしょうか。

「節」には、区切りという意味があります。「脱税との区切りをつける」というのが節税にふさわしい意味です。

節税には3種類あります。「売上を合法的に減らす」「経費を合法的に増やす」「税金上の特例を使う」という方法で節税できます。順にご紹介します。

□売上を合法的に減らす節税

●売上計上時期を考える

売上をいつのものにするのかによって、税金が変わります。納品日なのか、請求日なのか、入金日なのか。原則としては納品日、仕事をした日になります。

●前受金

前受けで受け取ったお金は、売上にせず、前受金として次の期に繰り越すことができます。資金繰り的には効果が大きいので積極的に前受金をつくっていきましょう。

□経費を合法的に増やす節税

●きちんと経費に入れる

経費をきちんと入れる、モレがないようにするのは基本です。モレやすい経費として、次のものがあります。

・個人のクレジットカードから引き落とされている経費

・個人の口座から引き落とされている経費（会社の口座へ切り替えましょう）

・領収書、レシートがない経費（領収書、レシートがないからNGというわけではありません。ただし、件数が多くなりすぎないようにすることです）

そして**最もモレやすいのは、決算ぎりぎりになり、経費を入れきれないケース**です。「間に合わないからいいや」ではもったいないです。早め早めの経理、できれば毎月の業績を把握しておきましょう。経費を把握するのは、税務署のためではなく、自分のためです。「バレないだろう」「うちみたいな小さいところに税務署はこないだろう」といったスタンスはやめましょう。

●モノを買う

必要なもの、好きなものを買っていきましょう。

買うべきものの1つは、PC。**遅いPCを使うのは時間の無駄**です。無駄な飲み会や付き合いを積み重ねるくらいなら、それらをやめて最新のノートPCを買いましょう。その他、仕事に使うものには、きちんと投資すべきです。そこはケチってはいけません。

また、「好きなものに使って、余ったら、税金を払う」というのが健全です。

・本
・PC、IT機器
・セミナー
・コンサル

仕事に関連し好きなものはいくらでもあるはずです。もし、仕事&好きなものがないのならば、その仕事自体が好きではないことになります。根本から見直しましょう。

●自分へ給料を出す

社長の自分に報酬を出す、いわゆる役員報酬。会社から1000万円の報酬を払ったら、個人は1000万円の給料収入になります。

給料の税金は優遇されているため、1000万円のうち、805万円にしか税金がかからず、お得です。

いろいろな考え方がありますが、**年間1000万円くらいまでは給料を上げても問題ありません**。それ以上だと、個人＋会社の税金が増えてしまいます。

給料を変えてもいいのは、事業年度開始後3カ月ですので、気をつけましょう。

なお、給料を上げると社会保険料も上がりますが、一定以上は上がらなくなります。社会保険料がない配当（株主に払うもの）を出す方法もありますが、配当は、会社の経費にはなりません。その金額をよく考えないと節税したようで節税にならなくなります。

●自分にボーナスを出す

「利益が出たらボーナスを払えばいい」。これは、社員に対してのみいえることです。社長である自分に対するボーナスは、原則経費になりません。

利益が1000万円で、1000万円ボーナスを払って利益が0円になっても、税金上は1000万円で計算します。ただし、事前に届出を出しておけば、ボーナスを払うことはできるのです。

原則として、株主総会から1カ月以内が届出書の提出期限です。株主総会は通常決算月から2カ月以内に開催するので、決算月から3カ月以内が実質的に提出期限となります。届出書には、ボーナスの支給時期と支給金額を入れます。

ただし、次の点に注意しましょう。

・届出書に入れた時期、金額どおりに払わなければいけない。
・届出書が100万円、払ったのが10万円なら、10万円は経費にならない。
・届出書が100万円、払ったのが150万円なら、150万円は経費にならない（増額分だけではなく全額がアウト）。

払えないときの未払にはできません。払えないときは、賞与を0円にする方法もありますが、そうなると厳密には、ボーナス請求権を放棄したという社内手続が必要となります。つまり、ややこしいことになるので、きちんと払えそうな額を届けましょう。

まずは、月額の給料を増やすことを考えるべきです。

●社宅を借りて、自宅家賃の一部を経費にする

会社名義でマンション等を借りて、社宅にすれば、家賃の一部（計算による）を会社の経費にできます。絶対的な条件は、会社名義で契約することです。審査が厳しいところもあり、決算書の提出を求められるケースもあります。個人で契約している今の住居を会社名義に変更できることもありますので、一度相談してみましょう。一般的には家賃の50％を経費にできますが、厳密には次のように計算します（原則として99平方メートル以下の場合）。

①（その年度の建物の固定資産税の課税標準額）×0・2％
②12円×（その建物の総床面積（平方メートル））／（3・3平方メートル）
③（その年度の敷地の固定資産税の課税標準額）×0・22％

役所で固定資産税の評価明細書を手に入れたいところです。家賃が安くなれば、自分の給料を下げることもでき、個人の節税にもなる点もうれしいポイントといえます。

給料30万円の場合で家賃が10万円のとき、家賃の一部、例えば、7万円が経費になるなら、家賃の負担は3万円です。

●出張手当

出張に関する規程（代表取締役が出張したらいくら出すといったもの）を作り、会社に保管しておけば、出張時に手当を出せます。

出張手当は会社の経費にでき、受け取る個人も所得税がかからないものです。問題はいくらにすべきかということ（出張の頻度にもよります）。

もし、出張手当を5000円にしたら、東京から大阪へ1泊2日の出張に行った場合、2日×5000円の1万円の出張手当が手に入ります。この**1万円は会社の経費として節税になり、個人の収入としては税金がかからない**ものです。

●まだ支払っていない経費を入れる

12月が決算で、12月の経費で1月に払うようなものがあれば、今年度の経費に入れることができます。クレジットカード決済しているもの、引き落とされるものなど、集めると結構な金額になることも多いので、きっちり集めましょう。

忘れがちなのが、社会保険料（健康保険、年金等）の会社負担分。**3万円の保険料を会社が払っていれば、約1万5000円は会社負担**です。その月の社会保険料は翌月に払う（引き落とされる）ので、12月が決算なら、12月分は翌1月に払うもので、その12月分を未払費用として入れることができます。毎年同じことになるので、金額が同じくらいなら、節税効果は初回のみです。

●家族に給料を払う

身内に給料を払うことで、その分を会社の経費にできます。自分の給料を減らし、分散することで全体の節税を実現できるのもメリットです。

月30万円を1人に払うよりも、月22万と月8万円に分けたほうが節税になります。身内への月8万円（8万7000円）にすることが多いです。

・源泉所得税をとらなくていい範囲（月8万7000円）に収まる

・年96万円になり、所得税の扶養の範囲（年間103万円）、社会保険の扶養の範囲（年間

130万円）に収まる

こうした理由からです。

ただし、従業員であれば、どんな仕事をしているかが問題となります。給料は、仕事の対価だからです。役員にするという手もありますが、その場合も関わりと金額には注意しましょう。

●生命保険

会社名義で生命保険に入れれば、保険料を経費にできる場合があります。ただし、節税だけが目的で必要のない生命保険に入らないように気をつけましょう。現状入っている生命保険を一度見直しておくことをオススメします。もし無駄であれば、解約または、払い止め（保障はそのままに支払いをやめる）も考えましょう。

●経営セーフティ共済（中小企業倒産防止共済制度）

国の制度で、月20万円まで掛けることができ、最大800万円（40カ月）まで積み立てることができます。いざというときは、その掛金の10倍を借りられるという制度です。

むしろ、それよりも月20万円までを経費にできるのがポイントで、年払いもできます。「税金が出ちゃうなぁ」というときに、月20万円×12＝240万円をさっと経費にできます

（ギリギリだと間に合わないので早めの申込を）。

40カ月以上たてば、解約しても100％戻ってきますが、次の点に注意しましょう。

・節税はできるが、お金が出ていく（掛金の減額、払い止めはできる）
・解約して戻ってきたときは、収入となり、会社の税金が増える

銀行が窓口になりますので、興味のある方はご検討ください（対応できる銀行は限られています）。中告書で明細（別表十（七））を作る必要があるので注意しましょう。制度の詳細については、中小企業基盤整備機構の紹介ページをご参照ください（「セーフティ共済」で検索）。

●年払いで経費にする

家賃や保険料など1年分を前払いすれば経費にできます。ただ、次のような条件が必要です。

・毎月均等に価値が発生する経費（コンサル、顧問料は不可）
・決算月に払う
・毎年、年払いにする
・契約書をかわす

ただし、節税効果があるのは最初の1回のみで、次年度以降は、同じことになります。

また、多額のお金が出ていくのでくれぐれも慎重に決めましょう。

●貸倒引当金

売掛金（未回収の代金）のうち、次の割合を経費にできます。業種によって割合が異なります。

・卸売、小売→10／1000
・製造業→8／1000
・その他→6／1000

また、どうしても回収できない場合は、法的な手続（倒産）があれば、全額を経費にできます。

●社員旅行

社員旅行は経費にできますが、ひとり社長で社員旅行は厳しいです。

●福利厚生

福利厚生は、さまざまな考え方がありますが、「社員のためのもの」が一般的です。ひとり社長自身に対するものは福利厚生とはいいません。ワーケーション（旅と仕事を組み合わせる）は、経費にするのは難しいでしょう。出張ならば可能です。

□税金上の特例を使う節税

●30万円未満のものは経費にする

青色申告をしていれば、1組30万円未満のものは経費にできます。1事業年度に300万円という限度がありますが十分でしょう。30万円を超えると、減価償却になり、PCだと4年で経費にします。その他一定の資産（機械、ソフトウェアなど）を導入すると、税金の控除を受けることができる場合があります。

●保証金償却

オフィスが「解約時に30％償却」という契約であれば、契約時に繰延資産として償却可能です（原則5年。20万円未満は一括で経費にできる）。

●役員退職金

自分が退職したときに退職金を出せば、会社の節税にもなり、個人の節税にもなります。退職金は税金上優遇されているからです。

ただ、自分が退職するということは後継者が必要となります。退職金のお金をどう準備するかも問題です。これらの問題もこれから考えていくようにしましょう。

退職金は規程を作る必要があり、目安の金額は、そのときの月額給料×在職年数×3（功績倍率）です。

給料が月30万円で、在職年数が20年なら、30万円×20年×3＝1800万円までは税金がかかりません。普通なら出せませんし、もし出せたとしても、税金を払っていかないと会社にお金は貯まりません。保険を活用する手もありますが、その解約タイミングは難しく、意外と難易度が高い節税手法です。ただ、意識、検討はしておきましょう。

●決算期変更

中長期的に考えて、**「思わぬ利益が出て、税金が一気に増えそうだ」というときに使える節税**です。

3月決算で毎年3月に利益が出そうなら、2月決算に変更して、2月でいったん決算・申告をします。新たな事業年度は3月から翌年2月となり、3月の大きな利益の度合いに応じて、その事業年度の役員報酬を決めて利益を減らすことができます。役員報酬は、原則として事業年度スタートから3か月以内なら変更できるというルールです。

手続として、登記は必要なく、定款の事業年度を変更したという議事録を作り、税務署に届出を出せばすみます。

●別会社をつくる

法人の税金は、利益＝所得が800万円を境に変わります。現状は、年間800万円までが15%、年間800万円超が23・2%です。

もし、年間2000万円くらい利益が出るなら、会社をもう1つ作ることで、節税になります。800万円超の部分が減るからです。また、資本金1000万円未満で会社を作れば、2事業年度は消費税を払わなくてよく、その分も節税になります。

ただ、別会社もインボイスに登録するなら、消費税は払わなければいけません。また、次のようなデメリットもあります。

・管理の手間が増える
・決算の手間が増える
・設立のコストが増える

私は、個人事業と会社をもっています。法律上、税理士業はひとりなら個人事業でやらなければいけないためです。

やはり手間はかかりますので、1つにできるなら1つにしたいくらいです。

●個人型確定拠出年金（iDeCo）

個人で加入し、月2万3000円まで掛けることができ（社会保険加入の場合）、65歳まで加入できます。掛け金は税金の計算上全額引くことができ、運用しつつ（運用しない方法も選べます）、満期で受け取ったときにも税金上優遇されるものです。

●相続税

当人が亡くなってから問題になる税金が相続税。相続税の節税を考えておくことで、家族に迷惑をかけず、感謝されることになります。

その基本は、残す財産が、3000万円＋600万円×相続人の人数を超えるかどうか。家族が2人なら3000万円＋600万円×2＝4200万円、3人なら4800万円です。

ご自身の個人の預金等、そして会社の株に気をつけましょう（不動産は相続税の計算では安くなります）。

会社の株といってもいくらかわからないと思われるかもしれません。そのとおりで、計算しなければいけないのです。

ざっくりと計算すると、決算書のB／Sの純資産合計がその価値です。資本金100万円でつくった会社が、それなりの年数を経ると、その金額が増えていて、思わぬ価値になっている可能性があります。

自分以外の家族が3人で、預金が1000万円、会社の株が4000万円ということになれば、相続税はかかるのです。そして何よりも、相続はその分け方が問題になります。預金1000万円と会社の株4000万円を3人にどう分けるのでしょうか。「会社の株なんていらない！」となる可能性もあります。こういったことも視野にいれて経理をしておきましょう。

会社の株を相続した方は、会社を引き継ぐことができます。相続したご家族が代表になり、会社を存続させることもできますので、そのあたりも考え話し合っておきましょう。また、会社への貸付金（役員借入金）も社長自身の相続財産になります。気をつけておきましょう。

そして個人の財産管理も欠かせません。個人の経理、家計簿も欠かせないのです。

将来の備えをし、好きなモノを買い、好きなモノに使い、それでも余ったら税金を払う。そう考えていた方が健全でシンプルです。

63

ひとり社長の給料の決め方

□しくみをしっかり理解する

給料は、会社から見ると経費です。**ひとり社長の給料は、自分自身で自由に決めることができます**。つまり、経費を自由に増やせるのです（個人事業主の場合は、経費になりません）。給料を自分に出すこともできません）。利益から税金を計算するため、経費が増える＝利益が減ることは、課税する国から考えると、好ましくありません。当然、規制がかかります。社長の給料は、税金上次のような規制があります。

・給料（役員報酬）の金額を変更できるのは、事業年度が始まってから3カ月以内（1月始まりなら3月末、4月始まりなら6月末）
・毎月定額
・給料の変更には、株主総会の議事録が必要

・社長へ賞与を出してもいいが、原則として経費にはできない（原則、株主総会から1か月を経過する日までに届出書を出せば、その届出書の金額を賞与として出せる制度はあります）

・社長の配偶者は、役員でなくても、同じように規制される

まとめると、**「給料は年に1回だけ変えることができ、賞与は原則として出せない」**ということになります。給料計算上は、非常にラクです。

□給料から差し引かれるもの

会社員のときは、給料からいくらか差し引かれて振り込まれていたはずです。その差し引きを自分で計算しなければいけません。社長の給料から差し引くのは次の3つです。

・源泉所得税
・社会保険料（健康保険、厚生年金等）※加入している場合
・住民税　※会社で天引きするようにしている場合

計算方法等については、次項からご紹介します。

64 ひとり社長の給料から引かれるもの

□社会保険料と源泉所得税

社会保険料とは、健康保険料、介護保険料、厚生年金保険料、雇用保険料のことを指します。会社の場合は、本来必ず加入しなければいけません。

□社会保険料の計算方法

基本的には、4、5、6月の給料＋通勤手当で決まります。通勤手当が含まれることに注意しましょう。**通勤手当が高くなればなるほど、保険料が高くなる**のです。4、5、6月の給料＋通勤手当の平均額に応じて次ページのような表（「社会保険料額表」で検索）で、保険料を計算します。健康保険料は都道府県ごとに異なり、厚生年金保険料は、どこでも一緒です。40歳以上の場合は、加えて介護保険料がかかります。

例えば、給料＋通勤手当の平均額が20万円の場合で介護保険料がかからなければ、健康

給料からいくら引かれるのか

Case 4～6月の「給料＋通勤手当」の平均額が200,000円（40歳未満）2023年3月分（東京都）の場合

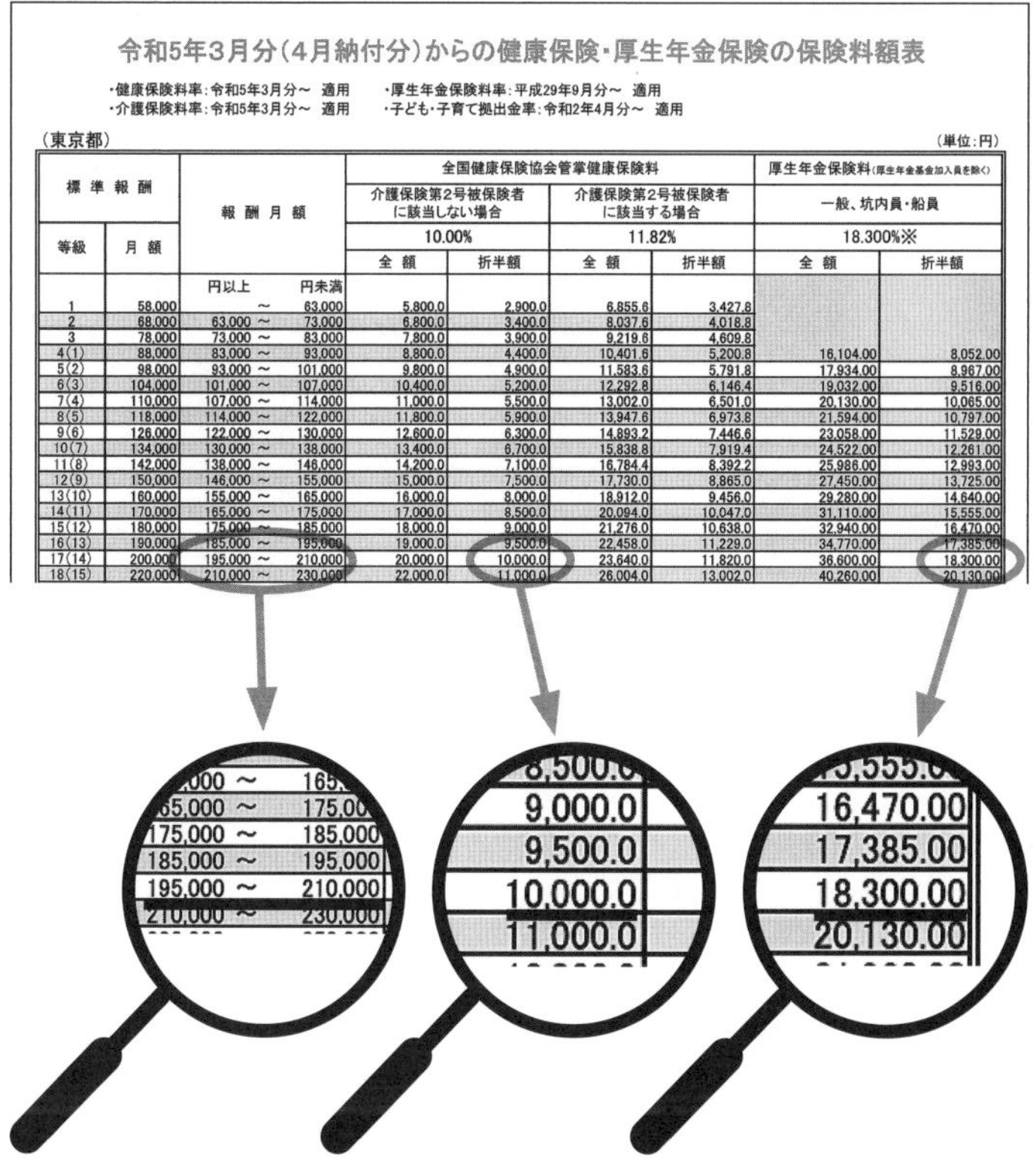

令和5年3月分（4月納付分）からの健康保険・厚生年金保険の保険料額表

・健康保険料率：令和5年3月分～　適用　　・厚生年金保険料率：平成29年9月分～　適用
・介護保険料率：令和5年3月分～　適用　　・子ども・子育て拠出金率：令和2年4月分～　適用

（東京都）　　（単位：円）

標準報酬		報酬月額	全国健康保険協会管掌健康保険料				厚生年金保険料（厚生年金基金加入員を除く）	
			介護保険第2号被保険者に該当しない場合		介護保険第2号被保険者に該当する場合		一般、坑内員・船員	
			10.00%		11.82%		18.300%※	
等級	月額		全額	折半額	全額	折半額	全額	折半額
		円以上 ～ 円未満						
1	58,000	～ 63,000	5,800.0	2,900.0	6,855.6	3,427.8		
2	68,000	63,000 ～ 73,000	6,800.0	3,400.0	8,037.6	4,018.8		
3	78,000	73,000 ～ 83,000	7,800.0	3,900.0	9,219.6	4,609.8		
4(1)	88,000	83,000 ～ 93,000	8,800.0	4,400.0	10,401.6	5,200.8	16,104.00	8,052.00
5(2)	98,000	93,000 ～ 101,000	9,800.0	4,900.0	11,583.6	5,791.8	17,934.00	8,967.00
6(3)	104,000	101,000 ～ 107,000	10,400.0	5,200.0	12,292.8	6,146.4	19,032.00	9,516.00
7(4)	110,000	107,000 ～ 114,000	11,000.0	5,500.0	13,002.0	6,501.0	20,130.00	10,065.00
8(5)	118,000	114,000 ～ 122,000	11,800.0	5,900.0	13,947.6	6,973.8	21,594.00	10,797.00
9(6)	126,000	122,000 ～ 130,000	12,600.0	6,300.0	14,893.2	7,446.6	23,058.00	11,529.00
10(7)	134,000	130,000 ～ 138,000	13,400.0	6,700.0	15,838.8	7,919.4	24,522.00	12,261.00
11(8)	142,000	138,000 ～ 146,000	14,200.0	7,100.0	16,784.4	8,392.2	25,986.00	12,993.00
12(9)	150,000	146,000 ～ 155,000	15,000.0	7,500.0	17,730.0	8,865.0	27,450.00	13,725.00
13(10)	160,000	155,000 ～ 165,000	16,000.0	8,000.0	18,912.0	9,456.0	29,280.00	14,640.00
14(11)	170,000	165,000 ～ 175,000	17,000.0	8,500.0	20,094.0	10,047.0	31,110.00	15,555.00
15(12)	180,000	175,000 ～ 185,000	18,000.0	9,000.0	21,276.0	10,638.0	32,940.00	16,470.00
16(13)	190,000	185,000 ～ 195,000	19,000.0	9,500.0	22,458.0	11,229.0	34,770.00	17,385.00
17(14)	200,000	195,000 ～ 210,000	20,000.0	10,000.0	23,640.0	11,820.0	36,600.00	18,300.00
18(15)	220,000	210,000 ～ 230,000	22,000.0	11,000.0	26,004.0	13,002.0	40,260.00	20,130.00

健康保険料は10,000円、
厚生年金保険料は18,300円

保険料は1万円、厚生年金保険料は1万8300円となります（東京都／2023年3月分）。これらの金額を社長の給料から差し引くのです。表中の「折半額」を差し引いてください。同じ金額を会社も負担しています。

この表は、**毎年3月、9月に変更となる可能性があります**。その他、給料＋通勤手当が上がった場合、その月から4カ月後に社会保険料が変わります。4カ月後なのは、3カ月の平均をとるためです。

ただし、この変更をする必要があるのは、社会保険料の料額表で、2段階（2行）以上、標準報酬のランクが上がった場合のみです。

□源泉所得税の計算方法

源泉所得税は、次の2つの要素で決まります。

①社会保険料を引いた後の給料
②扶養親族の人数

先ほどの事例だと、社会保険料を引いた金額が17万1700円ですので、扶養親族が0の場合、源泉所得税は3770円となります。給料、社会保険料が変わらない限り、源泉所得税は一定です。

源泉所得税の計算方法

源泉所得税は、「社会保険料を引いた後の給料」と「扶養親族の人数」で決まる。
P275の例だと、社会保険料を引いた給料が171,700円なので、
源泉所得税は3,770円になる。

その月の社会保険料等控除後の給与等の金額		甲				
		扶養親族				
		0人	1人	2人	3人	4
以上	未満	税				
円	円	円	円	円	円	
167,000	169,000	3,620	2,000	390	0	
169,000	171,000	3,700	2,070	460	0	
171,000	173,000	3,770	2,140	530	0	
173,000	175,000	3,840	2,220	600	0	
175,000	177,000	3,910	2,290	670	0	

□支払いはどうする？

社会保険料、源泉所得税を差し引いた金額を、個人名義の口座へ振り込みます。自分の会社だからといって現金支給だと、形跡が残らないので振り込みのほうが理想的です。少なくとも、給料の金額を変えた月には振り込み、証拠を残しておきましょう。給料をいくらに設定するかは悩ましいところですが、**設定後は、自分で設定した給料を毎月支払う（業績を上げる）ことを目指しましょう**。

資金繰り上、自分への給料が払えないときは、未払いの給料として会社の負債に記録されることになります。税金上は問題ありません（個人の資金繰り上は問題がありますが）。

65

ひとり社長の「将来への守り」を考える

□いざというときのために

「雇われず、雇わず、ひとりで仕事をする」

メリットもありますが、デメリットもあります。そのデメリットの1つは、自分しか仕事ができないことです。

もし、けがや病気で働けなくなったら、収入は途絶えてしまいます。定年がないとはいえ、年齢とともに衰えはありますし、いつまでも今のパフォーマンスを維持できるとは限りません。退職金も有給休暇もないのが普通で、会社員に比べてリスクは高いのです。なんらかの「守り」をやっておくべきなのは、誰もが認識していることでしょう。

□ひとり社長として実践している「守り」

私が現時点で考えている「守り」は次のようなものです。

①年金

「年金なんてあてにならない」という考え方もありますが、「守り」の選択肢としては考えておくべきです。支払った年金は税金上控除される、受け取った年金も税金上優遇されているという理由もあります。

ひとり社長なら、自分の給料に対して計算される厚生年金です。「給料を増やす→会社の経費になる→保険料が上がる→年金が増えるが、今の手取りは減る」というしくみですので、うまくいいバランスを見いだしましょう。

健康保険と年金がセットになっているため、給料に応じて両方の保険料が上がってしまうのがネックです。

「ねんきんネット」というサイトで、自分の年金額を確認できます。ここで確認すると、「もうちょっと給料を上げて、年金を払っておかないと」という気になりますので、ぜひチェックしてみてください。

②小規模企業共済

ひとり社長の退職金のようなものです。年間84万円まで保険料を払え、支払額は個人の税金上全額所得から控除され、受取時も税制上優遇されます。ひとり社長は会社から退職金を出すこともできますが、現実的には厳しく、自分で積み立てるならこの制度がオススメです。

月1000円（年1万2000円）から月7万円（年84万円）まで、掛金を変更できるので、今のお金の状況にあわせて選べる点も魅力といえます。ただし、受け取ることができるのは「会社を解散」「満65歳以上または病気やけがのため社長を退任」「死亡」「65歳以上で180カ月掛金を払い込んでいる」などといった場合のみです。任意解約の場合は掛金払い込みが20年（240カ月）未満であれば受取額が掛金総額を下回ります。ひとり社長の場合は、掛金支払いによる個人の節税、万が一のときの保障と考えるべきでしょう（掛金の範囲で貸付制度もあります）。

③個人型確定拠出年金（iDeCo）

ひとり社長の場合（厚生年金加入の場合）、月2万3000円まで支払え、個人の税金上全額所得から控除されます。受取時も税金面で優遇されています。

支払ったものを運用できるのが特徴で、その運用によっては増えることも減ることもあります。元本割れ（支払った金額よりも受け取る金額が少ない）が嫌ならば、全額預貯金に投資すれば大丈夫です。預貯金の他、国内株式、国外株式、国内債券、国外債券などに割り振れます。私は多少リスクをとって投資しており、状況を見てバランスを変えるつもりです。

④NISA

NISAとは、NISA口座内で一定の範囲で株式や投資信託を買うと、その配当金や売った利益に税金がかからないという制度です。税金が差し引かれずに投資することができます。2024年からは、1年に投資できる金額の上限が拡大しますので、これを機会に始めてみましょう。

⑤生命保険

生命保険は万が一に備えるもので、加入したら即保障されることが特徴です。極端な話、今日加入して、明日けがや病気になっても、要件に該当すれば保険金を受け取れます。保険にしかない特徴であり、利用しない手はありません。保険の機能として、保障、貯蓄、節税などといったものがありますが、欲張ると保険料が高くなります。

個人で保険に入ると、所得からの控除額は最大12万円です。

ただし、節税だけにとらわれず、それぞれ次のように考えましょう。

・亡くなった場合の保障→家族に残すべき金額はどのくらい必要か
・老後の保障→貯金や投資に加えてどのくらいを保険で準備するか
・病気やけがをして働けなくなったときの保障→どのくらいを保険で補填するか

治療費については、高額療養費制度（年齢や収入により医療費の自己負担額が決まっており、それを超える分は支払わなくてもよい）がありますので、保険加入の際は考慮しましょう。

⑥仕事の分散

お金を得る手段を複数持ち、すぐに収入が途絶えないようにしています。

例えば、講演の仕事が多ければ動けなくなったときのリスクは高くなります。病気で動けないときもPCで文章を打つことはできるかもしれませんので、そういった仕事を増やしておくのも「守り」です。元気で、若いからできるような仕事も、減らしていかないと、いつまでたっても力任せの働き方はできません。

⑦税金を払って貯蓄する

お金を貯めることも大事です。ただ、事業をやっているなら、税金（所得税や法人税）を払っていかないと、お金は貯まりません。

例えばひとり社長なら、法人で500万円の利益を出せば、130万円ほどの税金が出て行きますが、500万円－130万円となり、会社に370万円は貯めることができるのです。法人の場合、自分に給料を出せるので、個人にもお金を貯めることができます。

このしくみを受け入れないと、お金は貯まりません。税金が嫌だからといって、無駄なお金を使っていると、「守り」はおろそかになる一方です。

私は2019年6月に交通事故にあい、3カ月入院しましたが、このとき多少の蓄えがあったので、安心できました。

⑧健康管理

健康で働ける体をつくるのも「守り」です。食べるものに気をつけ、適度な運動をすることも欠かせません。長時間働いて、嫌な仕事をやってストレスを感じ続ければ、健康を害しますので気をつけましょう。

ひとりで仕事をするなら、もっと自由に働くべきです。

⑨後継者探し

①から⑧の「守り」は、万が一のときのお金に関するものです。

実際に何かあったときは、「その仕事をどうするか」という問題があります。仕事の種類にもよりますが、**いざというときに任せられる、または引き継いでくれる方を探しておきましょう**。お客さまや取引先に迷惑をかけてしまうことは避けなければいけません。

執筆、セミナー、ブログといった仕事はそれで途絶えてしまうので比較的問題にはなりませんが、継続的な仕事はそうはいきません。

年を重ねると、今とは違う仕事をしなければいけなくなる可能性もあります。

同志や後継者探しは、ひとり社長にも必要です。私も徐々にその準備を進めています。他にも、万が一のときの引き継ぎファイル・資産状況ファイルを作っています。**ひとりだからこそ、横のつながりは作っておくべき**ではないでしょうか。

66

経理実務のリターンを最大化する

□手間がかかる分、しっかり活用する

経理という仕事は地味でめんどくさいものです。人に任せたり、放置したりしがちでしょう。しかし、やらないわけにはいきません。

会計データの入力（会計ソフトへの入力に限らずExcelやその他のシステムでの管理を含む）は、どうせやらなくてはいけないものです。1年に1回、税務署へ提出しなければいけないからです（決算書だけではなく税金の申告書も提出します）。後まわしにしても、必ず一定の時間や労力という投資は必要となります。

その投資を少なくする努力だけではなく、**リターンを増やすことも考えるべき**です。経理業務のリターンが「税金の申告」だけの場合も多いでしょう。税金を計算して申告書を提出するだけで終わるケースです。後まわしにして、ぎりぎりに申告すると、こういったケースになります。

経理業務には、それなりの時間とお金がかかっているわけですので、リターンが「税金の申告」だけで終わってはもったいないことです。もちろん会計データの入力を徹底的に効率化することでも投資効率は上がります。

しかし、会計データの入力にかかる投資（時間・お金・手間）を0にすることはできません。これはアウトソーシングをしても同じです。会計データを税金の申告以外にも活用すれば、リターンは増えます。会計データの活用法というと次のようなものがあります。

・経費の詳細を分析する
・資金繰りに使う
・決算の数値を予測し、適切な節税策を行う
・固定費削減、さらなる投資、業務拡大といった経営上の意思決定に活用する
・モチベーションアップに使う
・経営上のリスク管理の基礎資料とする

本書の内容を実践すれば、リターンは増えていきます。経理業務を徹底的に効率化しなければいけないのは、その先にやることが山ほどあるからです。決算書を作って終わり、あるいは力尽きるというのでは、経理を最大限に活かしているとは言えません。

67 とにかく売上は「細かく見る」

□毎月やるべき売上のチェック

ひとり社長の場合、売上には限界があります。業種にもよるでしょうが、1000万円から2000万円くらいでしょう。

その売上をどうやって上げたか、どれくらいの時間で上げたかが重要な経営課題となります。毎月の売上をチェックすることは最重要事項なのです。

□売上は、多寡で見ても意味がない

売上は「今月は売上高がアップした、ダウンした」としているだけでは経営には活かせません。例えば、次のように細かく分けて把握しましょう。

・月別売上（大きく落ち込んでいる月はないか）
・年別売上（年ごとの推移はどうか）

・顧客別売上（顧客単位でバラつきがないかどうか）
・新規・既存別売上（バランスがいいかどうか）
・チャネル別売上（販売ルートが偏っていないか）
・商品別売上（特定の商品に依存していないか）
・サービス別売上（コンサル、セミナー、執筆などのバランスはどうか）
・種別売上（継続収入、単発収入などのバランスはどうか）
・獲得形態別売上（紹介、ＨＰなどの獲得ルート別の売上はどうか）

□売上とは別にチェックすべき「3つの数字」

売上とは別に、経営上、毎月チェックしておきたい数字は、次の３つです。

①粗利（売上から原価を引いたもの）
②経常利益（①から経費を引き、そして各種利息を加減したもの）
③お金（現金、預金の合計）

少しでも「変だな？」と思ったら、細かくチェックする習慣をつけてください。経営上異変が起きた場合でも手遅れにならずにすみます。

健康診断で精密検査をするように、今後を考える上で細部の精査は必要です。意外な事実がわかります。

68 経営分析の基本は、「比較」

□特別な知識はいらない！

経営分析に最も必要なのは「比較」です。特別な知識は必要ありません。中でも特に重要なのは自社との比較です。自社との戦いに勝ってこそ意味があります。大会社であれば、同業他社と比較するのがセオリーですが、ひとり社長の場合は必要ありません。そもそも同業他社の数字を手に入れるのは難しいため、不可能です。

他との違いを作る、そして「同業」という概念を捨て去ることこそが、ひとり社長が生き残る道と言えるでしょう。比較には、次のようなものがあります。

●前年同月との比較

前年の同じ月と、数字を比較しましょう。

例えば、3月決算で、5月時点であれば、単月（前年の5月と今年の5月の比較）、累計（前年の4～5月の累計と今年の4～5月の累計）で比較する方法があります。お金（現金、預金の合計）も比較してみてください。

●目標との比較

自分が決めた目標と比較しましょう。例えば、今期は1200万円を目指すなら、月の売上は、100万円必要です。4月だと100万円、5月までだと200万円の売上がなければいけません。この累計の目標数値と現状を比較します。目標はざっくりでかまいません。比較し、考えることが必要なのです。

自分が決めた目標を達成できるか、さらに高い目標を達成できるかを目指しましょう。経費、利益の目標値もあるのが理想ですが、まずは売上だけでも比較してください。

□年別の推移

年別に推移表を作ってみるのもいいでしょう。会計の世界は1年で区切られていますが、経営上の区切りはなく、継続していくものです。

これまでの実績（B/S、P/L）を数年分（または起業時から）並べてみましょう。**中期的な推移を見なければわからない**ことも多いです。

会計ソフトにはこういう機能がありません。せいぜい前期との2期比較、前々期を含めた3期比較までなのです。単月の数字を見ただけではわかりにくかった業績の傾向が明らかになります。

□移動年計で推移を見る

決算は通常年1回です。月次、四半期、中間決算をやるケースもありますが、いずれも1年未満を対象としています。1年間という期間で考える機会は意外と少ないのです。

多くの場合、1年の中で「業績がいい月」と「業績が悪い月」があります。例えば、「2月、8月に売上が下がるケース」「3月に売上が多くなるケース」などです。こうした数値変動の傾向をとらえる手法があります。これを移動年計といいます。

次ページの図を見てください。移動年計では、4月に前年5月~当年4月の数字、5月に前年6月~当年5月の数字というように、直近12カ月の合計を比較します。こうすることで、**単月の数字では見えにくい異変を察知しやすくなる**のです。

この数字が徐々に下がってくる場合は要注意です。異変が起きている可能性があります。体の異変と同様に、会社の数字の異変も早期発見を目指しましょう。早めに気づくことで有効な手を打つことができるからです。通常の決算では、1年に1回健康診断をやっているようなものですが、移動年計では、毎月、健康診断をやるような形になります。

移動年計を作るには、最低でも2年分の数字が必要です。売上高の他、粗利、固定費、経常利益でも移動年計を作ることができます。また、**取引先別売上や商品別売上などで移動年計を見るのも有効**です。

移動年計で異常値をチェックする

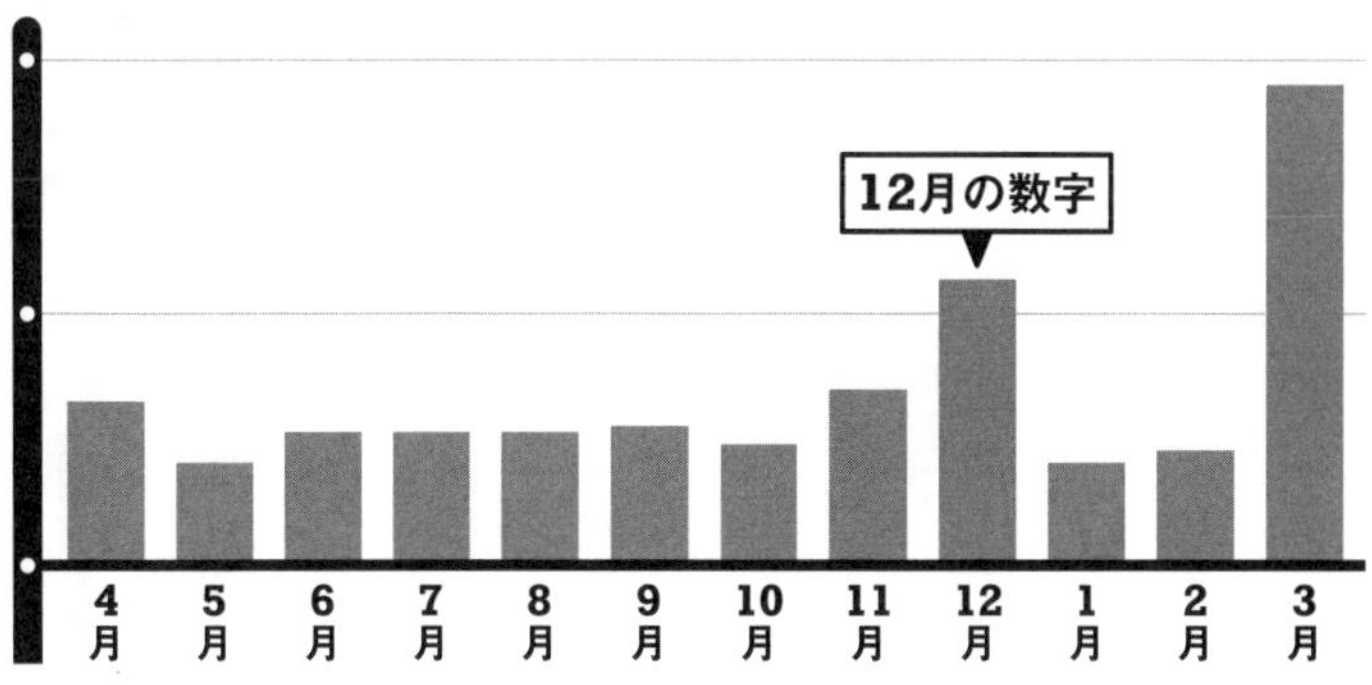

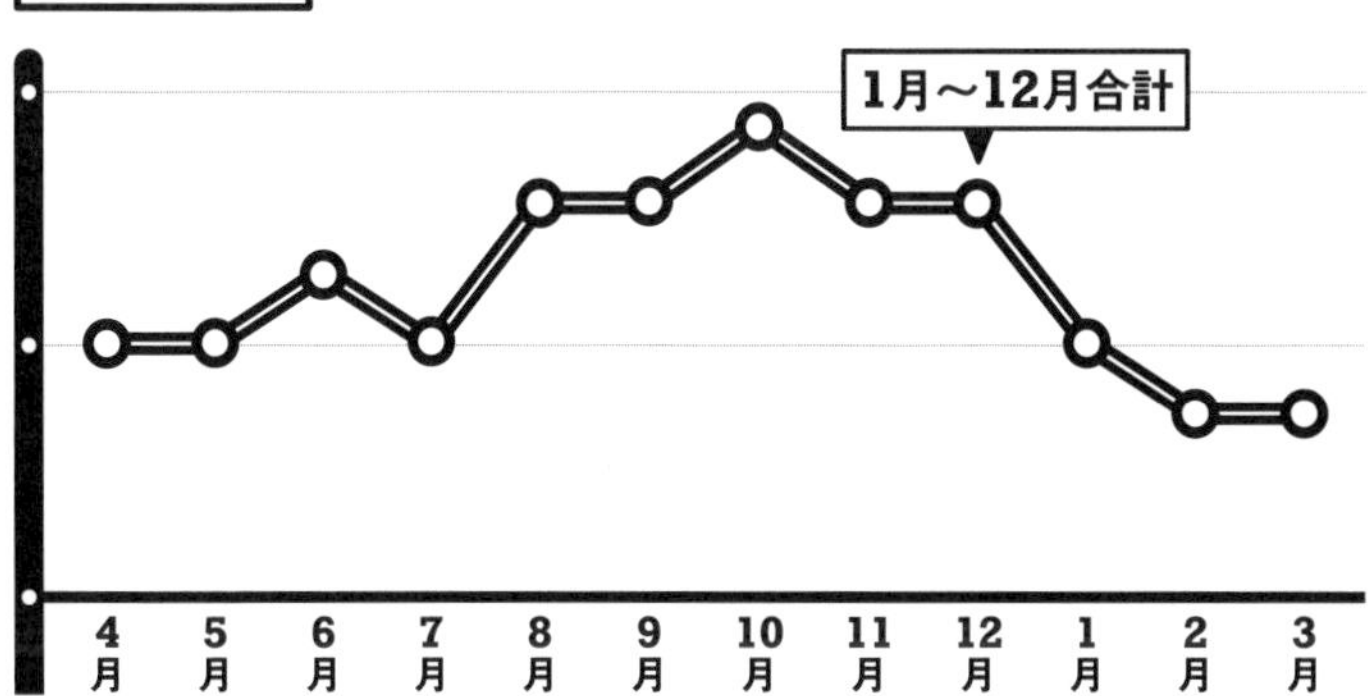

直近12カ月の傾向がわかるので、
異変に気づきやすい！

69 経理のスピードをアップさせる！

□速ければ速いほど、効果絶大

これまで見てきたように、「集める」「記録する」「チェックする」の後にも、経理から得たリターンを元に「実行する」というステップがあります。「チェックする」までのスピードをアップさせる必要があるのです。これを月次決算と言います。

毎月の経理、つまり、「チェックする」までは、翌月の5日まで、ひとり社長であれば「翌月1日」までに終わらせることを目標にしてください。「毎月1日は経理のチェックの日」と決めてもいいでしょう。私自身も例外なく1日はチェックの日にしています。毎月1日までに経理を終わらせるコツを3つ挙げてみました。

□①早く終わらせる意識を持つ

当然のことですが、月次決算を早期に終わらせるという意識を持つことです。なんとなく毎月やっていては、いつまでたっても早くなりません。「できたらいいな」ではなく、「必ずやるぞ」という意識を持ってください。

□②スピードアップのしくみ作り

いくら電卓を速く叩いても、タイピングを速くしても、全体のスピードはたいしてあがりません。スピードを上げるには、しくみ作りが重要です。具体的な見直しポイントを見ていきましょう。

・「集める」「記録する」をコツコツやる
・経費の判断スピードを速める

□③精度は80％程度でも可

1円単位まで数字を合わせようとすると、時間がかかってしまいます。経営管理の目的からは、1円単位までの数字は必要ありません。時間がかかり過ぎるのであれば、ある程度の数字で入力してしまうべきです。

特に、請求書の到着が遅い支払先の場合は、ざっくりとした数字を把握する手段がないか検討してみましょう。

決算・申告

第5章

超簡単！「決算・申告」はこれでOK！

70

「決算・申告」に必要な書類を確認する

□税務署だけではなく、各都道府県、市区町村にも提出する

決算とは、業績を確定させて、外部に公表する資料を作ることです。そして申告とは、決算書をもとに税金を計算し、税務署等へ書類を提出することを意味します。一般的に次のような書類を提出します。

□税務署へ提出するもの

・決算書（貸借対照表、損益計算書、販売費及び一般管理費の明細書、株主資本等変動計算書、個別注記表。会計ソフトで作成）
・勘定科目内訳明細書　310ページより
・消費税の申告書　314ページより（消費税の納税義務がある場合）
・法人税の申告書　320ページより

・法人事業概況説明書　３４４ページより

□各都道府県、市区町村へ提出するもの

・地方税の申告書　３３２ページより

地方税とは、住民税（都道府県民税、市町村民税）、事業税・特別法人事業税、地方法人税を指します（東京都23区に会社がある場合は、区に提出します。その他の場合は、道府県、市区町村の最低２カ所へ提出します。千葉県船橋市なら、千葉県と船橋市が提出先です）。このうち地方法人税は、法人税の申告書で計算します。

□提出しないもの

次のものは提出せずに、会社で保管します。

・レシート、領収書、請求書等、データ
・総勘定元帳（データ）
・その他取引の証拠となる書類、データ
・申告した書類の控、データ

税務署等、金融機関、取引先などは、提出された書類でのみ会社の業績や状況を判断します。そのため、**提出する書類には疑われるようなことは書かず、明確に作るべき**です。

何かあれば、補足資料をつけるといいでしょう。

□税務調査の概要

税務調査とは、税務署の方が実際に書類、データを調べることです。

・数年に1回（税務調査が入る確率は個人で1%、法人で3%ほど）
・売上、利益の増減や業種、ときにはタレコミにより調査するかどうかを決める
・赤字でも入る（消費税や源泉所得税があるため）
・調査期間は1〜3日
・指摘があった場合、修正申告という手続で修正し、罰金（おおむね20%）を払う

□税務調査に必要なもの

次の書類（データ）が必要です。直近の終わった事業年度3期分です（まだ途中の事業年度は原則として対象ではありません）。

・総勘定元帳（紙、または電子帳簿保存法の要件を満たしたデータ）
・請求書、レシート、契約書等
・消費税の科目別集計表（会計ソフトから出せます）
・源泉徴収簿（給与ソフトから出ます。使っていない場合は、国税庁サイトからダウンロ

税務申告の必要書類と提出場所

税務署へ提出

- 決算書（B/S、P/Lなど） → 会計ソフトで作成
- 勘定科目内訳明細書 → P310より
- 消費税の申告書（会計ソフトでも作成可） → P314より
- 法人税の申告書 → P320より
- 法人事業概況説明書 → P344より

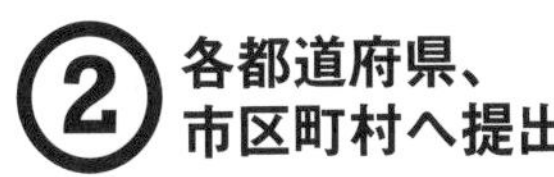

- 地方税の申告書 → P332より

- 領収書、請求書など
- 取引の証拠になるもの
- 総勘定元帳 → 会計ソフトで作成

ードして作成）

データ保存している場合は、税務調査の際に税務署の方がデータを確認できるよう、パソコン、ディスプレイ、プリンターが必要です。ただプリンターがなくても、コンビニ等ですぐに出せれば問題ありません。

□決算書、申告書のつくり方

本書では、freee会計、freee申告で解説します。

freee会計　ミニマムプラン　年額2万6136円＋税

freee申告　年額2万280円＋税

決算、申告、納税は、次のような流れです。

①決算

freee会計にすべてのデータを入れておいてください。freee申告にデータが連動します。消費税を納める場合、まずは、消費税の申告書をつくりましょう。これは、freee会計でつくります。納める消費税を計算したら、その結果を、freee申告へ反映しましょう。

②申告

freee申告で、基本情報、事業所情報を確認、入力し、［申告書］タブで［会計連携］というボタンをクリックしましょう。これで会計データが連動し、申告書その他の書類にデ

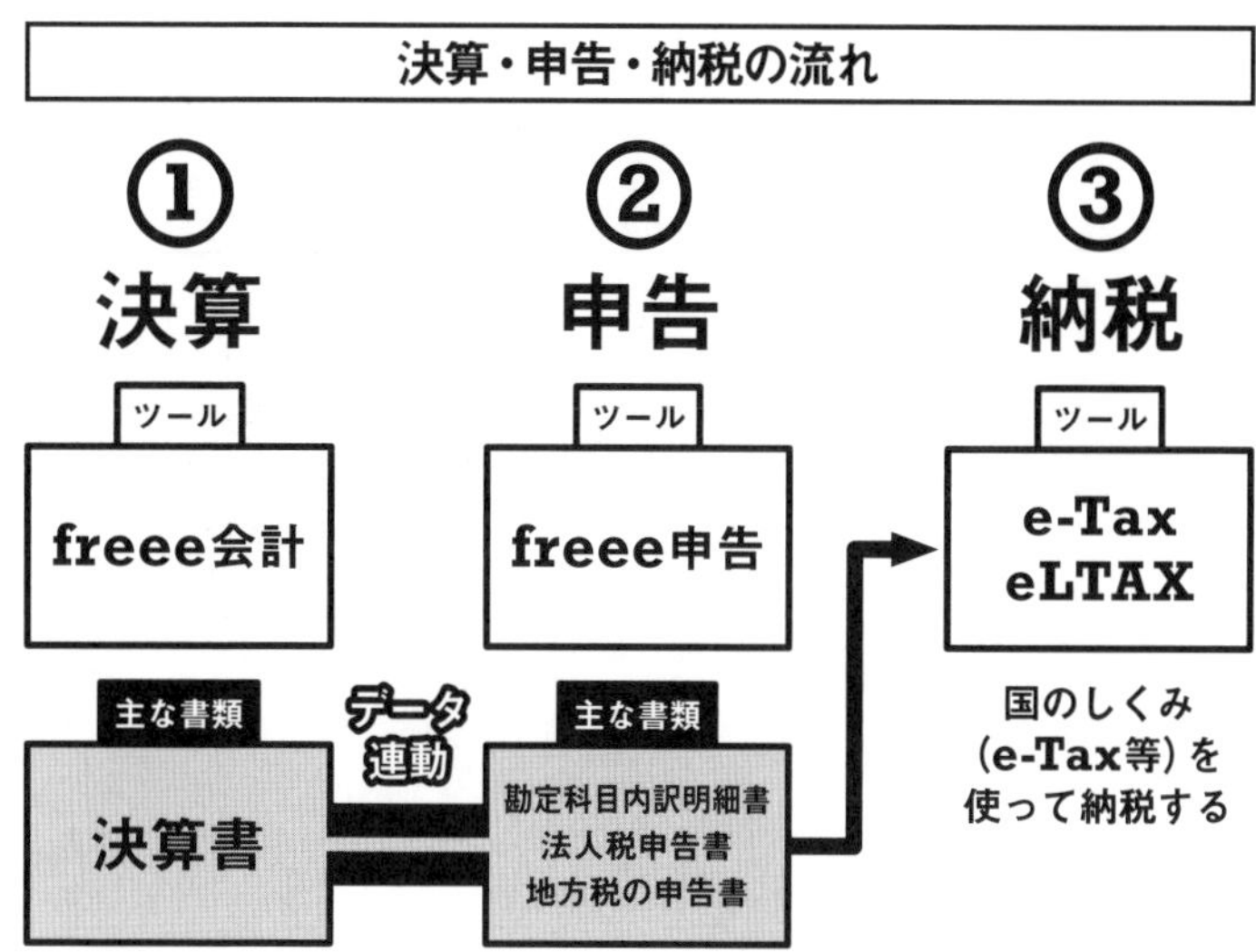

ータが自動入力されますが、必ずご自身の目で確認しましょう。freee申告で、勘定科目内訳明細書を確認し、つくっていきます。もし間違いに気づいたら、freee会計へ戻り修正し、再度連携しましょう。修正内容によっては、納める消費税の金額が変わることがあります。その場合は、消費税の申告書を再度確認しましょう。引き続きfreee申告で法人税等の申告書をつくり、完成したら提出します。

③納税

freee申告で提出した後、e-Tax、eLTaxにそれぞれログインし、納税します。

71 これでわかった！税金の計算

□利益に応じて発生する税金のしくみ

法人の所得に対して計算される税金には、法人税、地方法人税、住民税、事業税・特別法人事業税があります（以下、「法人税等」）。事例を挙げますので、どれくらい税金がかかるかを見ていきましょう。

【事例】東京都千代田区に会社があり、資本金1000万円、ひとり社長のみ、事業所が1つ。税引前当期純利益が100万円の場合

次ページを見てください。

所得とは、税金上の利益で、P／Lの税引前当期純利益とほぼ同じ金額になります。所得を100万円と考えると、税金の計算は図のようになります。

Case 税引前当期純利益100万円≒所得100万円

法人税

所得100万円
×15%

15万円

地方法人税
法人税
×10.3%
1.54万円

住民税

（法人税15万円×7%）
＋7万円

8.05万円

事業税

所得100万円
×3.5%

3.5万円

特別法人事業税

事業税3.5万円
×37%

1.29万円

合計

29.38万円（約30%）

法人税は「所得が年800万円以下の部分→15%」「年800万円超の部分→23・2%」かかります。

住民税は、法人税の7%＋7万円になります。東京都の場合、法人税が1000万円超でさらに税率が上がります。この7万円は均等割といって、必ずかかってくる税金です。利益（所得）がマイナスでも払う必要があります。

事業税は、所得の区分に応じて税率が変わり、具体的には、「400万円までが3・5%」「400万円超800万円以下の部分が5・3%」「800万円超の部分が7・0%」という税率です（標準税率）。所得が2500万円超だと、さらにそれぞれの区分の税率が上がります。

特別法人事業税は、事業税（標準税率で計算したもの）×37%です。

このように所得が上がれば上がるほど、税率も上がりますので、おおむね、所得1500万円までは30%、4500万円までは35%、それ以上は40%の税金が引かれると考えてください。

□消費税はどう考える？

前述のとおり、消費税は、その計算方法により税金が変わります。ざっくりと計算するなら、次のように考えましょう（税込で経理している場合。資産を買ったり売ったりしている場合、別途考える必要があります）。

●**原則課税**　売上の消費税（消費税対象の売上×10／110）－経費の消費税（消費税対象の仕入・経費×10／110）
●**簡易課税**　売上の消費税（消費税対象の売上×10／110）×率（業種ごと）
●**2割特例**　売上の消費税（消費税対象の売上×10／110）×20％

□利益がマイナスでも、税金がかかる？

法人の利益がマイナスでも、税金は最低7万円（均等割）かかり、消費税も納税しなければいけない可能性があります。

例えば、サービス業で売上が880万円、経常利益がマイナス100万円の場合、消費税の簡易課税であれば、消費税は「880万円×10／110＝80万円。80万円×50％＝40万円」となります。

つまり、この事例では経常利益がマイナスでも40万円の消費税、7万円の地方税はかかるのです。消費税は滞納率が高い税金でもあります。資金繰りに気をつけましょう。

72 各種申告書の役割を知っておく

□実際に、税金を計算してみよう

さてここからは、次の事例を使って、法人税等の計算をしてみましょう。

【会社状況】

東京都千代田区の会社。資本金1000万円。ひとり社長のみ。売上は1622万3332円。税引前当期純利益は256万3716円。10万円以上30万円未満の資産としては、4月に18万8000円のPC、9月に22万8000円のPCを購入。交際費は108万7162円。

前期の法人税・地方法人税は16万5000円。都道府県民税は9万5900円。事業税・特別法人事業税の合計は4万8800円。※いずれも前期に未払法人税等として計上し、当期に支払ったものとします。前期以前のマイナスはないものとします。

□申告書の効率的なつくり方

申告書、その他の書類は次の順番で作るのがオススメです。

- ・勘定科目内訳明細書　310ページ
- ・消費税申告書　314ページ（課税事業者の場合）
- ・別表十六（七）経費にする資産の明細　320ページ（該当するものがある場合）
- ・別表十五　交際費の明細　322ページ（交際費がある場合）
- ・別表五（一）と別表五（二）税金の計算　324ページ
- ・別表四　所得の計算　328ページ
- ・別表一　法人税と地方法人税の計算　330ページ
- ・第六号様式　都民税、事業税・特別法人事業税　332ページ
- ・別表四の再確認　所得の計算　340ページ
- ・適用額明細書　342ページ
- ・法人事業概況説明書　344ページ（該当するものがある場合）

最初に勘定科目内訳明細書を作るのは、書類の作成過程で利益が変わる可能性があるか

らです。例えば、「売掛金をチェックしていて、間違いに気づき、売上の金額を修正する」といったことがよくあるからです。利益を確定させてから法人税等の申告書をつくったほうがより効率的につくることができます。

次に、消費税申告書をつくるも同様の理由です。税込経理の場合、消費税申告書をつくったあと、納める消費税が10万円なら、「租税公課　10万円／未払消費税等　10万円」という取引を会計ソフトに入力します。その結果、利益が10万円減り、法人税等の金額も変わってしまうのです。先に消費税を計算しないと、二度手間になります。

□「数字の大きい別表」から作成する

法人税の申告書で、最終的な税金を計算するのは別表一です。それ以降の書類は、その計算過程や明細という役割があり、別表一の税金の計算に影響します。

例えば別表四は、税金上のP／Lであり、法人税の計算上の利益（所得）を計算するものです。別表一で、その所得に率をかけて税金を計算します。

別表五（一）は税金上のB／S、別表五（二）は納税の状況の明細、別表十五は交際費、別表十六（七）は一括で経費にする資産の明細です。

これらの入力の内容次第で税額が変わる可能性があるため、**別表一が最後になるように、別表の後ろ（数字が大きいもの）から入力・確認していきましょう。**

株主の明細である別表二も初回は確認しておきましょう。なお本書では重要度の低い別表六（利息に関する税金の計算）等は割愛しております。最後に地方税の申告書、その他の書類をつくっていきます。

その他、ケースによっては他の別表も必要です。代表的なものとして、次のようなものがあります。

- **所得がマイナスまたは過去のマイナスを繰り越す場合　別表七**
- **セーフティ共済の保険料を払ったとき　別表十（七）**
- **貸倒引当金を計上したとき　別表十一**
- **固定資産（一括で経費にしないもの）があるとき　別表十六（一）から（六）**

本書はfreee会計・申告で解説しますが、他の会計ソフトでも勘定科目内訳書や消費税の申告書をつくることができます。ただし、法人税の申告書は別途ソフトが必要です。

73

【勘定科目内訳明細書】科目別にそれぞれ作る

□量が多くなるので、モレがないように

続いて、勘定科目内訳明細書を作りましょう。これは、次のような科目について作り、決算・申告時に提出します。

・預貯金等の内訳書：普通預金、当座預金、定期預金等
・売掛金（未収入金）の内訳書：売掛金、未収入金
・仮払金（前渡金）の内訳書：仮払金
↓できるだけ残さないようにしましょう
・貸付金及び受取利息の内訳書：貸付金
↓できるだけ残さないようにしましょう。特に社長への貸付金は決算日までに返済しておくべきです

・棚卸資産（商品または製品、半製品、仕掛品、原材料、貯蔵品）の内訳書：商品、製品
↓金額だけ書いて「明細は会社保存」と入れることもできます
・有価証券の内訳書：有価証券、投資有価証券
・固定資産（土地、土地の上に存する権利及び建物に限る）の内訳書：土地、建物
↓付属設備、備品などは入れません
・買掛金（未払金・未払費用）の内訳書：買掛金、未払金、未払費用
↓未払金と未払費用の区別は気にしなくて大丈夫です。迷ったら未払金にしましょう
・仮受金（前受金・預り金）の内訳書：仮受金
・借入金及び支払利子の内訳書：借入金、役員借入金
・役員報酬手当等及び人件費の内訳書：役員報酬
・地代家賃等の内訳書：P／Lの地代、家賃
・雑益、雑損失等の内訳書：P／Lの雑収入、雑損失など

freee申告で、勘定科目内訳明細書を選び、［内訳書に試算表を連携］で連動させて作っていきましょう。会計ソフトできちんと分けていれば、スムーズに連動します。

勘定科目内訳明細書は、税務署だけではなく、金融機関向けにも重要なものです。今、お金を借りていなくても、将来借りる可能性があります。通常、過去3年分の決算書を提

出しますので、そのときのために勘定科目内訳明細書を整えておきましょう。**「見られる」ことを意識してつくり、最終的には誤字脱字もチェックしておきましょう**。

特に重要なのは、預金、売掛金、買掛金（あれば）、借入金、雑収入です。

金額が小さいものは経理が間違っている可能性もありますので、今一度チェックし、会計ソフト側で修正しておきたいものです。

預金は、念のため、ネットバンクにログインして残高を確認しておきましょう。**連動がうまくいかずネットバンクと会計ソフトの残高がズレていることもあります**。また、決算日までに不要な口座は残高を0にするか、解約してしまいましょう。内訳書をつくる、チェックする手間がなくなります。

売掛金、買掛金等は、期末に残っているものと一致しているか確認し、住所を入れる箇所には、ネットで検索して入れておきましょう。**実際は入金がある、支払をしているのに、金額が残っている場合もあります**。

借入金は、返済予定表と一致しているか、複数の金融機関から借りているときには、それぞれの残高が正しいかを確認しておきましょう。

勘定科目内訳書を完成させてから、法人税等の申告書をつくりましょう。申告書→勘定科目内訳書の順番だと、内訳書をつくるときに間違いに気づき修正すると、申告書も修正しなければならないので面倒です。

預貯金等の内訳書　入力例

①

預貯金等の内訳書

金融機関名	支店名	種　類	口座番号	期末現在高 円	摘　要
住信SBIネット銀行	法人第一支店	普通	1111111	1,079,000	
ゆうちょ銀行	00八支店	普通	2222222	10,737	
小計				1,089,737	
計				1,089,737	

(注) 1. 取引金融機関別に、かつ、預貯金の種類別に記入してください。
なお、記載口数が100口を超える場合には、期末現在高の多額なものから100口についてのみ記入しても差し支えありません。
2. 預貯金等の名義人が代表者になっているなど法人名と異なる場合には、「摘要」欄に「名義人○○○○」のようにその名義人を記入してください。

74

【消費税の計算】消費税申告書の作り方

□トクなほうを自分で選ぼう

消費税は freee 会計でつくります。freee 会計の［決算申告］→［消費税区分別表］で事前に確認しましょう。「売上高の区分が正しいか（対象外になっていないか）」「雑収入の消費税区分が正しいか」の2点に気をつけてください。

原則課税の場合、経費もチェックします。2割特例で計算するなら、ここで選択できます。簡易課税は、届出書を出していないと選択できません。

消費税の申告書の確認は、会計ソフト側でしかできませんので、PDFで確認します。「売上は1633万3332円（税込、サービス業）で、経費は708万4519円（税込）」という事例で解説します。

□原則課税の申告書

●ステップ①
税込売上を税抜きにします。式は１６３３万３３３２円×１００／１１０になり、１０００円未満を切り捨てたものを確認しましょう。１４８４万８０００円です。

●ステップ②
ステップ①の数字に７・８％をかけて消費税10％の国税分を計算します。１１５万８１４４円です。

●ステップ③
消費税対象の経費（７０８万４５１９円）に対する消費税の国税部分（×７・８／１１０）を確認。50万２３５６円です。

●ステップ④
ステップ③の数字が入っているか確認します。

●ステップ⑤
ステップ②の数字からステップ④の数字を引いたもの（１００円未満切り捨て）を確認します。65万５７００円です。

●ステップ⑥
ステップ⑤の数字が入っていることを確認します。

原則課税の申告書　記入例

この申告書による消費税の税額の計算					
				十兆千百十億千百十万千百十一円	
課税標準額		①	ステップ①	14848000	03
消費税額		②	ステップ②	1158144	06
控除過大調整税額		③			07
控除税額	控除対象仕入税額	④	ステップ③	502356	08
	返還等対価に係る税額	⑤			09
	貸倒れに係る税額	⑥			10
	控除税額小計（④+⑤+⑥）	⑦	ステップ④	502356	
控除不足還付税額（⑦−②−③）		⑧			13
差引税額（②+③−⑦）		⑨	ステップ⑤	655700	15
中間納付税額		⑩		00	16
納付税額（⑨ − ⑩）		⑪	ステップ⑥	655700	17
中間納付還付税額（⑩ − ⑨）		⑫		00	18
この申告書が修正申告である場合	既確定税額	⑬			19
	差引納付税額	⑭		00	20
課税売上割合	課税資産の譲渡等の対価の額	⑮		14848483	21
	資産の譲渡等の対価の額	⑯		14848483	22
この申告書による地方消費税の税額の計算					
地方消費税の課税標準となる消費税額	控除不足還付税額	⑰			51
	差引税額	⑱	ステップ⑥	655700	52
譲渡割額	還付額	⑲			53
	納税額	⑳	ステップ⑦	184900	54
中間納付譲渡割額		㉑		00	55
納付譲渡割額（⑳ − ㉑）		㉒	ステップ⑧	184900	56
中間納付還付譲渡割額（㉑ − ⑳）		㉓		00	57
この申告書が修正申告である場合	既確定譲渡割額	㉔			58
	差引納付譲渡割額	㉕		00	59
消費税及び地方消費税の合計（納付又は還付）税額		㉖	ステップ⑨	840600	60

●ステップ⑦

ステップ⑥の数字に22／78をかけて消費税の地方税部分を計算します。１００円未満は切り捨てます。18万４９００円になります。

●ステップ⑧

ステップ⑦の数字が入ります。

●ステップ⑨

ステップ⑥とステップ⑧を足した納税額は84万６００円です。

□簡易課税の申告書

●ステップ①

税込売上を税抜きにします。式は１６３３万３３３２円×１００／１１０になり、１００円未満を切り捨てた金額を確認。１４８４万８０００円です。

●ステップ②

ステップ①の数字に７・８％をかけて消費税10％の国税部分を計算します。端数は切り捨ててください。１１５万８１４４円になります。

●ステップ③

ステップ②の数字に50％（サービス業の率）をかけます。57万９０７２円になります。

●ステップ④

ステップ③の数字が入ります。

●ステップ⑤

ステップ②の数字からステップ③の数字を引いたもの（100円未満切り捨て）が入ります。57万9000円です。

●ステップ⑥

ステップ⑤の数字に22／78をかけて消費税の地方税部分を計算します。100円未満を切り捨て、16万3300円になります。

●ステップ⑦

ステップ⑥が入ります。

●ステップ⑧

ステップ⑤とステップ⑦を足した納付額は74万2300円です。

2割特例の場合は、会計ソフトでその設定し、売上の消費税の20％が納税額になっているかを確認しましょう。

いずれの場合も freee 会計の［決算申告］→［振替伝票］で、租税公課／未払消費税等と入れます（税込経理の場合）。

簡易課税の申告書　記入例

この申告書による消費税の税額の計算

項目	番号	金額	ステップ	欄
課税標準額	①	14848000	ステップ①	03
消費税額	②	1158144	ステップ②	06
貸倒回収に係る消費税額	③			07
控除税額　控除対象仕入税額	④	579072	ステップ③	08
控除税額　返還等対価に係る税額	⑤			09
控除税額　貸倒れに係る税額	⑥			10
控除税額　控除税額小計（④+⑤+⑥）	⑦	579072	ステップ④	
控除不足還付税額（⑦−②−③）	⑧			13
差引税額（②+③−⑦）	⑨	579000	ステップ⑤	15
中間納付税額	⑩	00	ステップ⑤	16
納付税額（⑨−⑩）	⑪	579000	ステップ⑤	17
中間納付還付税額（⑩−⑨）	⑫	00		18
この申告書が修正申告である場合　既確定税額	⑬			19
この申告書が修正申告である場合　差引納付税額	⑭	00		20
この課税期間の課税売上高	⑮	14848483		21
基準期間の課税売上高	⑯			

この申告書による地方消費税の税額の計算

項目	番号	金額	ステップ	欄
地方消費税の課税標準となる消費税額　控除不足還付税額	⑰			51
地方消費税の課税標準となる消費税額　差引税額	⑱	579000	ステップ⑤	52
譲渡割額　還付額	⑲			53
譲渡割額　納税額	⑳	163300	ステップ⑥	54
中間納付譲渡割額	㉑	00		55
納付譲渡割額（⑳−㉑）	㉒	163300	ステップ⑦	56
中間納付還付譲渡割額（㉑−⑳）	㉓	00		57
この申告書が修正申告である場合　既確定譲渡割額	㉔			58
この申告書が修正申告である場合　差引納付譲渡割額	㉕	00		59

項目	番号	金額	ステップ	欄
消費税及び地方消費税の合計（納付又は還付）税額	㉖	742300	ステップ⑧	60

75

【経費にする資産の明細】別表十六（七）の作り方

□該当する場合、提出は必須

次に別表十六（七）を確認しましょう。

ＰＣや消耗品などは、ひとり社長（青色申告かつ資本金1億円以下）なら、１台あたり30万円未満まで経費で落とすことができます（年度合計で３００万円まで。消費税抜の場合は税抜で判定。そうでないなら税込で判定）。

この場合、10万円以上30万円未満で経費にしたものがあれば、明細をつくって提出しなければいけません（10万円未満は特例を使わなくても経費にできます）。そこで提出するのが別表十六（七）です。固定資産として登録すれば、別表十六（七）に反映されます。

固定資産の登録＆経費の確認

基本情報

資産の名前 必須　パソコン

取得日 必須　2023-04-01

事業供用開始日 必須　2023-04-01
利用を開始した日付を記入してください

取得価額 必須　188,000 円 (税込)
免税事業所の方は税込金額を入力してください

勘定科目 必須　工具器具備品　勘定科目を推測する
「資産の名前」を元に勘定科目を推測します

数量又は面積 必須　1　単位：
例）個

償却情報

償却方法 必須　少額償却　償却方法を推測する
「取得日、勘定科目」を元に償却方法を推測します

10万円以上30万円未満で
経費にしたものは
固定資産として登録

「少額償却」を選ぶ

別表十六（七）に反映されているか確認

少額減価償却資産の取得価額の損金算入の特例に関する明細書

事業年度	令 4・7・1 令 5・6・30	法人名	株式会社タイムコンサルティング

別表十六(七) 令四・四・一以後終了事業年度分

資産区分	種類	1	工具器具備品	工具器具備品			
	構造	2					
	細目	3					
	事業の用に供した年月	4	令 5 4	令 4 9			
取得価額	取得価額又は製作価額	5	円 188,000	円 228,000	円	円	円
	法人税法上の圧縮記帳による積立金計上額	6					
	差引改定取得価額 (5)－(6)	7	188,000	228,000			

76 【交際費の明細】別表十五の作り方

□しっかり把握しておく

ひとり社長（資本金1億円以下など）の場合、交際費は年８００万円と飲食費の50％のどちらか大きい金額まで税金がかかりません。

飲食費が１６００万円以上あれば、飲食費の50％のほうが８００万円より大きくなりますが、そこまでは使わないはずです。

年８００万円までは税金がかからないと考えましょう。

交際費は１０８万７１６２円として、計算します。交際費の計算は別表十五を使います。freee 会計で交際費にしていれば、freee 申告の別表十五に連動します。

交際費の計算　記入例

交際費等の損金算入に関する明細書

事業年度	令4・7・1 令5・6・30	法人名	株式会社タイムコンサルティング

別表十五　令四・四・一以後終了事業年度分

支出交際費等の額 （8の計）	1	円 1,087,162	損金算入限度額 (2)又は(3)	4	円 1,087,162
支出接待飲食費損金算入基準額 （9の計）× $\frac{50}{100}$	2				
中小法人等の定額控除限度額 ((1)と((800万円× $\frac{12}{12}$)又は(別表十五付表「5」))のうち少ない金額)	3	1,087,162	損金不算入額 (1)－(4)	5	0

支出交際費等の額の明細

科目	支出額	交際費等の額から控除される費用の額	差引交際費等の額	(8)のうち接待飲食費の額
	6	7	8	9
交際費	円 1,087,162	円	円 1,087,162	円
計	1,087,162		1,087,162	

P/Lの交際費

77 【税金の計算】別表五（一）と別表五（二）の作り方

□同時に作ったほうが効率的

別表五（一）は「税金上のB／S」、別表五（二）は「税金の納付状況」を表したものです。情報を整理しましょう。前期の税金は、前述した通り次のようになります。

・法人税・地方法人税　16万5000円（以下「a」）
・都道府県民税　9万5900円（以下「b」）
・事業税・特別法人事業税の合計　4万8800円（以下「c」）
・合計30万9700円（以下「d」）

freee申告をはじめて使う場合は、数字を入力する必要があります。freee申告を使うのが2年目以降であれば、前年度の数字が繰り越されていますので、確認するのみでかまいません（会社の設立初年度であれば、繰り越す金額がないので何もする必要はありません）。ではまず、別表五（一）の作り方を見ていきます。

●ステップ①
前期の申告書から、繰越損益金（例として100万円）を入力、または確認。
●ステップ②
(26)にd、(27)にa、(29)にbを入力、または確認します。
●ステップ③
資本金の1000万円を入力、または確認します。

□別表五(二)の書き方

●ステップ①
該当箇所にa、b、c、そして前期の未払法人税等30万9700円を入力、または確認します。
●ステップ②
前期の法人税等で当期に払った金額（a、b、c）を入力します。
●ステップ③
期末現在未納税額が0になっていることを確認しましょう。

別表五（一）税金上のB/S　入力例

区分		①	②	③	④
未収還付法人税	21				
未収還付道府県民税	22			0	0
未収還付市町村民税	23	ステップ①			
	24				
繰越損益金（損は赤）	25	1,000,000	1,000,000	3,147,716	3,147,716
納税充当金	26	309,700			309,700
未納法人税等（退職年金等積立金に対するものを除く。） 未納法人税及び未納地方法人税（附帯税を除く。）	27	△ 165,000	ステップ②	中間 △ 確定 △ 355,100	△ 520,100
未払通算税効果額（附帯税の額に係る部分の金額を除く。）	28			中間 確定	
未納道府県民税（均等割額を含む。）	29	△ 95,900	ステップ②	中間 △ 0 確定 △ 92,500	△ 188,400
未納市町村民税（均等割額を含む。）	30	△	△	中間 △ 確定 △	△
差引合計額	31	1,048,800	1,000,000	2,700,116	2,748,916

Ⅱ　資本金等の額の計算に関する明細書

区分		期首現在資本金等の額	当期の増減		差引翌期首現在資本金等の額 ①－②＋③
			減	増	
		①	②	③	④
資本金又は出資金	32	10,000,000円	円	円	10,000,000円
資本準備金	33				
	34	ステップ③			
	35				
差引合計額	36	10,000,000			10,000,000

別表五(二) 税金の納付状況　入力例

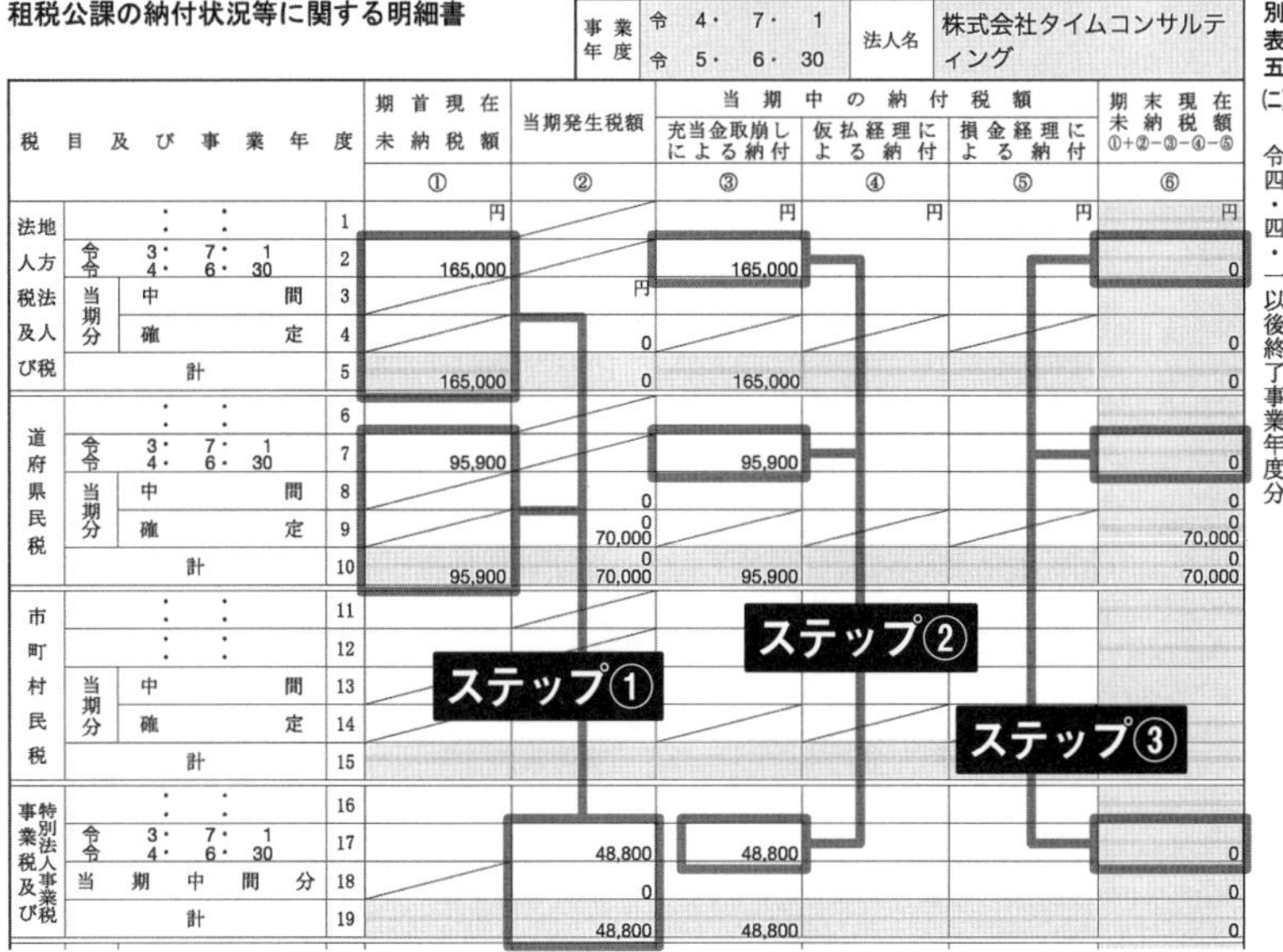

租税公課の納付状況等に関する明細書

事業年度	令 4・7・1 令 5・6・30	法人名	株式会社タイムコンサルティング

別表五(二)　令四・四・一以後終了事業年度分

税目及び事業年度				期首現在未納税額 ①	当期発生税額 ②	当期中の納付税額 充当金取崩しによる納付 ③	仮払経理による納付 ④	損金経理による納付 ⑤	期末現在未納税額 ①+②−③−④−⑤ ⑥
法人税及び地方法人税	・　・		1	円		円	円	円	円
	令3・7・1 令4・6・30		2	165,000		165,000			0
	当期分	中間	3		円				
		確定	4		0				0
	計		5	165,000	0	165,000			0
道府県民税	・　・		6						
	令3・7・1 令4・6・30		7	95,900		95,900			0
	当期分	中間	8		0				0
		確定	9		0 70,000				0 70,000
	計		10	95,900	0 70,000	95,900			0 70,000
市町村民税	・　・		11						
	・　・		12						
	当期分	中間	13						
		確定	14						
	計		15						
事業税及び特別法人事業税	・　・		16						
	令3・7・1 令4・6・30		17		48,800	48,800			0
	当期中間分		18		0				0
	計		19		48,800	48,800			0

納税充当金の計算							
期首納税充当金		30	309,700 円	取崩額	その他 損金算入のもの	36	円
繰入額	損金経理をした納税充当金	31			損金不算入のもの	37	
		32				38	
	計 (31)＋(32)	33			仮払税金消却	39	
取崩額	法人税額等 (5の③)＋(10の③)＋(15の③)	34	260,900		計 (34)＋(35)＋(36)＋(37)＋(38)＋(39)	40	309,700
	事業税及び特別法人事業税 (19の③)	35	48,800	期末納税充当金 (30)＋(33)－(40)		41	0

ステップ①

78 【所得の計算】別表四の作り方（1回目）

□所得を確認！

freee 申告で別表四を確認しましょう。一番上に、P／Lの当期純利益の256万3716円が入っているはずです。前期の事業税・特別法人事業税の合計で、前期に未払計上して当期に払ったもの（4万8800円）は別表五（二）から連動しています。最終的に、一番下の251万4916円が、法人税を計算する上での利益（所得）です。

この書類は、「決算書の利益を、税金上の利益（所得）に計算し直す」ものです。決算書の利益は会社の成績を示すものである一方で、税金上の利益は、国が税金を徴収するために作った法律が影響します。例えば次のような場合です。

「税法の規定以上に減価償却、貸倒引当金を増やしたとき」「寄附金を払った場合」「税金を未払計上したとき」「所定の期間外に役員報酬を増やしたとき」「役員へボーナスを払ったとき」

別表四［所得の計算］を確認する

区分			総額 ①	処分 留保 ②
当期利益又は当期欠損の額		1	円 2,563,716	円 2,563,716
	損金経理をした法人税及び地方法人税(附帯税を除く。)	2		

P/Lの当期純利益が入っているかを確認する

区分			総額 ①	留保 ②
減	減価償却超過額の当期認容額	12		
	納税充当金から支出した事業税等の金額	13	48,800	48,800
	受取配当等の益金不算入額(別表八(一)「13」又は「26」)	14		

区分			総額 ①	留保 ②
	次葉合計			
	小計	22	48,800	48,800
仮計 (1)＋(11)－(22)		23	2,514,916	2,514,916
対象純支払利子等の損金不算入額(別表十七(二の二)「29」又は「34」)		24		

区分	番号	総額 ①	留保 ②
総計 (43)＋(44)	45	2,514,916	2,514,916
残余財産の確定の日の属する事業年度に係る事業税及び特別法人事業税の損金算入額	51	△	△
所得金額又は欠損金額	52	2,514,916	2,514,916

法人税を計算する上での利益（所得）

79 【法人税と地方法人税の計算】別表一の作り方

□所得に応じて、金額が変わってくる

●**ステップ①**

freee申告の別表四で計算した所得（251万4916円）が一番上にあるかを確認。

●**ステップ②**

所得が800万円を超えるかどうかで法人税の税率が変わります。800万円以下の場合は15％ですので、251万4000円×15％で37万7100円となります。

●**ステップ③**

ここから地方法人税の計算に入ります。まず、法人税額37万7100円を確認。

●**ステップ④**

ステップ③の数字から千円未満を切り捨てた37万7000円に地方法人税の税率10・3％をかけた3万8831円の百円未満を切り捨てた3万8800円が地方法人税です。

別表一［法人税の計算］を確認する

所得金額又は欠損金額（別表四「52の①」）	1	2514916	ステップ①
法人税額 (52)+(53)+(54)	2	377100	ステップ②
法人税額の特別控除額（別表六(六)「5」）	3		
税額控除超過額相当額等の加算額	4		
土地譲渡利益金 課税土地譲渡利益金額（別表三(二)「24」＋別表三(二の二)「25」＋別表三(三)「20」）	5	000	
土地譲渡利益金 同上に対する税額 (74)+(75)+(76)	6		
留保金 課税留保金額（別表三(一)「4」）	7	000	
留保金 同上に対する税額（別表三(一)「8」）	8		
（外）		00	
法人税額計 (2)−(3)+(4)+(6)+(8)	9	377100	ステップ③
分配時調整外国税相当額及び外国関係会社等に係る控除対象所得税額等相当額の控除額（別表六(五の二)「7」＋別表十七(三の六)「3」）	10		
仮装経理に基づく過大申告の更正に伴う控除法人税額	11		
控除税額（((9)−(10)−(11))と(18)のうち少ない金額）	12		
差引所得に対する法人税額 (9)−(10)−(11)−(12)	13	377100	
中間申告分の法人税額	14	00	
差引確定法人税額 (13)−(14)（中間申告の場合はその税額とし、マイナスの場合は、(22)へ記入）	15	377100	
課税標準法人税額の計算 基準法人税額 所得の金額に対する法人税額 ((2)−(3)+(4)+(6)+(9の外書)−別表六(二)付表六「7の計」)	29	377100	
課税標準法人税額の計算 課税留保金額に対する法人税額 (8)	30		
課税標準法人税額 (29)+(30)	31	377000	
地方法人税額 (57)	32	38831	
税額控除超過額相当額の加算額（別表六(二)付表六「14の計」）	33		
課税留保金額に係る地方法人税額 (58)	34		
所得地方法人税額 (32)+(33)+(34)	35	38831	
分配時調整外国税相当額及び外国関係会社等に係る控除対象所得税額等相当額の控除額（((別表六(五の二)「8」)＋(別表十七(三の六)「4」))と(35)のうち少ない金額）	36		
仮装経理に基づく過大申告の更正に伴う控除地方法人税額	37		
外国税額の控除額（((35)−(36)−(37))と(77)のうち少ない金額）	38	0	
差引地方法人税額 (35)−(36)−(37)−(38)	39	38800	
中間申告分の地方法人税額	40	00	
差引確定地方法人税額 (39)−(40)（中間申告の場合はその税額とし、マイナスの場合は、(43)へ記入）	41	38800	ステップ④

控除税額の計算 …の額 …の③」）	16
…税額 …「24」）	17
計 (16)+(17)	18
控除した金額 (12)	19
控除しきれなかった金額 (18)−(19)	20
この申告による還付金額 所得税額等の還付金額 (20)	21
中間納付額 (14)−(13)	22
欠損金の繰戻しによる還付請求税額	23
計 (21)+(22)+(23)	24
この申告が修正申告である場合 この申告前の所得金額又は欠損金額 (59)	25
この申告により納付すべき法人税額又は減少する還付請求税額 (64)	26
欠損金又は災害損失金等の当期控除額（別表七(一)「4の計」＋(別表七(三)「9」若しくは「21」又は別表七(四)「10」)）	27
翌期へ繰り越す欠損金又は災害損失金（別表七(一)「5の合計」）	28
この申告による還付金額 外国税額の還付金額 (79)	42
中間納付額 (40)−(39)	43
計 (42)+(43)	44
この申告が修正申告である場合 この申告前の 所得の金額に対する法人税額 (67)	45
課税留保金額に対する法人税額 (68)	46
課税標準法人税額 (69)	47
この申告により納付すべき地方法人税額 (73)	48

剰余金・利益の配当（剰余金の分配）の金額

残余財産の最後の分配又は引渡しの日　令和　年　月

還付を受けようとする金融機関等　銀行　金庫・組合　農協・漁協　口座番号

…理欄

80 【都民税、事業税・特別法人事業税】第六号様式の作り方

□2つに分けて考える

次は地方税申告書の作り方に移ります。次ページに申告書の全体像、334ページから作り方を紹介します。

ここでやるべきことは「都民税、事業税・特別法人事業税」の計算です。

地方税の計算は、地域によって異なります。基本的には、「都道府県民税（法人税割と均等割）・市町村民税」「事業税（所得に応じて計算）」「特別法人事業税（事業税に応じて計算）」があります。

法人税割は、法人税と同じく、利益（所得）に応じて増減するしくみです。均等割は所得に関係なく、計算されます。

均等割は、従業員数、資本金により変わり、50人以下、資本金1000万円以下の場合は年間7万円です。赤字でも払わなければいけません。

第六号様式［都民税、事業税・特別法人事業税］

第六号様式（提出用）（用紙日本産業規格A4・セピア色）（第三条・第五条・第十条の二関係）

受付印	令和　年　月　日 殿	法人番号	この申告の基礎 法人税の 年 月 日の 修正・更正・決定・再更正 による。 申告年月日
所在地	〒　（電話　）　〒　（電話　）	事業種目	
（ふりがな） 法人名		期末現在の資本金の額又は出資金の額（解散日現在の資本金の額又は出資金の額）	10000000
		同上が1億円以下の普通法人のうち中小法人等に該当しないもの	非中小法人等
（ふりがな） 代表者氏名	（ふりがな） 経理責任者氏名	期末現在の資本金の額及び資本準備金の額の合算額	10000000
		期末現在の資本金等の額	10000000

令和　年　月　日から令和　年　月　日までの 事業年度分又は連結事業年度分の 道府県民税・事業税・特別法人事業税の 確定 申告書

（事業税）

摘要			課税標準	税率（/100）	税額
所得割	所得金額総額（⑥⑧−⑥⑨）又は別表5⑥	㉘	2514766		
	年400万円以下の金額	㉙	2514000	3.5	87900
	年400万円を超え年800万円以下の金額	㉚	0000	5.3	000
	年800万円を超える金額	㉛	0000	7.0	000
	計 ㉙+㉚+㉛	㉜	2514000		87900
	軽減税率不適用法人の金額	㉝	000		00
付加価値割	付加価値額総額	㉞			
	付加価値額	㉟	000		00
資本割	資本金等の額総額	㊱			
	資本金等の額	㊲	000		00
収入割	収入金額総額	㊳			
	収入金額	㊴	000		00
合計事業税額 ㉜+㉟+㊲+㊴又は㉝+㉟+㊲+㊴		㊵			87900

事業税の特定寄附金税額控除額 ㊶		仮装経理に基づく事業税額の控除額 ㊷		
差引事業税額 ㊵−㊶−㊷ ㊸	87900	既に納付の確定した当期分の事業税額 ㊹	00
租税条約の実施に係る事業税額の控除額 ㊺		この申告により納付すべき事業税額 ㊸−㊹−㊺ ㊻	87900
㊻の内訳 所得割 ㊼	87900	付加価値割 ㊽	00
㊻の内訳 資本割 ㊾	00	収入割 ㊿	00
㊻のうち見込納付額 (51)		差引 ㊻−(51) (52)	87900

（特別法人事業税）

摘要		課税標準	税率（/100）	税額
所得割に係る特別法人事業税額	(53)	87900	37.0	32500
収入割に係る特別法人事業税額	(54)	00		00
合計特別法人事業税額（(53)+(54)）	(55)			32500

仮装経理に基づく特別法人事業税額の控除額 (56)		差引特別法人事業税額(55)−(56) (57)	32500
既に納付の確定した当期分の特別法人事業税額 (58)	00	租税条約の実施に係る特別法人事業税額の控除額 (59)	
この申告により納付すべき特別法人事業税額 (57)−(58)−(59) (60)	32500	(60)のうち見込納付額 (61)	
差引 (60)−(61) (62)	32500		

（道府県民税）

摘要		税額
（使途秘匿金税額等）法人税法の規定によって計算した法人税額	①	377100
試験研究費の額等に係る法人税額の特別控除額	②	
還付法人税額等の控除額	③	
退職年金等積立金に係る法人税額	④	
課税標準となる法人税額又は個別帰属法人税額 ①+②−③+④	⑤	377000
2以上の道府県に事務所又は事業所を有する法人における課税標準となる法人税額又は個別帰属法人税額	⑥	000
法人税割額 （⑤又は⑥×/100）	⑦	26390
道府県民税の特定寄附金税額控除額	⑧	
税額控除超過額相当額の加算額	⑨	
外国関係会社等に係る控除対象所得税額等相当額又は個別控除対象所得税額等相当額の控除額	⑩	
外国の法人税等の額の控除額	⑪	
仮装経理に基づく法人税割額の控除額	⑫	
差引法人税割額 ⑦−⑧+⑨−⑩−⑪−⑫	⑬	26300
既に納付の確定した当期分の法人税割額	⑭	00
租税条約の実施に係る法人税割額の控除額	⑮	
この申告により納付すべき法人税割額 ⑬−⑭−⑮	⑯	26300
均等割額 算定期間中において事務所等を有していた月数	⑰	12月
均等割額 円×⑰/12	⑱	70000
均等割額 既に納付の確定した当期分の均等割額	⑲	00
均等割額 この申告により納付すべき均等割額 ⑱−⑲	⑳	70000
この申告により納付すべき道府県民税額 ⑯+⑳	㉑	96300
㉑のうち見込納付額	㉒	
差引 ㉑−㉒	㉓	96300
⑦の計算の基礎 特別区分の課税標準額	㉔	377000
同上に対する税額 ㉔×7.0/100	㉕	26390
市町村分の課税標準額	㉖	000
同上に対する税額 ㉖×/100	㉗	

（所得金額の計算の内訳）

所得金額（法人税の明細書（別表4）の（34））又は個別所得金額（法人税の明細書（別表4の2付表）の（42））		(63)	2514766
加算	損金の額又は個別帰属損金額に算入した所得税額及び復興特別所得税額	(64)	
加算	損金の額又は個別帰属損金額に算入した海外投資等損失準備金勘定への繰入額	(65)	
減算	益金の額又は個別帰属益金額に算入した海外投資等損失準備金勘定からの戻入額	(66)	
減算	外国の事業に帰属する所得以外の所得に対して課された外国法人税額	(67)	
仮計 (63)+(64)+(65)−(66)−(67)		(68)	2514766
繰越欠損金額等若しくは災害損失金額又は債務免除等があった場合の欠損金額等の当期控除額		(69)	
法人税の所得金額（法人税の明細書（別表4）の（52））又は個別所得金額（法人税の明細書（別表4の2付表）の（55））		(70)	2514766
法第15条の4の徴収猶予を受けようとする税額		(71)	
還付請求 中間納付額		(72)	

法人税の期末現在の資本金等の額又は連結個別資本金等の額	10000000
法人税の当期の確定税額又は連結法人税個別帰属支払額	377100
決算確定の日	・　・
解散の日	・　・
残余財産の最後の分配又は引渡しの日	・　・
申告期限の延長の処分（承認）の有無	事業税 有・無　法人税 有・無
法人税の申告書の種類	青色・その他
この申告が中間申告の場合の計算期間	・　・
翌期の中間申告の要否	要・否
国外関連者の有無	有・無
還付を受けようとする金融機関及び支払方法	口座番号（　）

関与税理士署名（電話　）

まとめると、次のようになります。

【東京23区】
東京都へ7万円
【東京（23区以外）】
東京都へ2万円
市町村へ5万円
【東京以外】
道府県へ2万円〜
市町村へ5万円〜

□都民税（東京23区の場合）

●Aステップ①
freee 申告で別表一の法人税額（37万7100円）を確認します（337ページ参照）。

●Aステップ②
ステップ①の数字の1000円未満を切り捨てます。

●Aステップ③
ステップ②の数字に7％をかけて法人税割を計算します。2万6390円です。

●Aステップ④

ステップ③の数字の１００円未満を切り捨てます（２万６３００円）。

●Aステップ⑤

均等割、この場合は７万円を確認します。

●Aステップ⑥

法人税割と均等割を合算します。９万６３００円を確認します。

東京23区の場合の計算方法をご紹介しましたが、東京23区以外の場合も見ていきましょう。先ほどの事例で考えると、東京都八王子市の場合は、東京都への均等割は２万円、八王子市への均等割は５万円になります。法人税割は、

東京都への法人税割（１・０％）　３７７１円
八王子市への法人税割（６・０％）　２万２６２０円
合計　２万６３００円（１００円未満切り捨て）

となり、東京23区の場合と変わりません。ただ、地域によっては、均等割の合計額が８万１０００円だったり、法人税割の率が高いケースもあります。

□事業税・特別法人事業税

事業税・特別法人事業税は、法人の所得によって計算されます。所得がマイナスなら、発生しません。

●Bステップ①

別表四で計算した所得を確認します。251万4916円です（339ページ参照）。

●Bステップ②

所得を区分ごとに分けます。400万円以下、400万円を超えて800万円以下、800万円超の3区分に所得を分けます（1000円未満切り捨て）。

●Bステップ③

税額を計算します。③の区分ごとに、それぞれ、3・5%、5・3%、7・0%をかけます。この場合は、400万円未満の251万4000円に3・5%をかけて、8万7900円となります（100円未満切り捨て）。年間所得が2500万円超の場合（東京都）、税率が変わりますので確認しましょう。

●Bステップ④

ステップ③で計算した事業税（8万7900円）が入っていることを確認します。

第六号様式［地方税］　入力例

項目	番号	金額（兆・十億・百万・千・円）	
（使途秘匿金税額等）法人税法の規定によって計算した法人税額	①	377100	Aステップ①
試験研究費の額等に係る法人税額の特別控除額	②		
還付法人税額等の控除額	③		
退職年金等積立金に係る法人税額	④		
課税標準となる法人税額又は個別帰属法人税額 ①+②−③+④	⑤	377000	Aステップ②
2以上の道府県に事務所又は事業所を有する法人における課税標準となる法人税額又は個別帰属法人税額	⑥	000	
法人税割額 （⑤又は⑥×$\frac{}{100}$）	⑦	26390	Aステップ③
道府県民税の特定寄附金税額控除額	⑧		
税額控除超過額相当額の加算額	⑨		
外国関係会社等に係る控除対象所得税額等相当額又は個別控除対象所得税額等相当額の控除額	⑩		
外国の法人税等の額の控除額	⑪		
仮装経理に基づく法人税割額の控除額	⑫		
差引法人税割額 ⑦−⑧+⑨−⑩−⑪−⑫	⑬	26300	Aステップ④
既に納付の確定した当期分の法人税割額	⑭	00	
租税条約の実施に係る法人税割額の控除額	⑮		
この申告により納付すべき法人税割額 ⑬−⑭−⑮	⑯	26300	
均等割額　算定期間中において事務所等を有していた月数	⑰	12月	
均等割額　円×$\frac{⑰}{12}$	⑱	70000	Aステップ⑤
均等割額　既に納付の確定した当期分の均等割額	⑲	00	
均等割額　この申告により納付すべき均等割額 ⑱−⑲	⑳	70000	
この申告により納付すべき道府県民税額 ⑯+⑳	㉑	96300	
㉑のうち見込納付額	㉒		
差引 ㉑−㉒	㉓	96300	Aステップ⑥

●Bステップ⑤

特別法人事業税を計算します。事業税（原則としてステップ④の数字）に37%をかけます。3万2500円になります（100円未満切り捨て）。

特別法人事業税は、実は国税なのです。

都道府県が徴収して国に納付し、都道府県に再配分します。地方間の税収の偏りを調整する目的で作られました。会社側からは、都道府県に納税するため、本書では便宜上、地方税申告書の一部として解説しています。

第六号様式［事業税・特別法人事業税］を入力・確認する

（事業税）

	摘要		課税標準	税率（100分の）	税額
所得割	所得金額総額 （⑱−⑲）又は別表…	Bステップ①	2514916		Bステップ③
	年400万円以下の金額	㉙	2514000	3.5	87900
	年400万円を超え年800万円以下の金額	㉚	0000	5.3	000
	年800万円を超える金額	㉛	0000	7	000
	計 ㉙＋㉚＋㉛	㉜	2514000		87900
	軽減税率不適用法人の金額	㉝	000		00
付加価値額割	付加価値額総額	㉞			
	付加価値額	㉟	000		00
資本割	資本金等の額総額	㊱			
	資本金等の額	㊲	000		00
収入割	収入金額総額	㊳			
	収入金額	㊴	000		00
合計事業税額 ㉜＋㉟＋㊲＋㊴又は㉝＋㉟＋㊲＋…				Bステップ④	87900

事業税の特定寄附金税額控除額	㊶		仮装経理に基づく事業税額の控除額	㊷	
差引事業税額 ㊵−㊶−…	Bステップ④	87900	既に納付の確定した当期分の事業税額	㊹	00
租税条約の実施に係る事業税額の控除額	㊺		この申告により納付すべき事業税額…	Bステップ④	87900
㊻の内訳 所得割	㊼	87900	付加価値割	㊽	00
㊻の内訳 資本割	㊾	00	収入割	㊿	00
㊻のうち見込納付額	51		差引 ㊻−51	Bステップ④	87900

（特別法人事業税）

摘要		課税標準	税率（100分の）	税額
所得割に係る特別法人事業税額	Bステップ④	87900	37	32500
収入割に係る特別法人事業税額	54	00	Bステップ⑤	00
合計特別法人事業税額（53＋54）			Bステップ⑤	32500

仮装経理に基づく特別法人事業税額の控除額	56		差引特別法人事業税額55−56	57	32500
既に納付の確定した当期分の特別法人事業税額	58	00	租税条約の実施に係る特別法人事業税額の控除額	59	
この申告により納付すべき特別法人事業税額 57−58−59	60	32500	60のうち見込納付額	61	
差引 60−61	62	32500			

81 【所得の計算】別表四の再確認

□ここで所得が確定する

最後に、今回の税金を会計ソフトに反映させます。freee申告の［税額調整］タブで、画面を進めましょう。その結果、**会計ソフトに税金のデータが反映され、別表四が変わっています**。

連動前は、決算書上、「税引前当期純利益　256万3716円、当期純利益　256万3716円、税金上の所得（別表四）は256万3716円－4万8800円＝251万4916円」です。

連動後は、「税引前当期純利益　256万3716円、法人税、住民税及び事業税等63万2600円、当期純利益　193万1116円、税金上の所得（別表四）は、193万1116円＋63万2600円－4万8800円＝251万4916円」ですので、税金上の所得は変わらず税金も変わりません。

別表四を再確認する

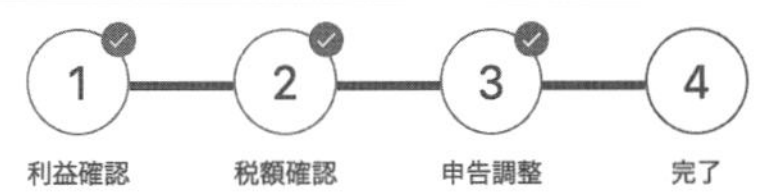

連携と調整が完了しました

申告書が正しいか開いて確認しましょう。

チェック

別表四１欄**「当期利益又は当期欠損の額」**が決算書の**「当期純利益」**と一致していること

決算書の当期純利益　　1,931,116円

別表四４欄**「損金経理をした納税充当金」**の金額が、Step1で登録した下記の税額と一致していること

登録した税額　　632,600円

別表四を開いて確認 ↗ ―― **別表四を開いて、数字が反映されているか確認する**

確認が終わったら、次は法人事業概況説明書を作成しましょう。

法人事業概況説明書を開く ＞

所得の金額の計算に関する明細書（簡易様式）

事業年度	令4・7・1 ～ 令5・6・30	法人名	株式会社タイムコンサルティング

別表四（簡易様式）　令四・四・一以後終了事業年度分

御注意
1 沖縄の認定法人の課税の特例等の規定の適用を受ける法人にあって
2 「52」の「①」欄の金額は、「②」欄の金額に「③」欄の本書の金

区分			総額 ①	処分 留保 ②	社外流出 ③	
当期利益又は当期欠損の額		1	円 1,931,116	円 1,931,116	配当	円
					その他	
加算	損金経理をした法人税及び地方法人税(附帯税を除く。)	2				
	損金経理をした道府県民税及び市町村民税	3				
	損金経理をした納税充当金	4	632,600	632,600		
	損金経理をした附帯税(利子税を除く。)、加算金、延滞金(延納分を除く。)及び過怠税	5	0		その他	0
	減価償却の償却超過額	6				
	役員給与の損金不算入額	7			その他	
	交際費等の損金不算入額	8	0		その他	0
	通算法人に係る加算額(別表四付表「5」)	9			外※	
		10				
	次葉合計					
	小計	11	632,600	632,600	外※	0

82 【税法の適用】適用額明細書の確認

□忘れずチェックしよう

適用額明細書は、租税特別措置法という法律（税金を優遇するもの）を使った項目の一覧です。これがないと、原則として税金の優遇が受けられません。事例では、次の２つが該当します。

①「中小企業の法人税率の特例（所得が８００万円までは本来19％。しかし中小企業は15％）」

②「30万円未満の資産を経費で落とせる特例」

freee会計で適用額明細書を選択し、［適用額の同期］をクリックしましょう。freee申告に連動されます。その他、セーフティ共済も該当する法律です。

適用額明細書の例

FB4011

様式第一

令和　年　月　日

品川　税務署長殿

収受印

自 平成/令和 4 年 7 月 1 日
至 平成/令和 5 年 6 月 30 日

事業年度分の適用額明細書
(当初提出分 ・ 再提出分)

納税地	東京都品川区北品川1－11 電話(03)3333－3333	整理番号	
(フリガナ)	タイムコンサルティング	提出枚数	枚　うち　枚目
法人名	株式会社タイムコンサルティング	事業種目	経営コンサルティング・講演　業種番号
法人番号	2011701015853	※税務署処理欄 提出年月日	令和　年　月　日
期末現在の資本金の額又は出資金の額	10,000,000 円		
所得金額又は欠損金額	2,514,916 円		

租税特別措置法の条項	区分番号	適用額
第 42 条 3の2 第 1 項 第 1 号	00380	2514000
第 67 条 5 第 1 項 第　号	00277	416000
第　条　第　項 第　号		
第　条　第　項 第　号		
第　条　第　項 第　号		
第　条　第　項 第　号		
第　条　第　項 第　号		
第　条　第　項 第　号		
第　条　第　項 第　号		
第　条　第　項 第　号		
第　条　第　項 第　号		
第　条　第　項 第　号		
第　条　第　項 第　号		
第　条　第　項 第　号		
第　条　第　項 第　号		
第　条　第　項 第　号		
第　条　第　項 第　号		
第　条　第　項 第　号		
第　条　第　項 第　号		
第　条　第　項 第　号		

当該適用額明細書を再提出する場合には、訂正箇所のみ記載するのでなく、すべての租税特別措置について記載してください。OCR入力用（この用紙は機械で読み取ります。折ったり汚したりしないでください。）

この用紙はとじこまないでください

法人税率の特例

30万円未満の特例

添付を忘れると、
税金の優遇を受けられません！
必ず提出しましょう！

83

【法人事業概況説明書】会社の概要を書く

□B／SとP／Lから連動

法人事業概況説明書は、提出義務がある書類です。

346～347ページに記入例を示します。

表の「10　主要科目」、裏の「18　月別売上高等の状況」は、コロナ禍での給付金申請時にも必要とされました。

freee 申告で、［月別売上高等の連携をする］をクリックすると、freee 会計から数字が連動されますので、確認しておきましょう。チェック中に freee 会計の数字を変える可能性がありますので、申告書の提出直前に連携するのがオススメです。

その他に気をつけたいのは、表の「1　事業内容」と裏の「12　事業形態」です。特殊な仕事や新しい仕事をしている場合には、税務署の方に伝わるように詳しく書いておきましょう。

表の「3　海外取引状況」も注目されるところですので、もし該当するなら入れておき、海外取引がなければ「無」にしておきましょう。

□当期の営業成績の概要

裏面（347ページ）の最下段にある［19　当期の営業成績の概要］には何かしら入れておきましょう。**空白は非推奨**です。

例えば、売上が増えて、利益が減っているとします。その場合は、

「利益率が低い仕事があったため」

「セーフティ共済に加入したため」

こうした理由を入れておきたいものです。

その他、売上が急激に増えた場合などは、その理由を入れておきましょう。売上、利益の大幅な増減は、税務調査につながる可能性があります。

法人事業概況説明書（表）　記入例

法人事業概況説明書

税務署受付印　　FB1006

別添「法人事業概況説明書の書き方」を参考に記載し、法人税申告書等に一部添付して提出してください。
なお、記載欄が不足する項目につきましては、お手数ですが、適宜の用紙に別途記載の上、添付願います。

整理番号

OCR入力用（この用紙は機械で読み取ります。折ったり汚したりしないでください。）

この用紙はとじこまないでください

法人名	屋号（　　） 株式会社タイムコンサルティング 電話（03　）3333 － 3333
法人番号	2011701015853
事業年度	自 令和 4 年 7 月 1 日 至 令和 5 年 6 月 30 日
税務署処理欄	
自社ホームページの有無	◎有　○無
（自社ホームページアドレス）	https://www.timeconsulting.com

1 事業内容	（経営コンサルティング・講演業）

2 支店・子会社の状況		
(1) 支店	国内 支店・店舗数	0
	海外 支店・店舗数	0
	所在地国1　従業員数	
	所在地国2　従業員数	
(2) 子会社	国内 国内子会社の数	0
	海外 海外子会社の数	0
	うち出資割合が50％以上の海外子会社の数	
	子会社名称　出資割合	％
	子会社名称　出資割合	％

3 海外取引状況		
(1) 取引種類	○輸入　○輸出　◎無	取引金額（百万円）
	輸入　相手国　主な商品	
	輸出　相手国　主な商品	
(2) 輸出入以外の海外取引	○有　◎無	○手数料　○ロイヤルティー　○役務の提供　○証券の売買　○金銭の貸借　○不動産の売買　○その他（　）

4 期末従業員等の状況		
(1) 期末従事員の状況（単位・人）	常勤役員	1
	計	1
	計のうち代表者家族数	1
	計のうちアルバイト数	
(2) 賃金の定め方	◎A固定給　○B歩合給　○AB併用	
(3) 社宅・寮の有無	◎有　○無	

5 PC利用状況	
(1) PC利用の有無	◎有　○無
(2) PCのOS	○Windows　◎Mac　○Linux　○その他（　）
(3) PCの利用形態	○財務管理　○給与管理　○在庫・販売管理　○生産管理
(4) 会計ソフトの利用等	◎有　○無
(5) 会計ソフト名	freee会計
(6) メールソフト名	Gmail
(7) データの保存先	◎クラウド　○外部記録媒体　○PCサーバ

6 販売形態	
(1) 電子商取引（インターネット取引）	◎有・売上　○有・仕入　○有・経費　○無
(2) 販売チャネル（注1）	◎自社HP　○他社HP

7 株主又は株式所有異動の有無（うち株式交付）	○有　◎株式交付

8 経理の状況			
(1) 管理者	区分	氏名	代表者との関係
	現金	井ノ上　陽一	◎親族　○他人
	通帳	井ノ上　陽一	◎親族　○他人
(2) 試算表の作成状況	◎毎月　○おおむね月ごと　○決算時のみ		
(3) 源泉徴収対象所得	◎給与　○報酬・料金　○利子等　○配当　○非居住者　○退職		
(4) 消費税	当期課税売上高（単位：千円）	16333	
	経理方式	◎税抜経理方式　○税込経理方式	
(5) 社内監査	実施の有無	◎有　○無	（　）

9 役員又は役員報酬額の異動の有無	○有　◎無

10 主要科目（単位・千円）

※各科目の単位：千円

売上（収入）高	16333
上記のうち兼業売上（収入）高	
売上（収入）原価	0
売上原価のうち 期首棚卸高	
売上原価のうち 原材料費（仕入高）注2	
売上原価のうち 労務費 ※福利厚生費等を除いてください	
売上原価のうち 外注費	
売上原価のうち 期末棚卸高	
売上原価のうち 減価償却費	
売上原価のうち 地代家賃	
売上（収入）総利益	16333
販管費のうち 役員報酬	3600
販管費のうち 従業員給料	
販管費のうち 交際費	1087
販管費のうち 減価償却費	
販管費のうち 地代家賃	857
営業損益	2563
特別利益	0
特別損失	0
税引前当期損益	2563
資産の部合計（負債の部合計＋純資産の部合計）	14451
資産のうち 現金預金	4051
資産のうち 受取手形 ※貸倒引当金控除前	
資産のうち 売掛金 ※貸倒引当金控除前、注3	400
資産のうち 棚卸資産（未成工事支出金）	
資産のうち 貸付金	
資産のうち 建物 ※減価償却累計額控除後	
資産のうち 機械装置 ※減価償却累計額控除後	
資産のうち 車両・船舶 ※減価償却累計額控除後	
資産のうち 土地	
負債の部合計（資産の部合計－純資産の部合計）	2450
負債のうち 支払手形	
負債のうち 買掛金 注3	450
負債のうち 個人借入金	0
負債のうち その他借入金	
純資産の部合計（資産の部合計－負債の部合計）	12001

「10主要科目」・「11代表者に対する報酬等の金額」の各欄は、千円単位で記載してください。

11 代表者に対する報酬等の金額（注4）

※各科目の単位：千円

報酬	貸付金	仮払金	賃借料	支払利息	借入金	仮受金
3600						

注1　(1)の有・売上欄に該当がある場合
注2　運送業においては燃料費、金融業・保険代理業においては、支払利息割引料を記載してください。
注3　金融業・保険代理業においては、売掛金欄には未収利息、買掛金欄には未払利息を記載してください。
注4　「11代表者に対する報酬等の金額」の各欄は貴社（貴法人）が同族会社の場合に記載してください。

法人事業概況説明書（裏）　記入例

12 事業形態		
(1)兼業の状況	（兼業種目）	（兼業割合）　%
	出版	25
	写真撮影	32
	動画制作	18
(2)事業内容の特異性		
(3) 売上区分	現金売上　0 %	掛売上　100 %

13 主な設備等の状況

14 決済日等の状況				
売上	締切日	月末	決済日	翌月末
仕入	締切日		決済日	
外注費	締切日		決済日	
給料	締切日	月末	支給日	月末

15 帳簿類の備付状況	
帳簿書類の名称	
総勘定元帳	
仕訳帳	

16 税理士の関与状況			
(1)氏名			
(2)事務所所在地			
(3)電話番号	-　-		
(4)関与状況	◯申告書の作成	◯調査立会	◯税務相談
	◯決算書の作成	◯伝票の整理	◯補助簿の記帳
	◯総勘定元帳の記帳	◯源泉徴収関係事務	

17 加入組合等の状況	
（役職名）	
（役職名）	
営業時間	開店　9 時 00 分　閉店　17 時 00 分
定休日	毎週（毎月）土日　曜日（　　日）

「18月別の売上高等の状況」欄の単位にご注意願います。

18 月別の売上高等の状況 月別	売上（収入）金額		仕入金額		外注費	人件費	源泉徴収税額		従事員数
	千円	千円	千円	千円	千円	千円	円	千円	人
07月	1,301					300	18,000		1
08月	1,188					300	18,000		1
09月	1,171					300	18,000		1
10月	1,391					300	18,000		1
11月	1,169					300	18,000		1
12月	1,372					300	18,000		1
01月	1,162					300	18,000		1
02月	1,023					300	18,000		1
03月	1,301					300	18,000		1
04月	1,349					300	18,000		1
05月	2,285					300	18,000		1
06月	1,621					300	18,000		1
計	16,333					3,600	216,000		12
前期の実績	14,453					3,600	216,000		12

19 当期の営業成績の概要
前年と比較して売上は、13%アップしたが、経常利益は15%下がった。その理由は、パソコン、ソフトウェアの導入により消耗品費が10%（150万円）、売上の増加に伴い外注費が20%（70万円）増えたからである。

記入を忘れずに

84

税務署に提出する方法

□インターネットでも手続可能

税務署に決算書、申告書を出す方法は、持参、郵送、そしてネット（電子申告）があります。freee 申告なら、ネットで提出できますので、挑戦してみましょう。

ネット提出なら、「持参、郵送しなくていい」「提出した証拠がデータで残る→控をデータ保存できる」というメリットがあります。郵送の場合は控、返信用封筒（切手貼り付け）を入れることを忘れないようにしましょう。

国税（法人税、地方法人税、消費税）の電子申告をe-Tax、地方税（住民税、事業税・特別法人事業税）の電子申告をeLTAXといいます。

□電子申告の手続

電子申告には、「社長の電子証明書（マイナンバーカード）」「カードを読み込むためのスマホ」が必要です。

freee申告の［決算書］、［消費税］を確認し、［電子申告］タブで提出しましょう。スマホアプリでマイナンバーカードを読み取ります。

はじめてe-Tax、eLTAXを利用するなら次の手続をしましょう。

・e-Tax開始届（「e-Tax開始」で検索）の作成、提出
・e-Tax Web版にログインして、マイナンバーカードを登録
（マイナンバーカードを更新、社長が引っ越しをした場合は再度登録が必要となります）
・eLTAX開始届（「eLTAX開始」で検索」）の作成、提出

□提出後の注意点

提出後は、次のものをまとめて保管しておきましょう。金融機関、役所等へ提出するときに使います。

・申告書PDF
・決算書PDF
・受信通知（提出した証明）→e-Taxに別途ログインし、メッセージボックスで取ることができます。

85

税金の払い方。ネットでも可能

□最初は大変。でもメリットも大きい

税金は、申告書に同封、または郵送されている「納付書」という用紙で払うことができます。税務署、銀行、郵便局で払うわけですが、そういったところで払ってはいけません。そこに行く手間、待ち時間、手続、納付書に手書きすること、すべて無駄です。社長の時間を大事にしましょう。ネットで払うことができます。

□法人税、地方法人税、消費税

現状、税金は下記のような方法で支払うことができます。

・現金
・コンビニ
・QRコード

・ネットバンク
・ダイレクト納付
・クレジットカード

このうちネットで払うことができるのは、ネットバンク、ダイレクト納付、クレジットカードです。

□ダイレクト納付をやってみよう

ダイレクト納付は事前の手続（紙）が必要で（個人だとオンライン手続可能）、1カ月くらいの期間がかかります。「[手続名]ダイレクト納付の手続―国税庁」で検索してください。ただ、それを乗り越えれば、ネットバンクにログインもせずに払うことができ、払った履歴も記録されます。「記録する」の過程も楽になるのです。

納税手順は、電子申告後、e-Taxソフト（Web版）にログインし、受信通知（メール）を開きましょう。freee申告ではできません。

その受信通知にダイレクト納付というボタンがありますので、それをクリックし、引き落とし日を指定しましょう。なおダイレクト納付は、その期限までの日程で、引き落とし期日を自由に決めることができますが、早めまたはすぐがオススメです。先延ばしにしていると、引き落としがあるまで安心できません。

このダイレクト納付の手続がめんどくさいなら、手続の少ないクレジットカードがオススメです。

ただ、法人のカードでなければ経理の手間はあります。カード手数料が0・8%かかるのも注意点であり、その経理も忘れないようにしましょう。356ページの中間納税も、ネットバンクでできますし、ダイレクト納付だともっと楽です。

□地方税（都道府県民税、市町村民税、事業税・特別法人事業税）

これらの税金は、eLTAX（Web版）で手続して、ダイレクト納付で払いましょう。国税とは別に、地方税のダイレクト納付の手続が必要です。電子申告をし、その後にそのデータを活用して払うことができます。ネットバンクでの振込も可能です。

□源泉所得税

給与（ひとり社長の役員報酬）に関する源泉所得税は、原則として支払った日の翌月10日に納税しなければいけません。ただし、源泉所得税の納期の特例の承認に関する申請書（「源泉特例申請」で検索）を出せば、年に2回（1月20日と7月10日）にだけ納税すればよくなります。効率化のため、この手続をやりましょう。

なお、外注費に対する源泉所得税には、この特例はなく毎月納付となります。源泉所得税は、e-Taxソフト（Web版）で入力し、ダイレクト納付またはクレジットカードで払いましょう。年2回なら1月20日、7月10日が期限です。忘れないように早めに払いましょう。

手順は、e-Taxソフト（Web版）にログインし、日付、期間、人数、金額等を入れ、送信すると、法人税等と同じように受信通知がe-Taxに届きますので、それを開き、クリックして支払います。

□個人住民税

個人の住民税は、会社で天引きして会社が払うのが原則です。会社で預かった住民税（特別徴収）もネットで払うことができます。年2回、この方法で払いましょう。これもダイレクト納付がオススメです。

□社会保険料

毎月の社会保険料は、口座振替ができますので、手続しておきましょう。ただ、口座振替ができない銀行もあるので、注意です。私はゆうちょ銀行で口座振替をしています。ゆうちょ銀行なら、ネットバンクの利用料がかかりません。

86

納税、申告が遅れたときの怖いペナルティ

□もし、申告・納税が遅れたら……

申告書の提出や納税が遅れた場合、罰金が発生します。提出期限は原則として、決算月の末日から2カ月以内です。遅れないようにしましょう。**期限内に余裕を持って申告・納税するためにも、「集める」「記録する」「チェックする」の3ステップが重要**なのです。

延滞税は原則として年率14・6%です（一定期間は猶予されます）。本来納付すべきだった日から、納付した日までの日割りで計算されますので、もし遅れた場合はできるだけ早く申告・納税しましょう。

申告していなかった場合、さらに無申告加算税という罰金もかかります。原則として追加納税額の15%の罰金です（自主的に申告した場合は、納税額の5%）。

税務調査とは、税務署職員が実際に証拠を調査するものです。数年に一度、入ると言われていますが、規模や業種、所在地によっては、まったく調査されない場合もあります。

この税務調査で誤りが発覚した場合は、以下のペナルティが発生します。

・追加納税までの期間に応じて延滞税（原則として年率14・6％）
・税金が少なかったことに対する過少申告加算税（原則として追加納税額の10％）

指摘される事項には、次のようなものがあります。

「本来は、前の期に入れるべき売上が入ってなかった。時期がずれていた」
「プライベートと認められる経費があった」
「証拠が不十分なものがあった」

１００万円の指摘があれば、１００万円×10％＝10万円＋延滞税がかかるのです。しかもこの罰金は経費になりません。

さらに罰金がかかる場合があります。税務署が「これは悪質だ」と認めた場合、原則として追加納税額の35％の重加算税を支払わなければいけません。**１００万円だと、35万円の追加納税**となります。クロに該当する経費は間違いなくこの重加算税の対象です。

□経理さえできていれば、大丈夫！

経理をしっかりやれば、ペナルティは怖くありません。しかも決算・申告がぎりぎりになると、証拠やチェックが甘くなり、無理な節税をしてしまったりします。その結果、ペナルティの可能性も高くなりますので注意してください。あくまで**経理が土台**なのです。

87

中間納税に注意しよう

□しくみをしっかり理解する

税金のしくみとして、中間納税（予定納税）があります。

通常、法人の場合、事業年度の終わり、つまり決算月から2カ月以内に納税をします。「まとまった金額を一度に納税したら大変でしょ」ということで、「中間で前年の税金の半分を払ってください」というのが中間納税です（予定納税という言い方もあります）。

これは、前年と同じくらい、または前年以上に今年も税金を払うということが想定されています。

中間で15万円払って、納税額が決算時に50万円であることがわかったら、50万円－15万円＝35万円を払えばいいので、確かに負担はラクになります。

それぞれの税金の中間納税をしなければいけない条件とタイミングは次ページのとおりです。

中間納税のタイミングと条件

	条件	支払のタイミング	中間納税の回数	中間納税額
法人税・地方税	前年度の法人税が20万円超	前年度納税月の6カ月後	1回	前年度の法人税の2分の1
消費税	前年度の消費税（国税）48万円超400万円以下	前年度納税月の6カ月後	1回	前年度の消費税（国税）の2分の1
	前年度の消費税（国税）400万円超4,800万円以下	前年度納税月の3・6・9カ月後	3回	前年度の消費税（国税）の4分の1
	前年度の消費税（国税）4,800万円超	原則として前年度納税月の1カ月後から毎月	11回	前年度の消費税（国税）の12分の1

法人税と地方税は、前年度の法人税が20万円を超えているかどうか。消費税は、前年度の消費税（国税部分のみ）が48万円を超えているかが最初の基準となります。

法人税と地方税（都道府県民税、市町村民税、事業税・特別法人事業税、地方法人税）は、中間納税の回数は最大1回。消費税は最大11回です。

中間納税が1回の場合、支払うタイミングは「納税月から6カ月」と考えましょう。5月が納税月（3月決算）なら11月。2月が納税月（12月決算）なら8月です。

ここで注意しなければいけないのは、中間納税の基準は、支払った税額ではなく、発生した税額ということ。

例えば、前年度に37万7100円の法人税で20万円の中間法人税が引かれて、17万7100円納税しているとします。中間納税をするかしないかは、17万7100円で判断せず、37万7100円で判断するので、今年度は中間納税しなければいけません。

消費税も同様です。

多くの場合、納付書が送られてくるので、それに従って払っておけばいいのですが、事前に中間納税があるかどうかは確認しておきましょう。中間納税は、最初に払うときが一番きついです。

例えば、5月に納税している場合（3月決算）、通常は来年の5月が納税のタイミングですが、法人税の中間納税があると、今年の11月にも納税があります。資金的な負担が大きくなるので、最初の中間納税には注意しましょう。

□中間納税には2種類あります

1つは前年度の税額から計算するもの。もう1つは、中間で決算を行いその結果により払うものです。

後者は、前年度より大幅に業績が下がった場合には検討する価値もありますが、手間もかかるため、前者の方法で支払っておきましょう。

送られてきた納付書に従って納税します。なお、この場合、申告書を提出する必要はありません。納税だけで大丈夫です。

中間納税は、申告書を提出しない場合には、前者の「前年度の税額から計算するもの」として取り扱うという法律があるからです。前者で納税するなら、申告書を提出せずに納税さえすれば問題ありません。手間は極力省きましょう。

特別資料

「経費かどうかがわかるシート」の使い方

□経費にしようかどうか迷ったら、使う！

ここからは、巻頭の特別資料「経費かどうかがわかるシート」の具体的な使い方についてご説明します。

日常生活の中で、「これは経費になるのかな」「経費にしてもいいのかな」と迷ったことが一度はあるかと思います。そんなときの判断指標としてお使いください。

使い方はいたって簡単。363ページを見てください。シートにそって、5つの質問にお答えいただき、すべて「はい」なら、それは経費にしても大丈夫です。さっそく見ていきましょう。

●Q1：その経費は、自分で払ったものですか？

自分で払っていない領収書・レシートを経費に入れてはいけません。当然の話ですが、人の領収書、レシートをもらって自分の経費にするのは脱税です。

●Q2：その経費は、仕事に関係あるものですか？

これも当たり前の話ですが、仕事に関係なければ、経費になりません。

●Q3：その経費は、売上アップに貢献しますか？

そもそも経費とは、売上を上げるために必要なものです。将来の売上に貢献するもの、間接的に貢献するもの（家賃、保険料等）も含みます。売上貢献が見込まれて、結果的に売上に貢献しなかったものでもかまいません。すべて、必ずしも売上に結びつくわけではないからです。

●Q4：その経費の証拠はありますか？

経費にするには証拠が必要です。請求書、領収書、レシート、データがあるか確認しましょう。

●Q5：「プライベートでは？」と聞かれても、経費にする理由がすぐ言えますか？

プライベートで使ったものかどうかを聞かれて、すぐに答えられるものを経費にしましょう。家族、友人、誰に聞かれても、胸を張れることが理想です。

経費かどうかがわかるシート

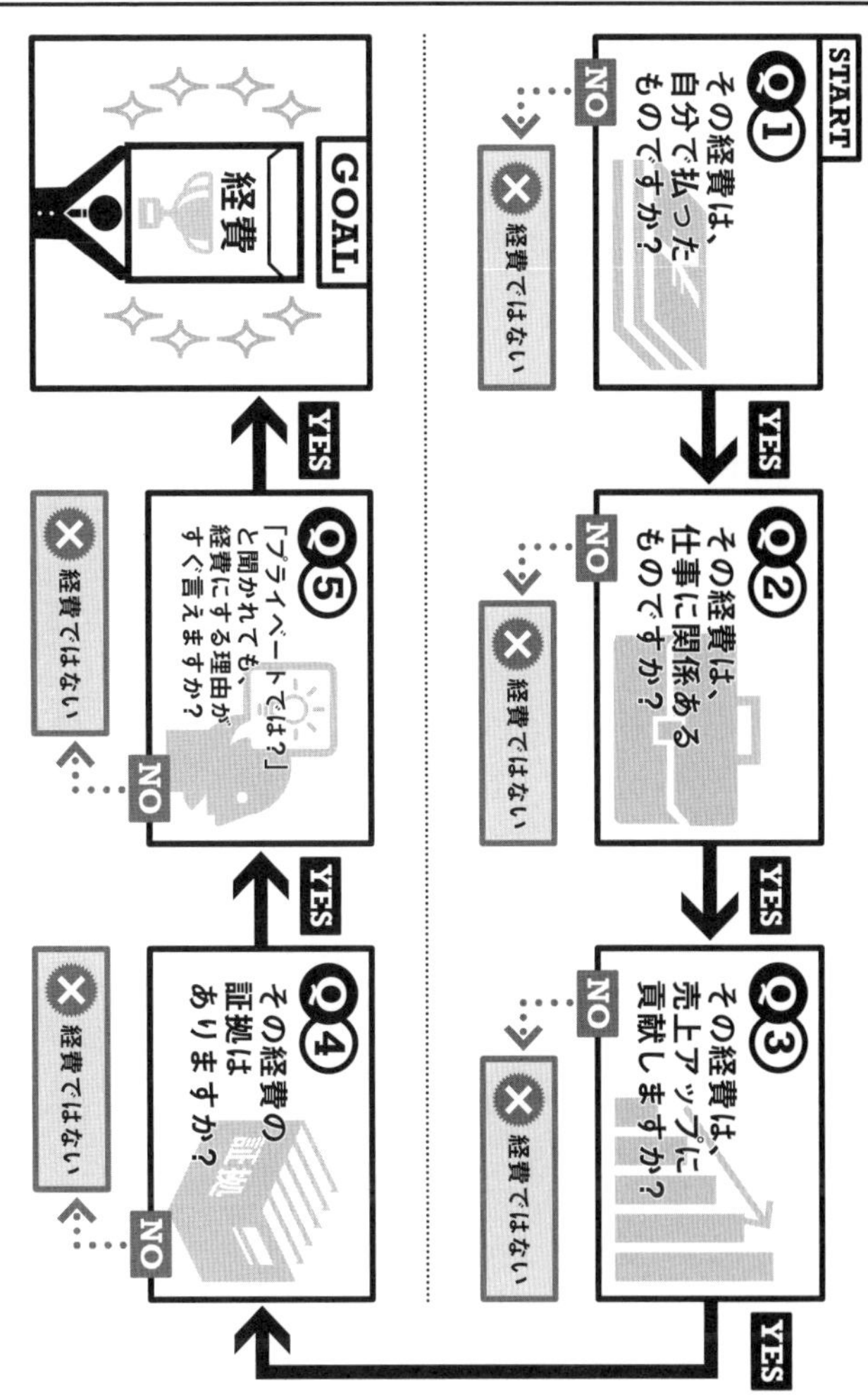
START
Q1
その経費は、自分で払ったものですか？
NO
経費ではない
YES
Q2
その経費は、仕事に関係あるものですか？
NO
経費ではない
YES
Q3
その経費は、売上アップに貢献しますか？
NO
経費ではない
YES
Q4
その経費の証拠はありますか？
証拠
NO
経費ではない
YES
Q5
「プライベートでは？」と聞かれても、経費にする理由がすぐ言えますか？
「プライベートでは？」
NO
経費ではない
YES
GOAL
経費

おわりに

経理も自分でやったほうが楽しい

「自分がやったほうが早い」という言葉があります。人を雇うなら「やってはいけないこと」とされています。いつまでたっても自分の仕事が減らないからです。

ひとり社長はどうでしょうか。任せる人がいないので、すべて自分でやるしかないのですが、外注する手もあります。経理もそうです。

「自分でやらずにプロに任せたほうが速い」という意見もあるでしょう。はたして本当にそうでしょうか?

例えば、売上11万円の仕事が決まって請求書をつくれば、それで証拠を集めることになり、記録できる時代です。チェックも同時にできます。うれしい売上を自分でチェックしたくはないでしょうか?

経費を使って、そのレシートを翌朝に記録することもできます。その経費はしかたなく使っているものでしょうか。好きな仕事のために、好きな経費を使っていれば、決してそうではないでしょう。自分で記録したいと思いませんか?

月初に利益を集計し、前年よりも増えていたら楽しくないでしょうか？

仮に経費が多くなっていても、好きな経費なら「投資だ！」と位置づけるのも楽しいものです（私は、好きな書籍代、ＩＴ代等でついつい使いすぎてしまいます）。

経理は手間がかかるものですが、その手間が楽しくなる可能性もあります。世の中、楽しいことは手間がかからないラクなものではなく、手間をかけたものです。今後、一生（仕事を続ける限り）付き合いがある経理。本書をきっかけに楽しんでいただければ幸いです。

□「ひとりで経理なんて無理」と言われて10年

２０１４年に本書の初版『ひとり社長の経理の基本』を出版したときは、多くの税理士の方から、「ひとりで経理なんて無理だよ」「ニーズはないよ」というご意見をいただいたものです。

しかしながら、それから10年近くたち、「自分で経理をしたい」という方は間違いなく増え、サポートさせていただく機会が増えました。

その一方で、「自分で経理をする方をサポートする、ひとり税理士」も増えたのです。ひとり税理士も、お客様の経理を引き受けすぎてしまっては、自分のやりたいことができなくなります。経理代行を手放したほうが、人生をより楽しめるのです。

私が描いた、ひとり社長も、ひとり税理士も独立後の生き方を楽しめる世界が実現しています。その世界にぜひ入っていただければと思います。

ひとり社長として、欠かせないのは、攻めの営業、守りの経理。どちらも得意だという方はほとんどいらっしゃいません。どちらかを苦手にしています。

私は、独立当初、営業が苦手でしたが、今では営業も好きになりました。自分ができる営業を自分でするようにし、楽しくなるように工夫したからです。紹介、代理店に任せるということは一切しておらず、値付け、メニューづくり、告知を含めて自分で営業を毎日やっています。毎日の発信もその1つです。

□経理を楽しみ、ひとり社長をもっと楽しもう

Chat GPTをはじめとするAIに任せられる時代だからこそ、自分で作ることを楽しみましょう。経理も自分でするからこそ楽しめるのです。任せっきりでは楽しめません。

当然、本書も私自らが書いています。AIに任せたほうが売れるかもしれませんが、楽しくありませんから。

営業も経理も楽しくなれば、ひとり社長としての生き方はより楽しくなります。

それは不可能ではありません。

本書をお読みいただいた皆さまの中には、経理を苦手とする方も多いかと思います。得意になるというよりも、「経理をどうしたら楽しめるか」を意識して、動いてみましょう。

わからないもの、不安があるものは楽しめません。

インボイス、電子帳簿保存法を含めて、本書では、経理の「わからない」を徹底して深く解説しました。しなくていいことははっきりとしなくていいと、すべきことだけを厳選しております。ぜひ参考にしていただき、経理も楽しみましょう。

本書を書くことができたのは、編集者の中村さんをはじめ本書の制作に関わる皆様、仕事をご依頼いただいたひとり社長の皆様、ひとり税理士の皆様、そして妻と娘のおかげです。いつもの汐留のスタバから、この場をお借りして御礼申し上げます。

2023年7月

井ノ上陽一

［著者］

井ノ上陽一（いのうえ・よういち）

1972年大阪府生まれ。宮崎県育ち。

「経理業務の効率化」「会計とITの融合」を得意とする税理士。

大学卒業後、総務省統計局に勤務し、数字の分析手法とITスキルを学ぶ。しかし、「独立して、数字とITで社会貢献したい」という思いから、税理士受験に挑戦。見事合格し、税理士資格を取得。2007年に独立を果たす。

「経理は難しくない！　ひとり社長でもできる！」をモットーに、ITを駆使した効率の良い経理を経営者に伝えている。目標は、手書き伝票を使う、手間をかけすぎるといった「経理の古い慣習」を変えること。業務効率化を得意とし、あるクライアントでは、Excelによる業務管理システムの導入とペーパーレス化の推進により、年間240時間分の業務を削減した。

税理士業務に加えて、個別コンサルティング、セミナー・執筆などを通じて、「数字」「お金」「時間」「IT」に関する悩みを解決し、新しいワークスタイルを提案している。著書に『社長！「経理」がわからないと、あなたの会社潰れますよ！』（ダイヤモンド社）などがある。日課は、ブログ・YouTube・Voicyの更新、写真撮影、料理、トライアスロンのトレーニングなど。

●ブログ「独立を楽しくするブログ」　https://www.ex-it-blog.com/
●YouTube「効率化で独立を楽しく」　https://www.youtube.com/c/yoichiinoue
●HP「井ノ上陽一税理士事務所」　https://www.inouezeirishi.com

【インボイス対応版】ひとり社長の経理の基本

2023年8月1日　第1刷発行

著　者――――井ノ上陽一
発行所――――ダイヤモンド社
〒150-8409　東京都渋谷区神宮前6-12-17
https://www.diamond.co.jp/
電話／03･5778･7233（編集）　03･5778･7240（販売）
装丁――――――吉村朋子
本文デザイン・DTP―斎藤充（クロロス）
校正――――――加藤義廣（小柳商店）
製作進行――――ダイヤモンド・グラフィック社
印刷――――――勇進印刷
製本――――――ブックアート
編集担当――――中村明博

ISBN 978-4-478-11813-9